人力资源新手的128个怎么办

杨剑　张艳旗◎编著

中国纺织出版社

内 容 提 要

这是一本供人力资源从业人员进行自我学习和训练的教材。内容涵盖了人力资源管理的主要方面：人力资源部的岗位职责、员工甄选聘用、员工培训与开发、员工激励、绩效考评、员工薪酬设计与管理、员工劳保福利管理、劳动合同管理、劳动争议处理和日常管理，具有很强的系统性和实用性。

本书适用于人力资源管理人员，尤其适用于人力资源初学者、人力资源新入职人员及相关从业人员阅读使用。

图书在版编目（CIP）数据

人力资源新手的128个怎么办 / 杨剑，张艳旗编著. —北京：中国纺织出版社，2017. 4

ISBN 978 -7 - 5180 - 3129 - 0

Ⅰ. ①人… Ⅱ. ①杨… ②张… Ⅲ. ①人力资源管理 Ⅳ. ①F243

中国版本图书馆CIP数据核字（2016）第303606号

策划编辑：刘 丹　　　　责任印制：储志伟

中国纺织出版社出版发行

地址：北京市朝阳区百子湾东里A407号楼　邮政编码：100124

销售电话：010—67004422　传真：010—87155801

http：//www. c-textilep. com

E-mail：faxing@c-textilep. com

中国纺织出版社天猫旗舰店

官方微博 http：//weibo.com / 2119887771

三河市宏盛印务有限公司印刷　各地新华书店经销

2017年 4 月第 1 版第 1 次印刷

开本：710×1000　1/16　印张：22

字数：303千字　定价：38.00元

前言 PREFACE

随着知识经济的到来，企业进入智力资本竞争时代。企业间的竞争从产品经营竞争到物质资本经营的竞争，逐渐发展到智力资本经营的竞争。人力资源和附着在人力资源上的智力资本经营已作为企业最重要的资本来进行开发管理。企业只有取得了优于竞争对手的人力资源，并充分发挥他们的智力能量，才能在竞争中取胜并保持竞争优势。

对应于物质资本经营到智力资本经营的飞跃，人力资源管理也已从传统的人事管理（PM）向现代人力资源全方位开发与管理方向变革。人力资源管理（HRM）是管理学中的一个崭新的和重要的领域，它作为对一种特殊的经济性和社会性资源进行管理而受到关注。

每个组织都在想方设法完成最高管理层制定的组织目标和任务。要实现和完成企业目标和任务，必须以有效的人力资源管理作为前提，必须重视和有效地使用现有的各种资源，尤其是人力资源。

在智力资本经营竞争的今天，主要负责智力资本经营的人力资源从业人员肩负着企业的使命，决定和影响着企业的命运。这是企业竞争和技术创新的需要。

但是，作为人力资源新手，决定你命运的不是智力资本的重要性，而是你对所从事工作的熟悉、掌握程度，为此，我们针对人力资源新手的工作需要，编写了这本《人力资源新手的128个怎么办》，对人力资源从业人员工作中可能遇到的问题和解决办法，进行了详细的介绍。相信这本书将很好地帮助你有效完成你肩负着的企业使命，同时大幅提升你的工作能力，帮助你转化职场命运。

杨 剑

2016年12月于深圳

第一章 人力资源部的岗位职责

第二章 员工甄选聘用

第三章 员工培训

第四章 员工激励与开发

第五章 员工绩效考评

第六章 员工薪酬设计与管理

第九章 员工日常管理

第一章　人力资源部的岗位职责

◎怎么确定人力资源部的工作目标

人力资源管理的工作目标是指企业人力资源部需要完成的职责和需要达到的绩效。人力资源管理既要考虑组织目标的实现，又要考虑员工个人的发展；在实现组织目标的同时实现个人的全面发展，实现劳动生产率的最大化，充分调动员工的积极性。

一、人力资源管理工作目标的具体内容

1. 经济目标

使人力与物力经常保持最佳匹配比例和有机结合，使人和物都充分发挥出最佳效应。

2. 社会目标

培养高素质人才，促进经济增长，提高社会生产力，以保证国家、民族、区域、组织的兴旺发达。

3. 个人目标

通过职业生涯设计、个人潜能开发、技能存量和知识存量的提高，使人力适应社会、融入组织、创造价值、奉献社会。

4. 技术目标

不断完善和充分使用素质测评、工作职务分析等技术手段和方法，并以此作为强化和提高人力资源管理工作的前提和基础。

5. 价值目标

通过合理的开发与管理，实现人力资源的精干和高效。正如马克思所说，真正的财富在于用尽量少的价值创造出尽量多的使用价值，即在尽量少的劳动时间内用尽量低的成本创造出尽量丰富的物质财富。

人的使用价值达到最大等于人的有效技能得到最大程度的发挥。因此，人力资源开发与管理的重要目标就是取得人力资源的最大使用价值，发挥其

最大的主观能动性，培养全面发展的人。

二、人力资源管理工作目标的实现手段

（1）充分发挥人的价值，做到“岗适其人，人尽其才，才尽其用”。

（2）在保证企业绩效水平的前提下，尽量提高员工的工作满意度。

（3）构建符合本企业实际需要的先进合理的人力资源管理体系和开发体系。

（4）贯彻“以人为本”的管理理念，使员工与企业协调发展、共同成长。

（5）确保企业人力资源管理制度符合国家和地方政府的政策和法规。

（6）确保企业各部门人力资源管理制度的一致性和连贯性。

（7）处理好企业与员工的劳动关系，确保双方利益的最大化。

（8）弘扬与企业发展战略相适应的、和谐的企业文化。

◎怎么制定人力资源部的工作职责

一、企业组织结构设计

（1）根据实际需要，设计企业组织架构。

（2）编制各部门的工作职责。

（3）编制各岗位的职位说明书。

二、人力资源管理制度建设

（1）制定人力资源管理战略规划。

（2）编制员工手册，建立员工日常管理规范。

（3）制定人事管理制度与工作流程，组织、协调、监督人事制度的工作流程的落实。

三、员工招聘

（1）根据企业人员编制，制订年度人力资源需求计划和招聘计划。

（2）拓展和维护招聘渠道。

（3）具体实施人才招聘工作，如人才测评、人才甄选。

（4）建立人才储备机制。

（5）确定后备人才选拔方案。

四、员工培训开发

（1）制订企业年度培训计划。

（2）撰写培训大纲。

（3）外部培训讲师的联系与内部培训讲师的管理。

（4）开发和管理培训课程。

（5）组织实施员工培训。

（6）评估培训效果。

（7）管理员工出国培训、学历教育和继续教育。

五、员工绩效管理

（1）员工日常考核。

（2）设计企业绩效考核方案。

（3）组织实施绩效考核。

（4）进行企业绩效成果的评估与管理。

六、薪酬管理

（1）调查、分析企业薪资状况，为领导决策提供参考依据。

（2）进行企业人力成本预算，并监督其执行情况。

（3）设计企业薪酬体系。

（4）调整员工薪资。

（5）实施员工奖励。

七、员工福利管理

（1）制定企业福利政策。

（2）办理员工保险。

（3）发放员工福利。

（4）管理劳保工作。

八、劳动关系管理

（1）协调与政府有关部门、保险监督部门及业内企业的关系。

（2）签订与管理员工劳动合同。

（3）管理企业人事档案资料。

（4）处理员工离职与劳动纠纷。

（5）定期进行员工满意度调查，建立良好的沟通渠道。

九、人事信息系统管理

（1）人事信息的录入与更新。

（2）提供各类人力资源统计数据与分析表单。

（3）协助人事管理信息系统的建设。

（4）人事管理信息系统的使用与日常管理。

◎怎么制定人力资源总监工作职责

人力资源总监（DIRECTOR OF HUMAN RESOURCES），是指企业人力资源管理系统的主要负责人；人力资源总监不是部门负责人，而是企业经营管理的核心领导成员之一，承担着把人力资源纳入企业运作体系之中，使之支持企业发展的任务。具体工作职责如下。

一、人力资源战略规划

（1）公司人力资源相关工作的全面管理。

（2）全面统筹规划公司当前人力资源战略和中长期人才战略。

（3）组织实施公司人力资源规划并督促其执行情况。

二、人力资源管理制度建设

（1）组织编制、审批公司人力资源管理制度，上报总经理审批。

（2）监督、检查公司各项人力资源管理制度的执行情况。

（3）根据企业发展情况，适时修订、完善人力资源管理制度。

三、人力资源管理

（1）建立和完善公司人力资源管理体系，研究、设计人力资源管理模式。

（2）引进、培养、考核和调配企业高级管理人员。

（3）及时处理企业管理过程中出现的重大人力资源问题。

（4）及时向决策层提供有关人力资源战略、组织建设方面的建议。

四、人才储备与开发

（1）督促公司人才库的建设及人才储备管理，保证企业所需各类人才能够及时到位。

（2）为主管以上级别的管理者进行职业生涯规划设计，激发各级层管理人员的工作潜力。

五、部门管理

（1）督促、检查部门各项计划的执行情况。

（2）督促部门各项工作的正常进行。

（3）考核、培训部门员工。

◎怎么制定人力资源经理工作职责

一、制定人力资源管理制度

（1）协助人力资源总监制定人力资源相关管理制度并组织实施。

（2）根据企业发展情况，对相关人力资源管理制度适时予以修订和完善。

二、人力资源规划与开发

（1）组织制订和落实公司的人力资源发展规划，为重大人事决策提供合理建议与信息支持。

（2）组织实施人力资源的发现、挖掘、储备与开发。

（3）配合相关部门开展企业文化建设活动。

三、员工招聘

（1）协调、指导各部门制订人力资源需求计划，掌握和控制人力资源总量，制定各个岗位定员定编方案。

（2）根据各部门的人员需求和岗位任职资格，制订员工招聘计划。

（3）做好招聘渠道的开发和维护。

（4）组织实施招聘面试、复试工作，择优录用新员工。

四、员工培训

（1）根据企业人力资源发展规划，负责人力资源的引进、培训与开发，建立多层次的管理培训体系。

（2）根据企业发展要求，制定企业各级人员、各类岗位的培训方案，并组织实施。

（3）及时对培训效果进行评估，以提高员工素质，增强企业发展动力。

五、绩效考核

（1）制定合理的绩效考核方案，组织实施、监督、指导各部门绩效考核工作。

（2）根据绩效考核结果，有针对性地进行员工职务调整、薪资变动、培训开发。

（3）根据公司的任免程序，组织实施管理人员晋升前的考核工作。

六、薪资管理

（1）协助人力资源总监制定具有竞争力的、公平的薪酬与福利管理体系，并贯彻实施。

（2）组织做好薪酬调查工作，及时掌握劳动力市场价格情况和同行业薪酬福利水平等重要信息。

（3）根据企业经济效益和外部环境，制定合理的薪酬、福利管理办法和实施方案。

（4）按期做好人力资源成本分析，提交分析报告，为高层决策提供参考依据。

七、日常事务管理

（1）组织做好员工的考勤、考核、调动、晋升、奖罚与辞退等日常事务工作。

（2）组织编制企业所有岗位的职位说明书，并定期修改、审核、建档。

（3）接触各级员工，积极沟通，了解其思想动态，为员工提供职业规划的专业咨询。

八、劳动关系管理

（1）根据政府劳动保障部门的规定，组织制定企业统一的劳动合同文本。

（2）组织做好员工劳动合同签订与续签事宜。

（3）受理员工投诉和劳动争议，及时妥善解决相关问题。

◎怎么制定人力资源招聘专员工作职责

一、编制员工招聘计划

（1）收集、汇总企业人力资源需求及招聘工作相关的信息。

（2）根据企业发展状况及部门人员需求，编制企业员工招聘计划。

二、招聘方案实施

（1）根据员工招聘计划，制定内外部招聘方案，并上报上级领导审核。

（2）起草招聘广告及发布招聘广告。

（3）筛选应聘人员简历，通知初选合格人员参加面试。

（4）组织相关人员对应聘人员进行初试、复试和聘前测评。

（5）发布录取通知，办理新进员工的入职手续。

三、招聘渠道管理

（1）寻求与招聘类相关网站、人才交流中心、猎头公司的良好合作。

（2）与相关院校保持良好的关系，规划并执行校园招聘计划，开展校园招聘。

四、招聘资料管理

（1）将所有应聘人员的资料进行存档，建立应聘人员信息库，储备人才。

（2）将有关资料、文件进行存档。

◎怎么制定人力资源培训专员工作职责

一、制订培训计划

（1）根据公司发展战略目标，组织制订企业及各部门的年度、季度、月度培训计划。

（2）调查、收集、汇总各部门的培训需求。

（3）根据计划和培训需求，编制培训实施方案，联系、选择讲师，确定费用预算。

二、组织实施培训

（1）根据领导审批的实施方案，具体安排培训工作，确保培训顺利完成。

（2）配合讲师做好培训前、培训中和培训后的相关工作。

三、评估培训效果

（1）收集相关人员对培训实施情况的评估问卷，为培训效果评估做好准备工作。

（2）在每次培训结束后的一个月内，做出对培训效果的评估报告。

（3）总结培训经验教训，改进培训工作，提高企业培训工作的总体水平。

四、管理培训信息

（1）广泛收集国内外培训信息，了解行业培训动态。

（2）收集、整理培训资料、培训课程，并归类存档。

（3）建立员工培训档案，做好保管和更新工作。

五、外部培训管理

（1）根据各部门的业务需求，组织员工进行外部培训，包括专业培训、出国进修。

（2）与外部培训单位建立良好的合作关系，以满足企业员工的外部培训需求。

（3）评估与本企业有合作关系的外部培训机构的培训能力和培训效果，提供相应的改进建议和意见。

◎怎么制定人力资源薪资专员工作职责

一、薪酬福利体系建设

（1）根据企业发展规划及当地同行业薪资水平，协助人力资源经理制定适合公司发展水平的薪酬福利体系，经批准后组织实施。

（2）与绩效管理专员协调工作，使企业薪酬方案更具公平性和竞争力。

二、薪酬调查和分析

（1）通过各种渠道了解当地整体薪酬水平和同类企业的薪酬水平，为企业制定公平、合理的薪酬福利政策与工资标准提供依据。

（2）调查、了解企业内部员工对目前薪酬状况的满意度。

（3）建立薪酬调查数据库，统计、分析薪酬数据，进行企业人力成本的核算与预测，定期提供分析报告。

三、薪酬日常管理

（1）每月末根据公司薪酬方案和员工考勤表，编制工资表，报送财务部，确保员工工资按时发放。

（2）核发员工奖金。

四、劳保福利管理

（1）根据国家与地方有关政策，协助建立企业劳动保障体系。

（2）根据相关规定，为员工办理福利保障、基数核定、保险费缴纳等。

（3）协助有关部门和领导处理、解决劳动纠纷、薪酬争议等相关问题。

◎怎么制定人力资源绩效专员工作职责

一、制定绩效管理制度与考核方案

（1）协助部门经理制定企业绩效管理制度与工作流程。

（2）协助部门经理制定绩效考核计划与考核指标体系。

（3）根据考核指标体系，编制考核表。

二、实施绩效考核

（1）组织员工绩效考核工作，确保绩效考核工作顺利开展。

（2）根据绩效要求，与相关部门进行绩效沟通，落实绩效考核结果。

（3）实时记录员工的工作状态、工作效果和成绩。

（4）受理员工考核申诉，调查核实，反馈处理结果。

三、总结绩效考核

（1）召开绩效工作例会，分析存在的问题，及时汇报。

（2）根据绩效考核结果，会同相关部门进行绩效沟通，落实绩效考核结果。

（3）实时记录员工的工作状态、工作效果和工作成绩。

（4）将每个月的绩效考核资料、文件进行归档管理。

◎怎么制定人力资源人事专员工作职责

人力资源专员也叫人事专员，这个职位的工作职责主要是负责人力资源部各项内部事务的管理。

一、员工日常管理

（1）根据人力资源经理的安排，编写企业各部门各岗位的职位说明书，并根据企业的实际发展需要，修改和完善职位说明书。

（2）办理员工请假、出差、出国等手续，及时统计员工请假、休假及出勤情况。

二、人事档案管理

（1）根据企业人事档案管理制度及实施细则，负责员工劳动合同、人事档案及人力资源部相关文件的归档和保管工作。

（2）办理人事档案的借用、调档、转移事项，并做好人事档案的保密工作。

三、劳动关系管理

（1）根据政府和相关部门的规定，编制企业统一的劳动合同文本。

（2）办理员工劳动合同的签订、变更与终止等相关事宜。

（3）办理员工调配、任免、晋升、奖惩的相关手续。

（4）受理员工的投诉、咨询，协助部门经理、法律顾问解决劳动争议或纠纷。

（5）根据部门经理的安排，开展有助于员工关系的活动，建立和谐的劳资关系。

四、员工提案建议管理

（1）根据企业相关规定，收集员工关于经营管理活动的建议和意见，定期汇报并呈报部门经理。

（2）做好员工提案的评选工作。

（3）按照相关规定，对有价值的提案进行奖励。

第二章　员工甄选聘用

◎怎么进行员工招聘决策

所谓招聘决策，是指企业中的最高管理层关于重要工作岗位的招聘和大量工作岗位的招聘的决定过程。

一、招聘决策的原则

1. 少而精原则

可招可不招时尽量不招；可少招可多招时尽量少招。招聘来的人一定要充分发挥其作用，企业是创造效益的集合体，不是福利单位。

2. 宁缺勿滥原则

一个岗位宁可暂时空缺，也不要让不适合的人占据。这要求决策时要有预见，而且广开言路。

3. 公平竞争原则

只有通过公平竞争才能使人才脱颖而出，才能吸引真正的人才，才能起到激励作用。

二、招聘决策的内容

（1）需要招聘的岗位，招聘人员的数量，每个岗位的具体要求。

（2）发布招聘信息的时间，发布招聘信息的渠道。

（3）可委托进行招聘测试的部门。

（4）招聘预算。

（5）招聘截止日期。

（6）新进员工到位时间。

三、招聘决策的运作

1. 用人部门提出申请

需要增加人员的部门负责人向人力资源部提出需要人员的人数、岗位、要求，并说明理由。

2. 人力资源部复核

经管部门应该去往用人部门进行复核申请，确定需求人数及是否可减少招聘人数。并写出复核意见。

3. 最高管理层决定

根据企业的不同情况，在充分考虑申请和复核意见的基础上，可以由总经理工作会议决定，也可以在部门经理工作会议上决定。

◎怎么确定企业的招聘原则

一、公开原则

公开原则指把招聘单位的名称、企业的性质、招聘人数，报考的资格、条件，考试的方法、科目和时间，均面向社会公告周知，公开进行。这种做法，一方面给予社会上的人才提供公平竞争的机会，达到广招人才的目的；另一方面也使招聘工作置于社会的公开监督之下，杜绝暗箱操作。

二、竞争原则

竞争原则指通过考试竞争和考核鉴别确定人员的优劣和人选的取舍。为了达到竞争的目的，一要动员、吸引较多的人报考；二要严格考核程序和手段，科学地录取人选，通过激烈而公平的竞争，选择优秀人才。

三、平等原则

平等原则指对所有报考者一视同仁，不得人为地制造各种不平等的限制或条件（如性别歧视）和各种不平等的优先优惠政策，努力为社会上的有志之士提供平等竞争的机会，不拘一格地选拔、录用各方面的优秀人才。

四、级能原则

人的能量有大小，本领有高低，工作有难易，要求有区别。招聘工作，不一定要选最优秀的人，而应量才录用，做到人尽其才、用其所长、职得其人，这样才能持久、高效地发挥人力资源的作用。

五、全面原则

全面原则指对报考人员从品德、知识、能力、智力、心理、工作经验和业绩进行全面考试、考核和考察。因为一个人能否胜任某项工作或者发展前途如何，是由其多方面因素决定的，特别是非智力因素对其将来的作为起着重要作用。

六、择优原则

择优是招聘的根本目的和要求。只有坚持这个原则，才能广揽人才，选贤任能，为单位引进或为各个岗位选择最合适的人员。为此，应采取科学的考试考核方法，精心比较，谨慎筛选。

◎怎么确定企业的招聘方式

一般企业组织所采用的招聘方式可归结为三大类型，即笔试、面试和实地测验。

一、笔试

1. 论文式的笔试

它以长篇的文章表达对某一问题的看法，以展示应聘者所具有的知识、才能和观念等。该方式有下列优点：易于编制试题，能测验书面表达能力，易于观察应聘者的推理能力、创造力及材料概括力。同时它也存在下列缺点：

评分缺乏客观的标准，命题范围欠广博，不能测出应聘者的记忆能力。

2. 测验式的笔试

它是以是非法、选择法、填充法或对比法来考察应聘者的记忆能力和思考能力。该方法的优点是：评分公正，抽样较广，能免除模棱两可及取巧的答案，可以测出应聘者的记忆力，试卷易于评阅。但该方法也有下列缺点：不能测出应聘者的推理能力、创造力及文字组织能力，试题不易编制，答案可以猜测。

在进行招聘时，究竟采取哪种方式来测验应聘者，必须经过详细研究，视工作情况来决定。

二、面试

面试也称口试，即主试者以各种问题面对面地询问应聘者。面试对于一个人各方面能力的测验都具有特殊的功效。比如，欲考察应聘者的学识，则问之以各种知识；欲考察应聘者的应变能力，则问之以各种极富机敏性的问题；欲考察其社会成熟度或性格的稳定性，则可以实施压力式的面试。

面试的方式有多种，有模式化的面试、非指导性的面试、状况面试、压力式面试。

1. 模式化的面试

它指招聘者先调查应聘者的背景、资料，再精确地审核应聘书中的资料，然后根据审核结果，配以工作说明书，逐一地以所列的问题来询问应聘者。

2. 非指导性的面试

它指招聘者海阔天空地与应聘者交谈，不知不觉中引导至面试的正题。

3. 状况面试

这也称问题式面试，其方法是招聘者向应聘者提出一个问题或一套计划，要他设法解决或完成。其目的在于了解应聘者对于该项特别工作或在该特殊情况下，表现得如何。

4. 压力式面试

所谓压力式面试是经由招聘者有意地对应聘者施加压力，使之焦虑不安，以探究应聘者在面临压力时如何应对。这种面试方式特别适用于对高级管理人员的测试。

一般而言，面试是一种极为方便且有效的测试方法，但也具有下列缺点：一是测试的有效性和可靠性不甚确定；二是招聘者与应聘者可能串通作弊。

由于存在上述缺点，所以，目前一般较具规模的企业组织招聘重要的职位时，都采取笔试和面试两种方式来测试应聘者。

三、实地测验

所谓实地测验就是对应聘者的能力或技巧进行实际的考察。这种测验纯粹为一种辅助性的测验，其测验的对象多为技术人员或管理人员。

这种测验要求招聘者有相当的专业知识，能对所测人员做出正确的评价。

◎怎么进行招聘工作分析

一、确定岗位任务与人员素质要求

目前，不管是报刊上所登的招聘启事，还是人才交流中心的广告，都只注重岗位的一般素质要求，如年龄、性别、学历等，而忽视了所招岗位的主要任务。这样的要求过于简单，不利于双方更好地开展交流。正确的方式是根据岗位要求，制定工作说明书，明确岗位的任务，制订面试的计划，包括问题的种类、选用何种方式提问等。如拟定一份招聘某部门主管的广告，其内容就必须包括该职位的职称、薪金、所需资格条件、经验、年龄以及工作性质等。

一般而言，分析工作并非一件难事，因为每个职位都有明确的工作描述，如职位名称、工作内容、工作能力要求等。

二、预测所需员工人数

第一步，弄清下个星期、下个月、下个季度或可以确定的时间内，部门计划生产的任务。如果不了解这些，就很难有效地雇用员工。

第二步，依据整个工时计算。可以向筹划、工业机械、核算或计划部门

（如果公司存在这样一些部门）索要有关的估算数据用来帮助完成这项工作。这些部门的计划安排一般是基于对机器开动时数和员工人数的估计。

如果需要的工时记录找不到，则需要进行估算。可以通过检查以前的或相似工作的工时，仔细地预测每项工作所占用的时间。请注意保留有关工时或工日的数字记录。这些工作必须做得具体并且留有余地。尽力回顾与各项工作有关的延迟事项，并为其留出一定的时间。

对于由机器控制的工作（就是说，工作的完成速度不可能快于机器运行的速度），预测应该基于以下这些因素。一是机器做各项工作需要多少时间（要给休息或闲暇留出时间）；二是要运行机器需要多少时间。

第三步，将时间转换为工时并除以 8，确定为完成工作计划需要的时间。

第四步，工作日除以全部工作日，确定需要的员工人数。但注意不要局限于此。

第五步，检查这个期间需要的临时的服务员、清洁工、管料员、维修人员（除非已在第二步中考虑了这些）的人数。

第六步，将员工的人数（直接人工）与临时雇用人数相加就是雇用的总人数。

第七步，允许缺勤。计算每个月部门里的员工缺勤平均天数，汇总起来，确定一个月内雇员总共损失的工时。

◎怎么组织招聘工作班子

一、确定招聘组织形式

如果招聘工作是委托专门的人才招聘机构提供有偿的服务，企业只需将所需要的人才数量、专业、性别、年龄等告知招聘机构，该机构即可办理全部相关事宜。但有些企业的人才招聘是自己进行的，这就需要形成一个得力的工作班子——招聘小组或招聘委员会。招聘小组可以负责一般人才的招聘工作。如果是招聘企业经营者，则必须成立一个专门的招聘委员会。招聘委员会可由董事会成员、人力资源管理部门负责人、人事心理学家组成；也可由企业主管部门的主要负责人，以及财政、税务、审计、银行、组织、人力资源管理部门的负责人、专家组成。

二、确定招聘组织的工作内容

关于招聘员工任务，小的单位一般由企业人力资源部具体承办；招聘任务较重的企业一般都临时组建招聘组织或招聘机构，专门负责组织和承办招聘事宜。招聘组织或机构一般由主管人力资源管理工作的企业负责人牵头，以人力资源部为主，吸收有关部门和人员参加。招聘组织或机构负责招聘工作的全过程：申请招工指标，拟印、分发、宣传招聘简章，组织招聘考试或考核，考察筛选，张榜公布录取名单，办理录用手续等。

◎怎么发布招聘信息

一、申请招聘指标

用人部门需要招聘员工需向人力资源部提出招工申请，经批准后方可进行招聘。

二、确定招录对象

合理确定招录对象是提高招工质量的保证。企业应以政府有关的劳动人事政策为依据，在劳动行政部门的指导下，按照企业的需要来确定。随着社会变革的深入，大学、中专、技校毕业生必须适应社会发展的变化，为企业吸引人才创造更好的条件。

三、制定招聘简章

招聘简章是企业组织招聘工作的依据，因此是招聘工作的重要工作之一。

它既是招工的告示，又是招工的宣传大纲。起草招工简章应本着实事求是、热情洋溢、富有吸引力的要求，尽量表现企业的优势与竞争力。

1. 招聘简章内容

（1）招工单位概况。

（2）工种或专业介绍。

（3）招工名额、对象、条件和地区范围。

（4）报名时间、地点、证件、费用。

（5）考试时间、地点。

（6）试用期、合同期以及录取后的各种待遇。

2. 制定招聘简章时的注意事项

（1）对于工作职位的条件和待遇，应对应聘者进行真实的介绍，这样可使应聘者的期望值比较符合实际情况，从而提高录用者对工作的满意程度。

（2）合理确定招聘条件。招聘条件是考核录用的依据，也是确定招聘对象与来源的重要依据。能否合理地确定招聘条件，关系到能否满足企业的需要，也关系到人力资源能否得到充分、合理的利用。如果招聘条件定得过高，脱离了人力资源供给的实际，势必难以招到或招满员工，企业需要的人力资源得不到及时补充；如果招聘条件定得过低，则不利于提高员工素质，不利于生产建设事业的发展。

（3）招聘简章的语言必须简洁清楚，并留有余地，使应聘者的人数比所需求的人数多一些。

四、发布招聘信息

所谓发布招聘信息就是向可能应聘的人群传递企业将要招聘的信息。发布招聘信息是一项十分重要的工作，直接关系到招聘的质量，应引起有关方面的充分重视。

信息发布的渠道有网络媒体报纸、杂志、电视、电台、布告和新闻发布会。

除以上主要渠道外，还有随意传播的发布形式。这是有关部门或有关人员用口头的、非正式的方式进行发布招聘信息的类型。

现在新媒体异军突起，E-mail、QQ、微信等都是很好的招聘信息传播渠道，不妨加以利用。

◎怎么设计招聘表格

一、申请表格的项目

应聘者报名后，即可在小组或委员会索取申请表格填写。申请表格的内容很广泛，从姓名、性别、年龄、家庭地址、婚姻状况、文化程度、工作经历、经济收入、家庭情况、业余爱好到胜任工作的能力。招聘者可以从申请表格中了解到许多信息，从一个求职者的经济和婚姻状况可以窥见其情绪是否稳定和责任心是否强，而业余爱好可能会隐约透露一个人的领导能力或者品格。根据这些线索可以在面谈时做进一步的询问。

作为获取求职者个人状况的初步文字材料，申请表格是非常重要的。申请表格中列入的项目应有所限制，以对招聘挑选工作有利为原则。有些企业把申请表格设计得面面俱到，冗长不堪，结果既浪费了应聘者的时间，又使招聘者陷入一大堆材料的审核之中。因此，一些人事心理学家对申请表格进行了追踪研究，把表格中的项目与任职后的称职情况联系起来测度，如果发现有很大的正相关，这个项目就可以用作挑选人才的指标。

二、申请表格的种类

1. 加权申请表格

申请表格中某一项与后来工作成功的相关性被确定后，就可以给这一项目加上具体权数。如一位人事心理学家为某公司分析和加权一张申请表格，发现如表 2-1 所示的关系。

表 2-1　加权申请表格样本

项目	工作出色	给予权数
已婚	80%	8
未婚	60%	6

续表

项目	工作出色	给予权数
离婚	10%	1
大学毕业生	80%	8
大专毕业生	70%	7
中专生	50%	6
自己有房子	80%	8
租房子	30%	3

研究表明，80%的已婚求职者被他们的上司给予工作出色的评价，因此，一个已婚应聘者的申请表格上这一项就打上 8 分；而未婚应聘者这一项就打上 6 分，因该公司的未婚员工只有 60%的人得到工作出色的评价。加权表格的好处是可对应聘者进行定量分析，客观评分和打分，在招聘过程中避免个人偏见。

2. 传记记录表

传记记录表是近年来较流行的申请表格。有研究发现，使用传记记录表对预测科学家、行政人员、中层管理人员、推销员等方面的人才比较有效。

传记记录表通常较长，要求应聘者填写十分详细的个人情况。这种详细调查的基本依据是，所聘工作上的表现是与过去各种环境中的行为相联系的。传记记录表的每一项效度测定过程与加权申请表格基本相似，每一项都与工作表现的测度相互关联起来。表 2-2 是传记记录表项目样本。

表 2-2 传记记录表

1. 婚姻状况： a. 未婚 b. 已婚，无子女 c. 已婚，一个或几个子女 d. 丧偶 e. 分居或离婚 2. 习惯和态度： 你常讲笑话吗？ a. 非常经常 b. 经常 c. 不经常

续表

d. 很少 e. 记不得说过笑话 3. 健康状况： 你平常健康状况如何？ a. 从来不生病 b. 没有生过大病 c. 一般 d. 有时感到身体不适 e. 经常有小毛病 4. 人与人之间的关系： 你怎样对待你的邻居？ a. 对邻居不感兴趣 b. 喜欢邻居，但不常往来 c. 有时互相串门 d. 经常在一起 5. 经济情况： 在正常情况下，你作为户主打算将年收入的百分之几用作储蓄？ a.5%以下 b.6%～10% c.11%～15% d.16%～20% e.21%以上 6. 早期的家庭、童年和少年： 18岁之前，你大部分时间是和谁在一起度过的？ a. 双亲 b. 单亲 c. 亲戚 d. 养母养父或非亲戚 e. 在一个家庭或在一个公共机构 7. 自我印象 通常情况下你尽力干： a. 每种工作 b. 只是自己喜欢的工作 c. 要求自己干的工作 ……

◎怎么收集招聘信息

使用实际收集数据的程序结构和内容是把通过面谈、测验和调查表得到的单个的和简单的数据作为依据去收集详尽数据的过程。常用的方法有以下几种。

（1）仔细查看申请职位表、学历或其他资格、证明材料和机密报告。

（2）面谈。面对面地或由两个或更多人组成的面谈委员会进行面谈。

（3）书面测试。可以是智力、能力倾向或兴趣测验，或试图衡量其他性格的测验。

（4）练习和实际测试。

（5）集体任务。应聘者参加无领导的集体（小组），或是有小组长或委员会主席的集体，测验其领导一个集体的工作能力。

有时还使用一些其他方法，包括笔迹分析、身体姿势分析，以及对受测验者面临管理工作压力所作出反应的观察等。

◎怎么确定招聘人选

确定人选的基本步骤如下。

（1）对照招聘决策。

（2）参考测试结果。

（3）确定初步人选。

（4）查阅档案资料。

（5）进行体格检查。

（6）确定最终人选。

图 2-1 ～图 2-3 是招聘工作科学进行的几个流程图，可根据工作需要参考运用。

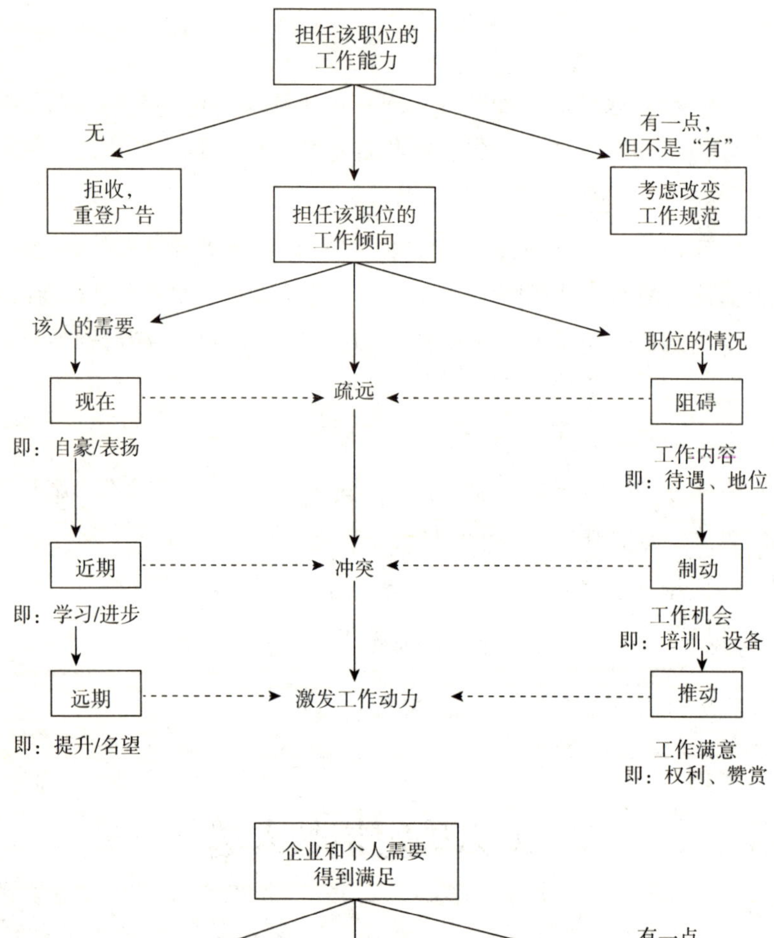

图 2-1　招聘确定人选工作流程

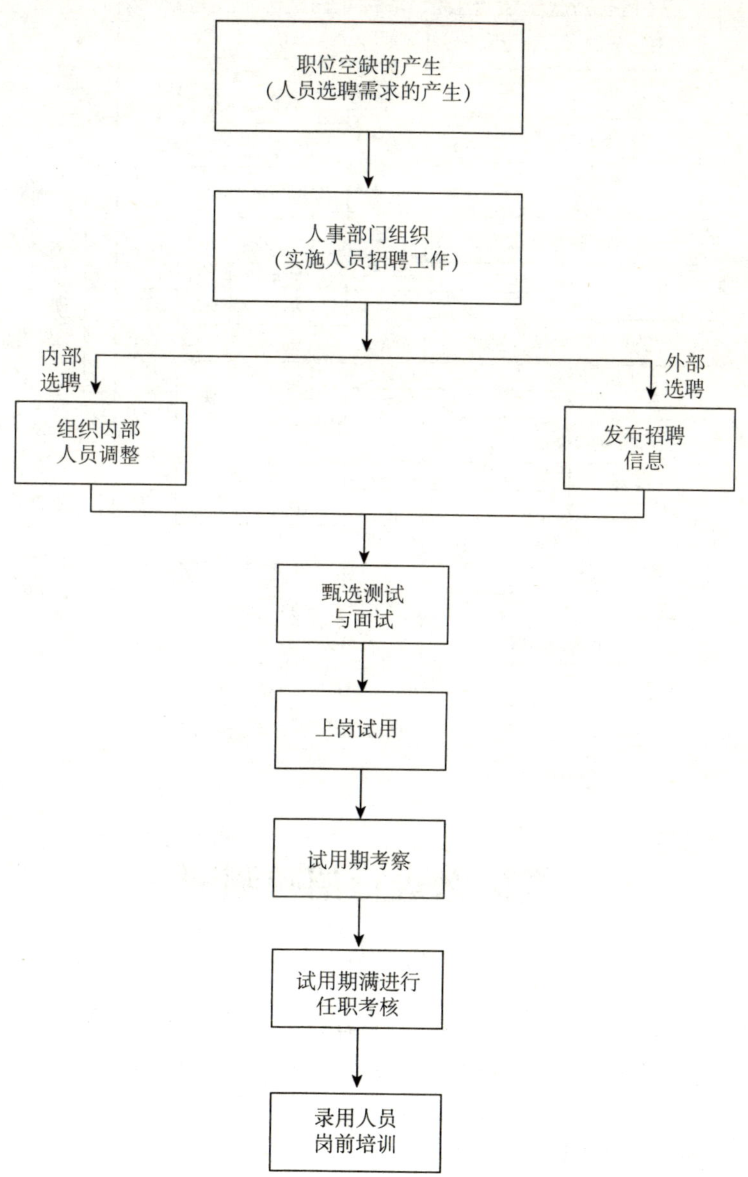

图 2-2 人员选聘录用程序

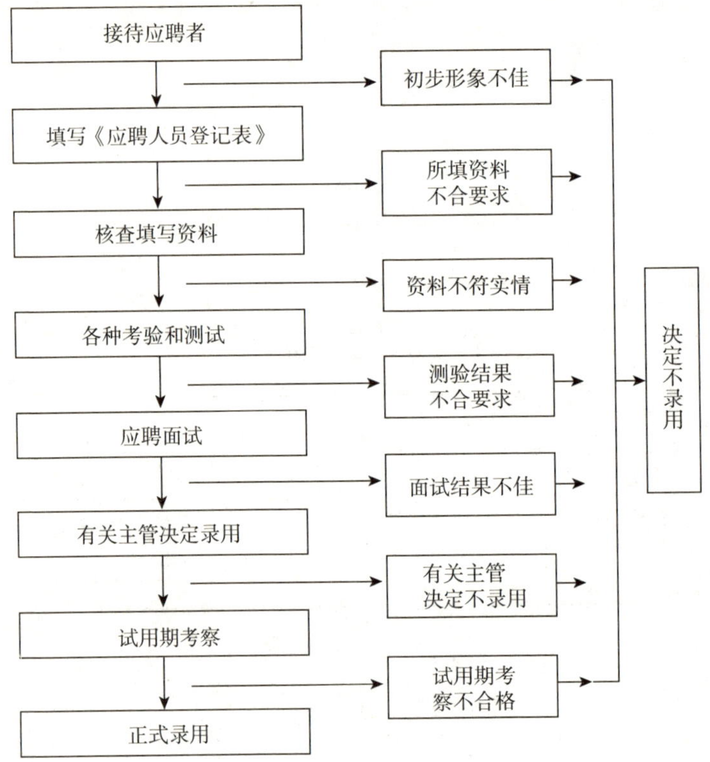

图 2-3　人员甄选与辞谢程序

◎怎么进行招聘测试

所谓招聘测试，一般是指以一定的表达方式来了解所需要的事实与资料。测试本身是一种工具，用以测量应试者的心理素质和能力。

一、测试的种类

1. 心理测试

所谓心理测试，就是指通过一系列的科学方法来测量被试者的智力水平和个性方面差异的一种科学方法。心理测试是一种科学的测试手段，必须遵循一些基本的原则。

（1）要对个人的隐私加以保护。

（2）心理测试以前，要先做好预备工作。

（3）主试要事先做好充分的准备。包括要统一地讲出测试指导语；要准备好测试材料；要能够熟练地掌握测试的具体实施手续；要尽可能使每一次测试的条件相同。

心理测试可以了解一个人的潜力和他的心理活动规律。因此，心理测试在招聘中运用，可以了解一个人是否符合该企业某一岗位的需要，可以了解一个人的实际能力，便于人力资源经理把适当的人安排在适当的岗位上。

2. 知识考试

知识考试简称考试，主要指通过纸笔测验的形式对被试者的知识广度、知识深度和知识结构进行了解的一种方式。根据招聘的需要，有的时候对被试者的知识广度进行全面的了解，有的时候可能对知识的深度进行深入的了解，但有的时候又可能对被试者的知识结构进行必要的了解，以全面了解被试者掌握知识的水平。知识考试可以比较迅速地筛选掉一些不合格的应聘者。

3. 情景模拟和系统仿真

所谓情景模拟，就是指根据被试者可能担任的职务，编制一套与该职务实际情况相似的测试项目，将被试者安排在模拟的、逼真的工作环境中，要求被试者处理可能出现的各种问题，用多种方法来测评其心理素质、潜在能力的一系列方法。情景模拟假设的解决方法往往有一种以上，而且测评主要是针对被试者明显的行为以及实际的操作，另外还包括两个以上的人之间相互影响的作用。由于情景模拟设计复杂，准备工作时间长，费用比较高，正确度比较高，因此在员工招聘中往往在招聘高级管理人员时运用此方法。

4. 面试

企业在员工招聘中都会运用面试这一种测试方法，尤其是在招聘高级管理人员中，面试是一种必不可少的测试手段。

所谓面试，就是要求被试者用口头语言来回答主试提问，以便了解被试者心理素质和潜在能力的测评方法。面试的基础是面对面进行口头信息沟通，主要效度取决于面试的经验。

二、测试的要点

一项有效选拔新进人员的测试必须把握以下四个因素：第一，测验本身的有效程度；第二，测试本身的可行程度或可信程度；第三，录取的比例；第四，录取人员担任工作后的满意程度。

1. 一般能力测试

（1）语文测试。常识、理解、数学推理、记忆跨度等。

（2）操作测试。完成图画、图片排列、实物并接、方块设计等。

2. 特殊能力测试

测试的目的在于测量种种特殊能力，如语文推理、数学能力、空间关系、文书速度。

3. 视觉测试

视觉对任何行业都具有不同程度的重要性。比如，纺织工必须具备敏锐的近距离视觉，并需要保持长久的注意力；司机需具备远距离和辨认方位的视觉；电子装配工需要装配不同颜色的线路，因此必须具备良好的辨色能力等。

4. 测试的有效度与可信度

一个健全的测试必须具备一定的有效度和可信度两个基本要素。有效度是指测试的结果与所希望达到目标的吻合程度。有效度可分为两种：一种为形式有效度；另一种为试验有效度。形式有效度就是测试在性质上与收集方法上与事先所建立的标准相一致，形式有效度一般由人力资源管理的专业人员与有关专家评审。试验有效度是指测试能否达到预期要求的程度，比如，测量一个人的操作能力，若测量结果与实际的作业成绩相一致时，此测试就具有试验有效度。人事测试特别重视测量的实用性，以有效地用来达到甄选员工的目的。

测试不仅要有相当高的有效度，同时还要具有可信度，如果可信度很低，则测试也就无有效度可言。如果测试的目标侧重个人职业的指导以分析其性格和能力时，则测试的有效度越高，其指导正确的可能性越大，故应特别重视有效度，有效度越高越好。如果测试目标是为了考选大批新进人员，为了达到考选的目的，通过具有一定有效度的测试而录取的人员比未经测验而录用的人员的实际绩效好，那么人力资源管理人员在即使测试有效度不高的情况下也可以使用，因为这毕竟比漫无目标的情况要好。

三、测试的操作

（一）知识考试的操作

1. 试卷的设计

试卷的设计直接影响到知识考试的质量如何，因此每一个主试一定要对知识考试的试卷设计充分重视。在设计试卷时，需要注意以下一些原则。

（1）自始至终符合目标。在设计试卷时要从头到尾贯彻执行。也就是说每一张试卷从头到尾都要符合目标，不要远离目标，这样才能得到应有的效果。

（2）各种知识考试类型可以结合起来运用。比如，在一张试卷上既可以有百科知识的内容，又可以有专业知识的内容，也可以有相关知识的内容。这样可以节省时间，在较短时间内全面了解一个应试者各方面的水平。

（3）充分重视知识的实际运用能力。企业员工招聘中的知识考试，与学校中的知识考试有所不同。招聘的知识考试中，不要过分强调背诵记忆，而主要考虑知识的运用能力。因此，设计试卷时，要尽量多用案例以及讨论等方式。

2. 考试的安排

（1）事先要确定好考试的教室。

（2）在每一张桌子上贴上准考证号码。

（3）每位应聘者一张桌子，或者间隔一个人以上空位而坐。

3. 监考人员

（1）根据教室的大小，应聘人员的多少，每个考场至少应配备两名以上的教师进行监考。

（2）监考人员应当有相当的监考经验，遇到特殊情况，能够进行适当的处理。

（3）监考人员应该严格地执行考场纪律。如果有违反纪律者，应该严肃处理，这样才能够使知识考试顺利进行，并体现公平原则。

4. 阅卷的要求

（1）要有标准答案。

（2）要防止先松后紧或者先紧后松的现象。

（3）先试阅几张卷子，对应试者的水平有个初步的了解。

（4）如果有数位教师阅卷，可以由每位教师只阅其中的一题或几题，这样掌握标准比较准确。

（二）情景模拟的操作

1. 准备工作

各种内容的情景模拟，其准备工作是不一样的。

（1）公文处理的准备工作。

①事先要编制好评分标准。

②公文要与测评目的紧密结合。

③要规定一个适当的时间，不要太紧，也不要太松。

④安排一个尽可能与真实环境相似的场景。

⑤指导语要清楚、详细。

⑥准备好足够的办公用具。

（2）角色扮演的准备工作。

①事先要做好周密的计划，每个细节都要设计好，不要忙中出错，或乱中出错。

②助手事先训练好，讲什么话，做出什么反应，都要规范化，在每个被试者面前要做到基本统一。

③编制好评分标准。主要看其心理素质和实际能力，而不要看其扮演的角色像不像，是不是有演戏的能力。

2. 实施评估

情景模拟的评估，其实就是一个收集信息、汇总信息、分析信息，最后确定被试者基本心理素质和潜在能力的过程。它的实施程序各不一样，但一般常用的有下面一些程序。

（1）观察行为。每一位主试人员要仔细观察，并及时记录一位或两位被试者的行为。记录语气要客观，记录的内容要详细，不要进行不成熟的评论，主要是进行客观的观察。被试者在各项练习中应该由不同的主试人员进行观察。比如，被试者甲在第一组练习中由主试A进行观察，那么在后一组练习中，就应该由主试B对他进行观察，这样观察就可能比较全面。

（2）归纳行为。观察以后，主试人员要马上整理观察后的行为结果，并把它归纳在情景模拟设计的目标要素之中。如果有些行为和要素不必要，就应该剔除。

（3）为行为打分。对要素有关的所有行为进行观察、归纳以后，主试人

员就要根据规定的标准答案对要素进行打分。

（4）制定报告。给行为打分以后，每一位主试人员对所有的信息都应该汇总，形成报告，然后才考虑下一位参试者。每位主试人员要宣读事先写好的报告，对被试者在测评中的行为做一个简单的介绍，以及对要素的评分和与报告有关的各项行为。在报告时，其他的主试人员可以提出问题，进行讨论。

（5）重新评分。当每一位主试人员都报告完毕，大家进行了初步讨论以后，每一位主试人员可以根据讨论的内容，评分的客观标准，以及自己观察到的行为，重新给被试者打分。

（6）初步要素评分。在每一位主试人员独立重新评分以后，把所有的主试人员的评分进行简单的平均，最终确定被试者的得分。

（7）制定要素评分表。把初步评分写在一张表上，左边列出各种要素，上边一栏列出主试人员的名字，中间列出主试人员给各要素打的成绩。通过这张图表，可以清楚地看出主试人员对要素的评分是否一致。

（8）主试人员讨论。根据上述的这张表，主试人员再进行一次讨论，对每一种要素的评分，大家发表意见。

（9）总体评分。通过讨论以后，每一位主试人员在独立地给该被试者评出一个总体得分，然后公布结果，由小组讨论，直到达成一致的意见。这个得分就是该被试者在情景模拟考察环节的总的得分。

（10）其他评论。可以根据情景模拟的要求目的和招聘企业的需要，对被试者在情景模拟中表现出来的其他内容，进行一些文字上的描述，以补充某些信息的不足。这样情景模拟通过这 10 个步骤就全部完成了其操作过程。

◎怎么进行面试准备

一、确定面试方式

面试之前必须确定具体的面试方式，面谈主要有以下 4 种方式。

1. 计划式面谈

在面谈前，人力资源部的主要负责人就要明确面谈要达到的目的，要获取或给予的信息，面谈的方式，以及准备面谈的时间。这种面谈方式的优点是思路清晰，能问到点子上，不足之处是容易使应聘者拘谨。另外一种计划式面谈是图表式会见。它建立在一种假定最有效的基础上，每一有关细节都必须事先拟定。这种面谈要利用一套特定的提问内容。这些提问可以从以下三方面来准备：一职务规格说明书和人事规范为提问的指南；二从申请表格和有关证明资料中获取的信息为提问内容；三从过去面谈的经验中能够找出有用的提问类型。

2. 深入面谈

这一方式用于针对某一特定问题，主考人与应聘者进行深入的探讨，这对于应聘某些特殊专业职位的应聘者来说，是对其做出正确评价和决策的有益方式。举例来说，假设一位申请者的爱好是航海。在一般面谈中，主考人很可能会依照他头脑中的有关业余航海者的老一套想法得出结论。而在深入面谈中，主考人将向应聘者提出一系列问题：什么时间去航海，为什么；到哪里去航海，为什么；和谁一起去，多长时间，为什么；要花多少钱，喜欢哪种型号的航海设备，为什么；什么样的气候条件是理想的，为什么；选择哪一类朋友一起去，为什么。如果可能的话，主考人要紧问不舍。当然，追问不能粗暴无礼和具有挑战意味，而要讲究技巧。只有通过这样透彻的问答和分析，才能窥见申请者更真实的内心世界。

3. 启发式面谈

在这样的会谈中，应聘者不必受所提问题的拘束，因此比回答规定的问题更能表现出真实的自我。利用规定的问题，申请者往往会回答对方所希望的答案，或只回答有利的一面而不管它们是否真实。而采用启发式方法，申请者显然不知道如何把握答案或评论的倾向性。未经组织的谈话，将能通过所暴露的和所排斥的回答（回避的）来揭示与目的、兴趣和能力有关的许多问题。

启发式面谈的一个重要步骤是人力资源部经理要认真研究待补职务的要求，并尽可能地通过申请表、推荐信和测验等方式去了解应聘者的情况，以便确定面谈时应注意听取些什么。

启发式面谈开始时总是一般的介绍和闲谈，然后，通过恰当的说明或公开的提问，要求应聘者谈谈个人经历。在应聘者开始谈话以后，人力资源经

理绝不要引导，而是重复应聘者的语句来发问。比如，一位应聘者可能会说："我喜欢从事富有挑战意义的工作"，而主考人如果问"为什么？"那就会有提出引导性问题的倾向，如果重复应聘者的话来发问："那么你喜欢挑战性工作？"于是应聘者必然会继续说下去而不受引导性的暗示。

要评鉴应聘者，人力资源部的负责人必须熟练地依据一般的人类行为、态度和学识的标准来衡量应聘者，对他们的举止言谈、经验和论点做出评析，进而对其填补空缺的资格做出鉴定。

4. 分组面谈

这一方式是由一名或多名主考人向一组应聘者提问，或由一组主考人观察一些应聘者在讨论某一指定课题或问题时的言行。

这种面谈有两个优点：一是节省时间；二是当应聘者在不得不有所反应和互相争论时，就可以对他们有更清楚的认识。

二、做好面试前的准备工作

面谈的方式可以多种多样，但一般在事前都要做好以下几个方面的准备：审视空缺职位的工作说明书和工作规模表；审视职位申请表、履历表，推荐书等；安排好适当的面谈场所，分配充分的面谈时间。

◎怎么撰写面试提纲

为了达到面试目的，提高面试效果，人力资源部应选派经验丰富、训练有素的面试员，并提前准备好面试提纲。一份理想的面试提纲应包括以下几个方面的内容。

（1）开头语。

（2）关于企业目前状况及其前景介绍。

（3）对空缺职位及其需要条件的描述。

（4）与应聘者讨论工作资格。

（5）同应聘者个别讨论工作细节和工作各方面的关系。

（6）面试提问录，即通过提问了解应聘者的品格、态度、技能、经验、兴趣、爱好等，以便筛选出满意的人选。

应该指出的是，面试也有一定的局限性，主要表现在面试人对有关应聘者的品格、诚实度、忠诚度、技能等方面难以完全把握。因此，还要配合其他方法进行筛选。

◎怎么开展面试工作

一、明确面试作用

第一，核对申请表上所述资料，询问更多的相关情况。对申请表上的资料有不明白及怀疑之处，均可利用面试加以讨论与验证。并可借此了解申请表上没有的更多的情况，如兴趣、爱好、以往之工作经验等。面试人可据此估计应聘者的潜能。

第二，面试人可把公司及未来工作的情况予以介绍。使应聘者对公司及工作有更详细的了解，并澄清以前可能有误解的地方。

第三，听取应聘者对工作设想的高见。比如，让应聘者谈谈，在会见顾客时将怎样推销自己的商品，面试人可借此判断应聘者的思维、态度、声音及谈话能力。

第四，通过应聘者的表现，判断他未来实际工作的情形。面试即面对面的交谈，实际上是销售工作的最重要的部分。应聘者会把自己视同任何其他商品一样，向客户即招聘主持推销。这样才能产生较好的效果。可以说，面试是对应聘者的最真实的考验。如果能说服面试人，就一定是有用之才。

二、了解面试类型

1. 按面试及应聘者人数分

按面试及应聘者数可分为以下4种。

（1）一个面试人对一个应聘者。

（2）多个面试人对一个应聘者。

（3）一个面试人同时对若干名应聘者。

（4）多个面试人对若干名应聘者。

虽然一对一的面试最常见，但采用集体面试（多个面试人对若干个应聘者）有一定的优点，即面试群体可根据不同应聘者对同一问题的回答进行比较，以获得优劣印象，另外这也是节省面试时间的一种办法。

2. 按面试时所提问题分

根据面试时所提问题，分为结构化面试、非结构化面试及行为描述面试3种。

（1）结构化面试由一系列连续向申请某个职位的求职者提出的与工作相关的问题构成。使用结构化面试由于减少了非结构化面试的不一致性和主观性，从而增加了面试的可靠性和准确性。

为获得公正、客观评价应聘者所需的信息，面试人必须遵循一个结构化、系统化的面试程序。但是，如果面试人草率地提出每个问题，那么结构化的优势将大大削弱。这种方法很容易使气氛过于正式，因而严重影响应聘者回答问题的能力和愿望。

结构化面试一般包括以下4类问题。

①情景问题——提出了一个假设的工作情景，以确定应聘者在这种情况下的反应。

②工作知识问题——探索应聘者与工作相关的知识，这些问题既可能与基本的教育技能有关，也可能与复杂的科学或管理技能有关。

③工作样本模拟问题——包括一种场景，在该场景中要求应聘者实际完成一项样本任务；当这种做法不可行时，可以采用关键工作内容模拟。回答这些类型的问题可能要求体力活动。

④员工要求问题——旨在确定应聘者是否愿意适应工作要求。比如，面试人可能问应聘者，是否愿意从事重复性工作或迁往另一城市。这种问题的性质是实践工作的预演，并可能有助于应聘者自我选择。

一个设计良好并有固定模式的面试只包含与工作相关的问题，且每个问题都有特定的目的。

（2）在非结构化面试中，面试人会提出探索性的、无限制的问题。这种面试是综合性的，面试人鼓励应聘者多谈。不直接提问型面试一般比结构化面试耗时更多，且因不同的应聘者会获得不同的信息。这更增加了使用该方法的组织潜在的法律问题。这些问题混合在一起，就可能导致企业讨论的是愚蠢的、有潜在的歧视性的信息。被鼓励讲出心里话的应聘者可能自愿提供一些面试人不需要或不想知道的信息。

（3）行为描述面试是一种结构化面试，它采用专门设计的问题了解应聘者过去在特定情况下的行为。它避免了对应聘者个性做出评价，避免了假设的和自我评价的问题。在特定情景中的行为被仔细加以选择，因为它们与工作成功密切相关。通过询问应聘者在设定情况下他们怎么办，可以按他们的行为形成问题。比如，某位申请工程职位的应聘者可能被问到："请告诉我一个在没有充分信息的条件下你必须做出一项重要决策的情况。"由成功员工的行为得出的标准答案被用于评价应聘者的反应。

在行为描述面试中提出的问题，由于问题和答案与成功的工作业绩有关，使得它们在预计应聘者，是否能在他们被雇用的工作岗位上获得成功方面更加准确。行为描述面试的有效性系数比传统面试高若干倍。但是，需要说明的是，来自不同文化背景的人可能会遇到类似的问题。比如，日本文化强调适应组织而不是坚持个人意见。要求日本人叙述在某种情况下如何显示其管理才能，会使他们很难为情。

3. 按面试形式的标准分

按面试形式的标准，可分为非正式面试、标准面试、导向性面试、流水式面试。

（1）非正式面试。非正式面试是在事前毫无计划及准备的情况下进行的，实际上是一种临时讨论。一般效果不好，特别面试人多的时候会出现混乱，甚至会毫无所获。所以，一般正式的甄选工作不采用这种方式。

（2）标准面试。标准面试是与非正式面试相对应的另一种极端，也叫记分面试或组织面试。即事先安排一整套结构严格的面试问题，并配有记分标准。视应聘者的不同回答来记分。这种方法太死板，缺乏弹性，适应性不强，不利于发挥面试的作用。

（3）导向性面试。导向性面试是上述两种方法的折中方案。即只规定提出若干典型问题，主持人灵活掌握，引导应聘者回答各有关方面的问题，根据需要，深浅适度，从而获知其一切情况。这种方法又叫典型面试或引导面试。很多企业采用这种面试方式。

（4）流水式面试。流水式面试是指每一个应聘者按次序分别与几个面试人面试。面试结束后，各面试主持人聚集在一起，汇合及比较各面试人的观察与判断。这种方法能对应聘者所具有的各种特殊兴趣予以全面考验，几道关口一般不会有所遗漏。具有较大的优越性，近年来为许多企业所采用。

三、熟悉面试流程

（一）面试前的准备

1. 资格审查

如果应聘者不只一个，那么就必须能够很快地将那些不适当的人剔除掉。

一旦应聘的程序开始进行后，让它持续一段时间，宁可让那些优秀的应聘者同时也和别家公司联系，也不要因此匆匆下决定。无论如何要在 24 小时之内看一下所有应聘者的资料，虽然你可能因此需要花费较长的时间，才能决定甄选工作是否要采取更进一步的行动。

2. 面试中的环境布置

面试的环境应该舒适、适宜，有利于创造宽松气氛。

握手、微笑、简单的寒暄、轻松幽默的开场白、舒适的座位、适宜的照射光线和温度以及没有令人心烦意乱的噪声，这些都能起到作用。

3. 制定面试问话提纲

可以用“什么”“哪儿”“为什么”“何时”或“谁”等形式问一些可随意回答的问题，这就给应聘者以讲话的机会，而面试人也可以借机了解应聘者是什么样的人。如果应聘者是主要的讲话人而你是主要的听话人，你就会有更多的时间形成自己的判断。那才是会谈的主要目的。

可以问一些如下随意性的问题。

①你的受教育程度如何？你认为教育对完成我们所给的工作有何帮助？

②你在何处获得了自己最宝贵的经验？请从你的第一份工作开始，告诉我一些你的工作经验。

③在你以前工作中你向谁汇报工作？你能描述一下那位主管吗？

④你何时决定你喜欢做此类工作？你认为这项工作中最困难的地方是什么？最令人愉快的又是什么？

⑤你认为自己的健康状况如何？在上一年中你有哪些就诊记录？

⑥你为什么放弃 ××× 公司的工作？

4. 鉴别假文凭

如何识别假文凭，可以采用下列方法。

（1）观察法。通过肉眼观察和与真文凭的对比来识别假文凭。有些假文凭做工比较低劣，比如纸质硬度不够、没有水印、学校公章模糊、钢印不清等都可以用肉眼来识别。当然，现在的一些假文凭制作得比较逼真，水印、公章、钢印等一应俱全，简单地通过肉眼很难识别。如果周围有真文凭，可以将之与须识别的文凭进行对比，这时往往可以很快发现文凭的真伪。如果假文凭做工精细，并且没有真文凭进行参照，可以使用提问法或核实法来进行识别。

（2）提问法。通过对应聘者的学识、常识和能力的提问来鉴别文凭的真假是最有效的方法。根据文凭中的专业，面试人员可以提一些专业性的问题，这些问题有的可能非常肤浅，有的甚至是错误的，通过应聘者对问题的反应就可以初步判断文凭的真伪性。

如果面试人对应聘者的专业不甚了解，可以使用一些提问技巧。面试人可以以与文凭中的学校很熟的口吻，随便聊一些学校里的事情，根据应聘者的反应可以轻而易举地判断出文凭的真实性。

（3）核实法。通过观察法和提问法都没有办法确定文凭的真伪性时，可以采用核实法。面试人可以与文凭所在学校的学籍管理部门取得联系，让他们协助调查文凭的真伪性。一般而言，学校都能积极地进行协助。核实法虽然比较复杂，但准确率可以达到百分之百。

5. 识别材料的水分

有很多应聘者的材料是一种“文学创作”，经常虚构事实、描述非常夸张，因此识别材料水分的任务相当艰巨，其方法步骤如下。

（1）将应聘者材料中的内容分为两类：一类是客观内容，如学习经历、工作经历、专业知识、技术经验等；另一类是主观内容，如个人兴趣、爱好、性格等。

（2）将无法证实的主观内容忽略掉，认真分析客观内容。

（3）将客观内容分为两类：常规客观内容和关键客观内容。常规客观内容是指普通的客观内容，如中小学学习经历、计算机的普通操作技能、普通的工作技能等；关键客观内容是指与应聘岗位直接相关的客观内容，如与岗位相关的知识、技术、工作和经验等。

（4）由于应聘者是否能够通过面试，取决于关键客观内容的真实性。所以它也是识别材料水分的重点内容。

（5）对关键客观内容进行认真分析，估计材料的可信度。

（6）以可信度最差的内容开始对应聘者进行提问。

（7）提问采用“步步紧逼”法，尽可能对其中的细节问题进行连续提问。

（8）面试人员不一定需要了解相关的技术知识，仅需要根据应聘者的反应就可以判断他是否撒谎。

（9）一旦发现应聘者有撒谎行为，则立即停止面试，以未通过处理。

（10）如果通过提问还是难以估计材料的真伪性，人力资源部可以向应聘者原单位进行联系，调查应聘者的实际工作能力。

（二）正式面试

1. 初始阶段

初始阶段面谈主要是谈一些最基本的、最一般的问题，如工作经验、家庭背景、住址变迁、以往的奖励及处罚、待业多久、因何待业、最近身体状况等。

有下列情形之一者，即可考虑予以淘汰：

（1）在一年中，失业超过 3 个月，对失业的现状没有耐心。

（2）信用可疑，他可能会向顾客借钱或挪用公款。

（3）过去有坏习惯记录，又未确定是否已经改好。

（4）身体有缺陷，顾客会做出反应。

（5）债务过重，收入耗去太多，压力太大。

（6）离不开妻子或丈夫，会经常找借口不出差。

（7）因合并、销售业绩下降而失业。好的推销员不会为此而丧失工作。

（8）以前换过 5 个以上的工作单位，惯于跳槽者，不会安心工作。

（9）在过去几年中，经常变更住址，生活不稳定。

（10）最近几年有入院治疗的记录，可能身体不好，不能很好地胜任工作。

（11）最近离婚、分居或丧偶，还处于创伤未恢复期间，会影响工作情绪。

2. 深入阶段

深入阶段面谈主要是指就工作的动机及行为等方面进行实际的探讨。

（1）了解应聘者的动机及行为，根据应聘者的情况，可以挑选询问以下的问题。

①为什么要加入我们的公司？

②为什么要变换工作？

③为什么在一年中换两次工作？

④在失业期间，你做些什么？

⑤你喜欢什么样的工作？

⑥希望什么样的薪金水平？

⑦以前的收入或佣金是多少？

（2）了解应聘者的一般能力。可以问如下问题。

①在中学期间你的地位如何？

②在上大学期间做过何种重要工作？

③为何没有毕业？

④上大学时，谁替你付的学费？

⑤你觉得自己有哪些长处？

（3）了解应聘者的工作经验。可以问如下问题：

①经销过何种产品？哪些地区？

②开始时有多少客户？后来增加了多少？或减少了多少？

③销售量或销售额达到多少？

④在销售小组中的地位如何？

⑤与什么样的领导一起工作？如何与他相处？同事关系如何？

⑥对即将胜任的工作有何想法？

3. 解读应聘者的简历

处于就业市场最中心的东西就是个人简历。它是一个变化莫测、令人迷惑，且常常带有误导性的文件。尽管蒸蒸日上的成功企业的总裁们不是那么容易被愚弄，但是，就连最精明的人在阅读应聘者的个人简历时，也不免遇到麻烦。

要想掌握阅读个人简历中隐含内容的艺术需要有多年的实践经验。为了能尽快地提高这方面的能力。应从应聘者那里了解如下问题。

（1）合适的背景。应聘者的教育水平和经验，甚至是居住情况和工作之外的朋友等情况，是否表明该人可以与公司的人愉快相处？如果其教育程度不高且业余爱好是保龄球和垒球，那么这个人将难以在那些看重教育程度以讨论歌剧和集邮为业余爱好的雇员中寻到朋友。

（2）要求的品性。个人兴趣如何？如果应聘者过去最喜欢的工作是户外工作。（如卡车司机），为什么他现在要寻求局限于室内的装配线工作？

（3）尽力发现应聘者的态度。应聘者的表现是成熟还是看起来像个孩子似的夸口。他是否在倾听你所说的东西？你可以清楚判定应聘者态度的一个例子是，看他是否特意批评以前就职的公司、同事或产品的质量，你可以毫不犹豫地断定他在你的公司里也同样会觉得一切都不如意。

此外，还可以从交谈中了解许多有关身体的状况。应聘者如果看起来行动迟缓且呆滞，那么他也可能难以对工作投入精力。记住，大部分应聘者都努力以最佳状态出现。如果应聘者在交谈中未能向你展示一个良好的形象的话，那就很难期望他在工作中会有出色表现。

4. 交流信息

面试是互通信息的交谈过程。为了营造融洽的气氛，同时获知被试信息，面试可以从询问对方有没有什么问题开始，这样就建立了双向沟通，面试人可通过被试人所提问题对对方进行判断。如针对面试人开场白“让我们从您有什么问题要提开始”的几种反应，哪一种反应是您最满意的？

被试 1：我没有什么问题要提。

被试 2：我有几个问题，该职务年薪金是多少？到第一年年末我能享受两周有薪休假吗？

被试 3：我担负什么责任？我希望找一个现在给我以挑战，将来有发展的职位。

每一种答复给面试人以不同的印象，但只是第三个关心工作，另外两个人要么不关心，要么只关心他们能得到什么利益。

一般地说，面试人将提一些能得到尽可能多信息的问题，如以如何，什么，为什么，比较说明，扩展或“您能告诉我更多的有关……”等开始的问题可以让应聘者有更多的内容进行表述。而那些只能以“是”或“不是”简短作答的问题，则难以给面试人更多的了解，如当以“你是……”或“Did you…”一类问题开始时，面试人只能得到狭窄有限的答案。具体的问题及面试人有兴趣的领域可参见前者。除了解被试人对这些问题的回答外，面试还希望得到有关被试背景、技能及兴趣等方面的特定信息。

5. 结束面谈

若谈论的问题逐步减少或合适的时间已到，面试应引向结尾。此时非语言的沟通可以起到一定的作用，如改变姿势，转向门口，看一下表或钟均可以暗示被试结束时间即到。有些面试人以这样的问题结束:“您最后还有什么问题要提？”这时，面试人应通知应聘者面试过程的下一步，也许是等电话或信件。不管面试人有什么看法，均不能告知应聘者是否获得职位。不仅因为下一位被试人可能更理想，也因为下一步选择过程也许会做出完全不同于面试结果所显示的那种决策。

6. 面试评价

面试结束后，面试人应立即记录求职者回答问题的情况以及总体印象。

（1）应注意以下几种情况。

①离开以往的工作岗位而无法提供良好的离开理由者。

②以往薪水显著超过现有薪金者。

③有家庭问题者。

④在过去5年内曾经历5次以上找工作者。

⑤曾经接受劳改者。

⑥以往工作从来没有超过两年服务时间者。

⑦资格显然超过职位所要求者。

以上7类人员并非一定不能录用，但在录用前必须调查清楚事实的细节。

（2）面试结果核查表如表 2-3 所示。

表 2-3　面试结果核查表

应聘者姓名： 日期： 考虑职位： 面试人： 面试评议： 1. 按低（1 分）到高（10 分）给应聘者打分： （1）外表： （2）明显的兴趣： （3）经验 / 背景： （4）合理的期望： （5）职务能力： （6）教育 / 培训： （7）是否马上能胜任： （8）过去雇主的稳定性： 2. 就职务应考虑到的优缺点作具体评议： （1）对前职务的态度 （2）对前上级的态度 （3）有关职责的期望 （4）生涯或职业期望 （5）对应聘者其他评议 3. 所需下一步行动 （1）不必 （2）测验 （3）主管面试 （4）应聘者不能考虑任此职，可考虑担任 （5）下一步面试 （6）应聘者不能接受 （7）通知应聘者被拒绝

7. 筛选

人才的选择就某种程度而言本来就有一点运气的成分，但是仍旧必须研究一下“秘诀”，以把机会的成分降到最低。

（1）除非这个职缺的工作即将有很大的发展前景，否则要小心，不要录用一个能力超强的人，对工作感觉不充实的员工会很快就对工作感到厌烦，并会很快地离职。

（2）有些应聘者只想暂时先找一份工作安身，然后再慢慢找一个更稳定的永久工作，对这些人要特别留心，很可能在他们身上投资了3个月的人员训练，而他们却在工作快要进入状态之前离去。在甄选人员时，你一定要就这一点对应聘者诚恳地表达你的质疑。

（3）对那些频频更换老板的应聘者，你要特别小心，他们现在也许会在你面前责怪他们以前老板的不是，但同样地，他们也有可能在15个月后在别人的面前数落你。一个不诚恳的应聘者并不是你所想要用的人。

（4）在决定录用某一个人员时，要考虑这个人是否能与小组里的其他成员相处，邀请他（或她）到应聘部门待上一段时间，便可知分晓。

（5）记住这一点：一个人的一生如果一直都很顺利，充满成就和许多成功的记录的话，那这种人往往也可能会继续成功，对那些自称是运气不好的应聘者，你要特别小心，不论他们解释得如何言之有理，你也不要轻易地相信。

（6）永远不要企图能在“百坏中选一好”。如果你明知某人不是很适合，但仍加以录用，那等于是告诉自己，不久之后又得把这整个求才程序重新来过一遍。

（7）假如面试后合适的应聘者有好几个，你要利用考试的方法，找出最佳人选。

千万不要急着做决定，尤其不要因为有某一个应聘者急着想要知道结果，而受到影响，当已经选定人才后，要再想一想。假如上级经理不满意你的招考人员的方式，认为你的甄选成本过高或是费时过长时，你可以提醒他（或她），不要忘了用错人时所付出的代价会更高。

8. 进一步考评

经过挑选后，需要进一步证明适当的人选者的适任资格。

大部分经验丰富的经理人，都曾经有过这种错误的经验，他们单凭应聘者的口头保证，便相信他们的确具有这个职缺所必需的各种能力、知识和技能，之后不久便后悔了这个决定，务必特别小心这一点才行。

（1）利用一些测试来衡量应聘者的技能，让他们写一篇应用文，或侦测出电视机组件的错误，或测验一下打字的能力，或计算折扣的数目，或举行外语口试以测试他们的外语是否流利，或实地做公路驾驶以了解其驾驶技术等。一个真正有能力的应聘者将会很乐意展示他们的能力。

（2）当要填补的职缺是属于资深人员或是高阶层的重要职务时，要利用一些有具体理论根据的测试来评量应聘者的资质、学识及性格。

这类测试通常需要由外面的专家来协助，他们能帮忙设计一套含有智能及性格等在内的综合测验，以评估应聘者的各种综合能力。

（3）不要手握一份应聘者的筛选名单来等着慢慢做决定。如果这么做，会失去他们，通知他们再来公司做一次测验，以帮助做最终决定。

9. 最后审查

（1）是否重来。到了这个阶段，如果还有适当人选可进行筛选，那无疑是幸运的，不过如果没有任何人选留下来，那么就得再重来一遍。麻烦固然是有的，但仍比用错人要好得多。

（2）应注意的问题。

①有健康的身体才能创造财富，因此在录用人员之前必须要求他们先做健康检查，安排这个准应聘者到公司指定的医生处去做健康检查。

②永远要记得要求相关的学历、经历证明文件。你只要想想在你求职的过程中，你被要求拿出证件的情形是多么的常见，你就能明白为什么有那么多人在伪造学历、经历。这些证明文件中还包括小心检查应聘者的驾驶执照在内。

③务必审查应聘者所提供的参考资料是否属实，挑出心目中最理想的人选，打电话给他最近两任的直属上级，询问他们各项资料的正确性。请教他们："据我所知，他在贵公司担任一个部门的主管有 3 年的时间，手下共有 12 名组员；他每次都能达成工作目标，而且总是在预算内完成。"这个问题可能会导致比较广泛的讨论，但是你要知道的是事实是否正确而不是听取他的看法。如果对方回答你"我们不在电话中回答这类的询问"时，你要坚持你的立场，告诉他们，你们的回复对招聘的作用很重要。

书面推荐函之类的东西，用处不大，不过如果那是你手上唯一拥有的资料，那不妨将它们列入决定的参考。

面试总体流程如图 2-4 所示。

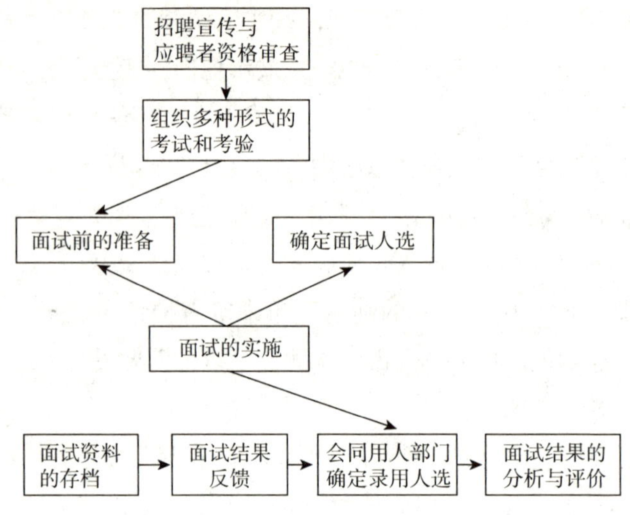

图 2-4　人员面试甄选流程

◎怎么提高面试技巧

一、了解面试的优缺点

1. 面试的优点

面试，它之所以在员工招聘中占很重要的地位，就在于它有许多其他测试方法没有的优点。

（1）适应性强。

（2）可以进行双向沟通。

（3）有人情味。

（4）可以多渠道地获得被试者的有关信息。

2. 面试的缺点

（1）时间较长。

（2）费用比较高。

（3）可能存在各种偏见。

（4）不容易量化。

二、掌握面试的方法与技巧

（一）面谈人的技巧

第一，未雨绸缪，成竹在胸。面谈人要事先确定需要面谈的事项及范围，写下会面的纲要，包括问话的次序及方式，并进行合理的安排及组合，把想问的话及方式与自己希望获知的资料加以配合。在面谈开始之前还要详细了解应聘者的资料，从中发现应聘者的个性、社会背景及对工作的态度、日后的发展潜力。对应聘者的资料了解得越多，越能在面谈时运用自如。

第二，例常发问，切入正题。面谈人应该以应聘者预料得到的常规问题开始发问，如工作经历、文化程度等，然后再慢慢地过渡到正题部分。

第三，察言观色，烘托气氛。要密切注意应聘者的行为及反应，为避免有太紧张的压迫感，不使应聘者提供的资料不完全或受到扭曲，应尽量创造和谐自然的环境。面谈人不要对应聘者作人身攻击及自尊心上的打击。应对所问的问题、问题间的变换、问话时机以及对方的答复都要多加注意。

第四，面谈记录，适可而止。面谈要有所记录，这是很必要的。但不要一直不停地记，这样反而会遗漏一些重要的事，也会给对方以束缚之感。有经验的人会尽量少地做当面记录，只是记录一些必要的事项如希望的收入、待遇、可上班日期等，其他大部分内容只是记在心上，待面谈完毕后立即做简要的记录。有个原则要记住：如果应征者对做记录的做法感到十分敏感或不安时，就应尽量少做记录。

第五，态度和缓，以静制动。试探时要缓和，细心地听，力求多了解。在应聘者停下来的时候，要安静地等待，不要暗示他回答自己的问题。观察他的举止，注意他的音调、回话的态度和反应，将你想知道的问题问得仔细。对他提供的资料要有信心，不要表现出优越感或不可忍耐，更不要争论、说教或教训别人。

第六，言辞诚恳，掌握进程。回答问题要直爽而简洁，切勿企图出卖公司或工作。掌握进程，控制谈话，不要让谈话变成你单方面发问，或者任由对方滔滔不绝地谈论他的工作经验。

第七，予人机会，圆满结束。在结束之前，要确定你是否问完了所有预先计划的问题。同时给对方一个机会，看有否遗漏需要加以补充，或修正错误。然后圆满结束面谈。

（二）面谈发问的技巧

一般来说，面谈人发问的方式及问题，可以决定从应聘者那里得到什么资料或多少资料。所以，面谈人应运用一些发问的技巧来影响面谈的方向及进行的步调。主要发问技巧有以下几项。

1. 开放式发问

即希望应聘者自由地发表意见或看法。开放式发问又分为无限开放式及有限开放式发问。前者的问话没有特定的答复范围，目的只是让对方讲话。如“请你谈谈自己的工作经验吧。”有限开放式发问即对回答的范围和方向有所限制。如“你在原来那个公司完成工作任务时常遭遇到的困难是什么？”开放式发问一般在面谈开始阶段或讨论某一方面问题的起始阶段运用。

2. 封闭式发问

即希望对方就问题做出明确的答复。封闭式发问要比开放式发问更深入、更直接。典型的封闭式发问就是只让对方回答“是”或“否”。如“如果延长时间，是否会有助于你顺利完成销售任务？”封闭式发问可以表示两种不同的意思。如果在对方答复后立即提出一些与答复有关的封闭式问话，即表示面谈者对他的答复十分注意。另一方面，如果一直问些封闭式问题就表示面谈人不想让对方多表示意见，或对他的答复不感兴趣。

3. 诱导式发问

即以诱导的方式让对方回答某个问题或同意某种观点。如“你对这一点怎么看？”或“你同意我的观点吗？”但运用时一定要把握好分寸。否则，会给应聘者以紧张感，使其被迫回答一些他认为面谈人想听而并非自己真正想说的话，从而不能获得有价值的资料。

（三）面谈追问的技巧

如果应聘者回答问题不完全、不正确时，面谈人还要进行追问。下面介绍一下如何分析对方答复的不完全程度及其原因所在，并采取怎样的追问方式。

1. 探询式追问及其条件

探询式追问的问法有“为什么？”“怎么办？”“请再往下说”“真是这样吗？”“你为什么这样想？”或一些非口语化的表情、手势。

沉默也是探询式追问方式之一，但时间掌握很重要。据研究，如果鼓励对方再多谈下去，最有效的方法是在对方谈话中断时，保持 3 ～ 6 秒钟的沉默，这样对方会很自然地往下说。

有时对方在回答问题时，只绕着谈话主题兜圈子，提供的资料没有价值。有时对方答非所问或避而不答。此时，先要分析一下原因，是由于误解了问题、不了解问题、没听懂问题，还是不想回答。然而再用探询式追问，要求对方作更进一步的说明。

2. 反射式追问及其条件

反射式追问，就是把对方所说的再重述一遍，以此来考验对方的反应及其真实意图。如对方认为这样的待遇不合理时，你可以说“依工作的性质、任用条件及其他因素来考虑，你认为这样的待遇不合理吗？”

当对方回答问题不完全或值得怀疑时，就要用反射式追问，鼓励应聘者对其未完整的答复加以说明或引申。以确认对方的全面而真实的想法。

◎怎么解决面试偏差问题

一、面试常见的偏差

1. 第一印象及晕轮效应

第一印象就是指两个陌生人在第一次交谈之初给对方留下的印象。一般来说被试者在参加面试时都进行刻意打扮和充分准备，所以给主试留下的第一印象都比较好。但是第一印象可能是正确的，也可能是不正确的，而面试时产生的第一印象常常是不正确的，因此，要防止第一印象的影响，这样才能比较客观地判断、评价一个人。

由于应聘者外表或由于紧张而出现的下意识的言行往往给面试人留下一个难以抹去的第一印象，影响下一步的发问及评论。

所谓“晕轮效应”就是“以点代面”，从某一优点或缺陷出发去评价应聘者的其他方面。例如应聘者面试开始前的一个愉快的微笑或坚定的握手在面试人心目中留下“此人不错”的印象，从而忽略了对他弱点的发现和分析。也可能一位不修边幅的求职者一开始就给人留下了“此人不怎么样”的印象而处处被挑剔。

2. 面试人支配与诱导

有时面试人利用面试进行过分的宣传、自夸或以社会性的交谈代替面试。例如，花费全部时间告诉被试人有关公司的计划或福利，利用面试告诉应聘者这种职务很重要等。

还有一些面试人应用诱导式问题泄漏期望的回答。如“你认为你会喜欢这一工作吗？”

3. 个人好恶及偏见

由于存在个人标准不同，往往对同一应聘者面试人给予截然不同的评价。一个典型的研究表明：对一个想从事销售工作的应聘者，12位主持面谈的销售专家对此人评价存在很大差异，其中一位主持面谈人将应聘者列在适合这项工作的第一位，而另一位面谈人竟把他排在最后。有时个人好恶起相当大的作用。比如，一个个子矮小、白头发、爱挑剔、保守的主持面谈人将不会很好地接受个子高、胆怯、红头发、接连不断抽烟的应聘者。

偏见可以有两方面的作用。主持面谈人不喜欢某些特点的人，不管这些对工作是否合适，都取消其录用资格。相反地，他们可能录用拥有他们喜欢的特点的不合格的应聘者。

4. 相对标准

很多主持面谈人接待许多工作应聘者，他们对一个具体应聘者的评价往往以他们这以前谈过的那些人的特征为依据。比如，一个主持面谈人接连与几个很不理想的应聘者进行面谈后，在见到一个一般水平的应聘者时，往往会认为很出色而高估其水平，但如接连同几个条件很好的应聘者面谈后，对一个一般水平的应聘者会认为很差。

5. 指示行为无法推断测试项目

测评项目与测评指示不同质，也就是指示行为不含有与测评项目性质相同的素质。或者说指示行为不能反映和体现测评项目，由指示行为推断不出考生是否具备要测评的素质项目及其数量水平。所以，这种毛病也可以叫做“推不出”病。

比如，某招考机关工作人员面试时，一位考官出了一道题，问：“在等公共汽车时，你有没有经常想第一个挤上去的情况？”“推不出”病，是面试中选择指标行为时易犯的最严重的病症之一。它犹如缘木求鱼，会使测评结论完全失真。

6. 标准不易理解

测评标准，应当让考官及各有关方面人员能够理解，符合他们的习惯或起码让他们获得较高的共同约定。这方面常见的毛病，是考官及有关人员不太理解测评标准，是“不明所以”病，主要原因是缺少对考官的培训。

7. 水平刻度紊乱

测评项目或测评指标的数量水平刻度，必须遵循有序的连续分布方向、顺序，即相同程度的指标行为应该对应相同程度的素质水平。常见的违背有序性要求的情形有以下 3 种。

（1）规定水平刻度时就发生了紊乱。如“对突发性情况反应灵敏，则反应能力一般”与“对突发情况反应不灵敏，则反应能力一般”之间就有矛盾，不协调。

（2）规定的水平刻度过宽，由考官临场把握，结果由于各自主观理解不一而造成尺度混乱，对同一指标行为所反映的测评项目水平，不同考官所反映的测评项目水平，不同考官所持的衡量比较尺度不统一，测评结果差异很大甚至完全相反。用设问句式表示测评指标的场合，易发生这种情形。

（3）测评标准中对数量水平的区分太多太细，超过了人脑的分辨能力，以致考官临场无法把握，出现混乱。例如，有些面试的评分标准区分到小数点后两三位，有些面试分等级时分了十几个等级，这都是形式上的花架子。事实说明，考官难以有效地把握这样细致区分的标准。

水平刻度紊乱病，会使优劣、强弱颠倒，是非不分。

8. 标准粗糙

测评标准应有统一的测评项目、测评指标和水平刻度，具体确切，便于理解和掌握。违犯确切性原则的情形很多：有的面试，根本就不确定测评项目、测评指标和水平刻度，由考官自由掌握标准，常见于非结构化面试；有的面试制定了测评标准，但结构不完整，或者只有测评项目，或者只有水平刻度，有的规定也往往太含混、笼统，不便统一掌握尺度。这些毛病，都是“粗糙”病。

粗糙的测评标准，弊病在于：不便于操作，给考官产生掌握标准上的随意性、盲目性留下极大的可能，导致掌握尺度不统一，测评结果可比性差等现象难以克服，特别是在有几位考官参加且考生不止一个的场合，就更危险。

9. 表达上的大杂烩

一次面试中，往往有多个测评项目，每个项目又有两三个甚至更多的测评指标，每个指标又共分为四五个水平刻度。组合起来，一份面试测评标准所包含的内容是相当丰富的。为了考官准确理解、掌握和使用这套测评标准，表述形式就必须精练、简洁明了。在面试实践中，有些面试设计者往往违反这一原则，认为项目越多越好、指标越多越好、水平刻度越细越好，而且在表述形式上也不讲究。结果是：端给考官的是一锅“大杂烩”，测评项目、指标、水平刻度、试题混杂在一起，使考官光是阅读一遍就很费劲，掌握和使用就更难办了。这是一种“大杂烩”病。

消除上述偏差，提高面试信度和效度的方法是对面试工作人员进行培训，尽可能采用结构性面试和集体面试。

二、解决偏差的方法

面试是一种招聘员工的有效的测评方法，虽然它有一定的局限，但是只要注意克服，严格地运用科学的程序来进行面试，就可以使面试发挥应有的作用。

1. 运用面试的主要对策

（1）面试时的人数不要太多，否则会使主试感到疲倦，而使面试的测评结果前后不一致。当可以运用其他测评方法的时候，应该运用其他的测评方法；只有当被试人员较少的时候，运用面试效果才比较好。

（2）在面试前不要让主试了解太多有关被试者的资料，因为这样会使主试产生种种偏见，不利于面试的进行。

（3）要运用一个有程序的结构形式，而不要运用一个没有程序的散漫形式，这样才能够自始至终比较一致地对每一个被试者进行面试。

（4）在面试时要尽量提问与工作有关的问题，主要包括工作的知识、人际关系、心理素质等。

（5）运用标准的评分表。在面试以前，首先应该制定好客观的标准答案，在面试时就要运用标准的评分表来给每个被试者进行评分。

（6）要及时记录每一位被试者的表现。有的主试认为应当在面试结束以后，再对每个被试者进行评分。其实这时已经遗忘了很多信息，因此只有一边面试的时候，一边记录才能够尽可能多地把信息记录下来。

（7）运用一块面试控制板，把有关主要的要点、目标、要求、程序、需要提的问题写在一块板上或者写在一张纸上，这样就能够保证面试的规范化。

2. 提高面试效果的注意事项

（1）紧紧围绕面试的目标。有的主试在面试时，往往会叉开主题，这样就达不到目标，有的时候被试者也会主动或无意识地把目标引开。

（2）制造和谐的气氛。一般来说，面试的气氛较和谐，了解的信息比较准确。除非你为了了解在压力状态下被试者的心理素质，可以营造一些紧张气氛。在一般情况下，尽可能在面试刚开始时，和被试者聊聊家常，缓解面试的紧张气氛，使被试者在从容不迫的情况下，表现出其真实的心理素质和实际能力。

（3）避免重复谈话。面试应该规定一个基本的时间界限，不要滔滔不绝说个没完没了，一次面试拖上好几个小时，这样既影响了后试者的面试，又导致了面试的内容凌乱。

（4）不要过于自信。有些主试过分自信，自己认为该怎么样做，在思想上已经有了个定式，不管被试者反应如何，他都根据自己事先已经考虑好的东西去判断，这样就易造成判断偏差。

（5）对每一个被试者前后要一致。也就是说不能先紧后松，或者先松后紧，这种现象在面试时经常会出现。刚开始时由于主试精力较旺盛，思想较集中，提问较仔细，对被试者测评比较准确，到了后半段，由于长时间的工作，主试人有可能因为疲倦所致，就草草了事，这样面试的结果就不够理想。

（6）对被试者要充分重视。有时主试在面试中会表现出对被试者一种漫不经心的态度，这样会使被试者感觉到自己受冷落，就会不积极地反应，这样就不能了解被试者真正的心理素质和潜在能力。

（7）提问要围绕主题。问的问题尽量要与工作有直接的关系，不要问与工作无关的问题，紧紧围绕面试的目标询问。

（8）要防止“与我相似”的心理因素。“与我相似”这种心理因素就是指当听到被试者某种背景与自己相似时，就会对他产生好感，产生同情这样一种心理活动。比如，听到被试者是某地人，主试一想是老乡，就产生一种与我相似的感觉；如果被试者是某某大学毕业的，主试马上想到是校友，又产生一种与我相似的感觉，因此主试在面试时要尽量防止“与我相似”的因素影响。

（9）避免刻板印象。刻板就是指有时对某个人产生一种固定的印象。比如，一听到老年人，马上就认为这是一群保守的人，认为穿牛仔裤的人一定是思想开放的人。这种刻板印象往往会影响主试客观、准确地评价被试者。

（10）注意非语言行为。人们的语言行为往往是通过大脑的深思熟虑才讲出来的，尤其在面试的时候，被试者往往事先做过充分准备，他讲话的时候往往把最好的一面反映出来，但是要真正了解被试者的心理素质，有时应该很仔细地观察被试者的非语言行为，这里边包括他的表情、动作、语调等。

（11）防止不必要的误差。有时因为主试进行面试不熟练，或者没有面试经验，往往会造成不必要的误差。比如，对不同的被试者的态度不一致，这样就会产生一种误差。

◎怎么进行面试中的信息处理

为了使面试的目标更具体明确，面试人应写出对应聘者（被面试人）的评价报告，并要求对被面试人在未来各方面的工作绩效作出不同程度的预测，提出选拔或淘汰应聘者的意见。

一、面试人判断可信度的失因

面试人判断的可信度还可以通过两个或更多的独立面试人对同一个应聘者的判断的一致程度来量测。面试人判断的可信度可能由于下面几种原因而出现失败。

（1）记录表格模糊，使几个面试人很难获得一致的意见，当然，一种补救方法是修订表格。

（2）各个面试人在做出工作绩效预测时，依据的是各种不同的参考系数。补救方法是对面试人进行培训。

二、了解应聘者的求职动机

要了解求职动机，提问的侧重点在于离职的原因、求职目的、对所应聘职务的期望、对个人发展有何打算等。由于应聘者往往把自己求职的真正动机隐藏起来，所以要对应聘者的回答进行综合分析。

在弄清求职动机时，最关心的是他离职的真正原因。比如，是否由于工作的失误、人际关系紧张、与领导有矛盾等。还要考虑他以往的工作变换情况。比如，一个人频繁地调换工作单位，就要弄清他在寻找什么。需要提醒的是非常自负和夸夸其谈者，往往是眼高手低者，即使有才华也要慎重考虑，切不可盲目录用。

三、对应聘者自信心的判断

面试中对自信心的判断主要依靠行为语言，而不是靠回答问题的内容。判断的主要依据有以下几项。

（1）目光。应聘者的目光不敢正视主考官的眼睛，或一触即闪开，或盯着某一固定的地方，都是内心胆怯的表现，属于不自信。

（2）手势。如果应聘者在面试过程中一直无意识地抓住什么东西（如衣角、手指），或手指不停地扭在一起，这可能是由紧张或恐惧造成的，属于不自信。

（3）姿势。如果应聘者的姿势不自然，比如双肩耸起、身体前倾或不停抖动双腿等，都是不自信的表现。

（4）语言表达。不自信的人在语言表达方面的显著特征是声音低弱，说话犹豫、平淡、情绪化，时刻关心主考官的感觉等。

（5）语言内容。不自信的人会盲目赞同主考官的观点，不自信自己的主张，当主考官进行有意识的引导时，他会跟着走等。

四、对应聘者应变能力的判断

判断应聘者的应变能力，主要看他在压力及意外情况下的反应。压力及意外是多方面的，可以是针对应聘者本身，也可以是针对其他人。对其回答的判断，主要看他的处理方式是否及时正确、能否达到预期的效果等。

五、对应聘者分析判断能力的考察

考察应聘者的分析判断能力，主要通过案例进行。可以对不同的观点、不同的现象加以分析评价，也可以让应聘者针对当前社会的热点话题进行分析。

◎怎么进行员工录用

当应聘者经过了各种筛选关后，最后一个步骤就是录用与就职。这项工作是能否唤起新员工工作热情的关键。有不少企业由于不重视录用与就职工作，新员工在录用后对企业和本职工作连起码的认识都没有就直接走上了工作岗位，这不仅会给员工今后的工作造成一定的困难，而且会使员工产生一种人生地不熟的感觉，难以唤起新员工的工作热情，这对企业是不利的。为此，企业应认真做好这项工作。

一、录用程序及规范操作

1. 确定并公布录用名单

（1）确定录用名单。此阶段的任务是把多种考核和测验结果组合起来，进行综合评价，从中择优确定录用名单。组合方法很多，从效果上看，以多重淘汰法为好。此法是将多种考核与测验项目依次实施，每次淘汰若干名低分者。对全部考核项目全部通过者，再按最后面试或测验的实得分数，排出名次，择优确定录用名单。这一环节最为重要，应避免主观武断和不正之风的干扰。

（2）公布录取名单。录取名单确定后，张榜公布，公开录用。

2. 办理录用手续

企业招用员工，应向当地劳动人事行政主管部门办理录用手续，证明录用员工具有合法性，受到国家有关部门的承认，并且使招聘工作接受劳动人力资源管理部门的业务监督。企业办理招聘录用手续应向劳动行政主管部门报送员工登记表。填写内容包括员工姓名、年龄、性别、种族、籍贯、文化程度、政治面目、个人简历、考核的结果、企业同意录用的意见等。报经劳动行政主管部门审查同意，在登记表上加盖同意录用的印章，录用手续即办理完毕。

3. 通知应聘者

（1）通知方式。通知应聘者是录用工作的一个重要部分。通知无非有两种：一种是录用通知；另一种是辞谢通知。当然，写作录用通知更容易，因为无论如何措辞，这封信都是人们乐意读到的。而写作辞谢信比较难，因为无论如何措辞，读信人都很难高兴起来。

在通知被录用者方面，最重要的原则是及时。有许多机会都是由于在决定录用后没有及时通知应聘者而失去了。因此录用决策一旦做出，就应该马上通知被录用者。要注意录用通知哪怕晚发一天都有可能损失企业重要的人力资源。

在录用通知书中，应该讲清楚什么时候开始报到，在什么地点报到，应该附录如何抵达报到地点的详细说明和其他应该说明的信息。当然还不要忘记欢迎新雇员加入企业。

在通知中，让被录用的人知道他们的到来对于企业提高生产率有很重要的意义。这对于被录用者是一个很好的吸引手段。对于被录用的人，应该用相同的方法通知他们被录用了。不要有的人用电话通知，有的人用信函通知。公开和一致地对待所有的应聘者，能够给人留下好的印象。

（2）录用通知书。如下面范例所示。

录用通知书

先生/女士:

在上周五与您的会面是很愉快的。我们现在很高兴地通知，我们企业向您提供________职位。

接受该职位的工作意味着您应该完成下列的工作职责________，并对________负责。您的工资是每月________元。

很希望您能够接受该职位。我们会为您提供更多的发展机会、良好的工作环境和优厚的报酬。

我很希望在____月____日之前获得您是否接受该职位的消息。如果您有什么问题，请尽快与我联系。我的联系电话是________。期望尽快得到您的回答。

此致

人力资源部经理（章）

年　月　日

4. 拒绝应聘者

（1）拒绝方式。在选择过程中的任一阶段，应聘者都可能被拒绝。在这一部分，我们着重讨论由于各种原因未被雇用的应聘者。当应聘者申请一个职位时，他实际上是在说:“我认为我适合这项工作，为什么你们不雇用我？”随着选择过程的深入，应聘者会越发紧张。如果初步面试表明应聘者明显不符要求时，对其伤害可能较小，企业甚至可以安排此人到适合其条件的其他职位。

对大多数应聘者来说，求职面试是最紧张的经历之一。参加可能影响个人职业前程的测试会使人手心潮湿、额头冒汗。在经历所有这一切后，仅被告之“你的条件与我们的需要不符”将是一次痛苦的经历。大多数企业认识到了这一点，并努力使应聘者尽可能保持平静。但是，告诉他们未被录用常常是件很难的事。

当选择过程允许花在一个人身上的时间较多时，企业代表可以与应聘者坐下来解释为何录用了另一个人。但是由于各种原因，迫使企业采取了写一封辞谢信的做法，然而，这种信仍可以是非常个人化的。个人接触（指针对个人的信件）通常会减少被拒绝的耻辱感及应聘者对企业产生否定情绪的机会。不针对个人的信件很可能产生相反的结果。组织最好的做法是客观地进行选择决策。大部分应聘者都会接受未被录用的事实。

企业应该采用同样的方式通知所有你未录用的应聘者。如果用电话通知

一个应聘者他没有被录用，那么所有的应聘者都应该用电话通知。每一个参加了面谈的人都应该接到一个及时的回答。最好是以信件的形式来通知。有的企业曾经使用过明信片的形式，这显然是令人很尴尬的做法。

一般来说，由企业人力资源部经理签名的辞谢信，比单纯加盖一个公章的辞谢信要让人好受一些。

（2）拒绝通知书。如下面范例所示。

辞谢通知书

尊敬的________先生／女士:

十分感谢您对我们企业________职位的兴趣。您对我们企业的支持，我们不胜感激。您在应聘该职位的良好表现，我们印象很深。但是由于我们名额有限，这次只能割爱。我们已将您的有关资料备案，并会保留半年，如果有新的空缺，我们会优先考虑您。

感谢您能够理解我们的决定。祝您早日找到理想的职业。

对您热诚应聘我们的企业，再次表示感谢！

此致

人力资源部经理（章）

年　月　日

（3）应聘者拒聘。无论企业如何努力吸引人才，都仍然会发生接到录用通知的人不能来企业报到的情况。对于那些企业看重的优秀的应聘者，这是一件企业所不期望发生的事情。这时，企业的人力资源部甚至最高层主管应该主动去电话询问，并表示积极的争取态度。如果是录用者提出需要更多的报酬，您应该而且必须与他进一步谈判。因此，在打电话之前，对于企业在这方面还能够做出什么妥协，最好有所准备。如果在招聘活动中，企业被许多应聘者拒聘，就应该考虑自己的条件是否太低。问清楚应聘者为什么拒聘，从中也许可以获得一些有用的信息。

5. 签订合同

劳动合同依法订立即具有法律约束力，当事人必须履行劳动合同规定的义务。合同签订后报劳动管理部门备案，或请劳动管理部门对合同进行鉴证。通过备案或鉴证，促使合同力求完善，符合国家政策，便于维护用人单位和被录用的员工双方的合法权益。合同是企业与被聘者的契约，也是建立劳动关系的依据，并成为当事人的行为准则。

6. 试用与安置

（1）试用期。一般试用期为3～6个月。安置工作的原则是用人所长，人适其职，使人与事的多种差异因素得到最佳配合。一些先进企业试用一些比较科学的办法安置入厂新人的工作。如根据心理测验判定其个性特质的分类（敏捷型、灵活型、注意型、创造型等），然后按各个工作、各个岗位所需的能力特征“对号入座”。

处理任何工作，必须具备处理工作所需的条件。影响员工工作成败的因素，是员工是否具备工作所需要的条件。员工处理工作的条件，从狭义上说，包括学识技能和经验；从广义上说，则包括人格、智力、性向、体力、学识、技能与经验。因此，就人员的分类而言，也可分为广义的人员分类与狭义的人员分类，前者就人格、智力、性向、体力、学识、技能和经验等因素，将人员予以分类；后者仅就学识、技能和经验因素，将人员予以分类。

（2）分类。人员分类的基础是对个体人员功能的评价，从目前的研究成果看，个体人员的功能基本可以划分为如下三个纲：政治社会素质、智力体力素质和能力素质。每一个纲又可分为若干“目”，每一个目又可由若干要素构成。具体结构如下。

一纲：政治社会素质

一目：公心。处事出于公心的程度。

二目：政策法令。

四要素：

①对国家政策的熟悉和执行水平。

②对有关业务政策的熟悉和执行水平。

③对有关法律的熟悉和执行水平。

④对厂纪厂规的熟悉和执行水平。

三目：工作作风。

八要素：

①创业开拓精神。

②追求卓越成就的精神。

③理论联系实际的作风。

④实事求是作风。

⑤以身作则作风。

⑥民主作风。

⑦公正性。

⑧廉洁性。

四目：工作责任。

四要素：

①责任感。

②事业心。

③勇挑重担。

④敢于发表不同意见。

五目：劳动态度。

三要素：

①劳动纪律性。

②服从分配。

③主观能动性（积极性）。

六目：人际关系。

四要素：

①关心他人。

②同事间的团结与亲密。

③与上、下级的关系。

④在群众中的威信。

七目：修养。

五要素：

①坚韧性。

②冷静沉着。

③自信心。

④谦虚。

⑤批评与自我批评。

二纲：智力体力素质

一目：知识水平。

五要素：

①理论知识水平。

②管理知识水平。

③专业知识水平。

④知识面。

⑤求知欲。

二目：思考判断力。

四要素：

①预见力。

②抓住问题关键的思考判断力。

③思考问题的周密性。

④想象力。

三目：灵敏灵活。

四要素：

①反应速度。

②辨析力。

③应变力。

④察觉新事物的灵敏性。

四目：健康与精力。

四要素：

①体质。

②疾病。

③生理缺陷。

④工作精力。

三纲：能力素质

一目：学习能力。

三要素：

①自学能力。

②理解能力。

③记忆力。

二目：工作能力。

十一要素：

①独立工作能力。

②决策能力。

③计划能力。

④指挥协调能力。

⑤任贤能力。

⑥授权能力。

⑦说服能力。

⑧书面表达能力。

⑨口头表达能力。

⑩综合分析能力。

⑪归纳能力。

三目：处事能力。

三要素：

①处事原则性。

②处事灵活性。

③社交能力。

四目：经验。

三要素：

①经验丰富程度。

②运用经验水平。

③总结经验能力。

五目：创造能力。

二要素：

①改革创新能力。

②实施设想能力。

六目：工作绩效。

四要素：

①技术效果。

②经济效果。

③社会效果。

④一般工作效果。

需要说明的是，上述关于个体人员功能结构的划分，在具体运用中，应根据不同岗位的要求，确定各个要素的不同的权数；同时，评价者也可参照此结构，依据被评价者的不同性质，设立不同的评价指标，既不可生搬硬套，也不失指标的合理性。

在对其人格、性格、智力、体力和专长情况的了解后，应分别登记到个人资料上，作为人力储备与人力运用的基础。以上所述各种条件，除人格、智力、性格等条件较为稳定外，体格条件常因年龄增长而逐渐衰退，专长条件则因阅历的增进而有所增加，因此，人事资料中有关体力及专长的内容，应视实际情况作适当的调整。

二、能力差异与职务编配

1. 工作能力阈限

工作能力阈限是指从事某一性质的工作，只需要恰如其分的能力水平。这样既能维持工作效率，又避免了劳动者人格异常。由此看来，明智的管理者并不必谋求把第一流的人才聚集在自己周围，而在于根据工作性质正确地确定它所需的能力阈限，并据此选拔与其相适应的人才。

2. 特定能力

十项全能的超常人才难寻，但是擅长某一方面的人才，适合某项工作的人却处处都是。管理者的责任就在于致力探索完成某项工作所需的特定能力和寻找具有这种能力的人。

从工作的角度看，在人员的录用与安排上，首先要考虑的不是此候选人“能做什么”或“不能做什么”，而是要弄明白他所具有的能力是否符合这项工作的需要。比如，企业组织中不同层次的组织管理者，由于所处地位不同，工作性质、管理范围和管理对象不同，对各种能力要求的分量也不尽相同。

从人的角度看，任何一项工作成就的取得，都是建立在员工能力的基础

之上，而不是建立在其弱点之上。管理者用人应避其短用其长。尤其是在一个组织内部，各个人的弱点和短处可以通过人员的合理搭配而得到弥补，如果管理者知人善任，因材使器，使人员结构产生各种交叉互补效应，则一定会谋取最大的效率“合力”。

◎怎么进行管理人员的选聘

一、选聘的依据

选聘管理人员，首先必须明确选聘的依据是什么，也就是根据什么标准来选聘。总的来说，应该是德才兼备。但是从具体的管理职位来说，选聘的依据可以概括为两个方面：一职位本身的要求；二管理人员应具备的素质和能力。

1. 职位的要求

为了有效地选聘管理人员，首先必须对该职位的性质和目的有清楚的了解。通常，组织结构设计中的职位说明书，对各职位（或职务）已有了总的规定。在选聘主管人员时，还可以通过职位分析来确定某一职位的具体要求。

在确定某一主管职位的具体要求时，有以下几点值得注意。

（1）职位范围应该适当。一个职位范围如果规定得过窄就没有挑战性，没有成长的机会，也没有成就感，优秀的管理人员会因此感到厌烦和不满意。当然，职位范围也不能太宽，否则会使管理人员无法有效地进行工作。

（2）职位工作量应饱和。如果某一职位的工作量不饱满，将会使管理人员感到自己没有被充分利用。结果就可能导致他们过多地干预下属人员的工作，给下属执行自己的任务带来一定的麻烦。

（3）职位应当反映所要求的主管工作技能。一般要以所要完成的各项任务为出发点来规定。因此，职位的具体要求除了在工作方面做出清楚的规定外，在方法上还要容许有某些灵活度以发挥个人的特长。

2. 管理人员应具备的素质和能力

管理人员个人的素质和能力，是选聘管理人员中非常重要的一个方面。

（1）个人素质。对于一个管理人员来说，个人素质如何是很重要的，因为个人素质与管理能力密切相关，它虽然不是管理能力的决定因素，但管理能力的大小是以素质为基础的。早在20世纪初，法约尔就提出作为管理人员的个人素质应该包括以下几个方面：身体、智力、道德、一般文化、专业知识、经验。

（2）管理能力。即完成管理活动的本领。它的涉及面非常广。管理人员应该具备的管理能力包括以下4类。

①技术能力。指在业务方面的知识和掌握的熟练程度。

②人事能力。指同员工共事的能力。它是组织协作、配合，以及创造一种能使其员工安心工作并自由发表意见的环境的能力。

③规划决策能力。指遇到问题能从大处着眼，认清形势，统筹规划，果断地做出正确决策的能力。

④认识、分析与解决问题的能力。

随着管理层次的不同，这些能力的相对重要性也不同。一般地，组织能力和认识问题、分析问题、解决问题的能力，对每一层次的管理人员来说都是重要的。而其他两种能力则是随着组织层次的上升，技术能力所占的比重相对变得较小，而规划决策能力所占的比重相对而言则变得较大。

二、选聘的途径

1. 内部提升

从内部提升有许多优点，有利于组织目标的实现。

一是由于对组织中人员有比较充实和可靠的资料供分析比较，候选人的长处和弱点都看得比较清楚，因此，一般来说，人选比较准确。

二是被提升的组织内成员对组织的历史、现状、目标以及现存的问题比较了解，能较快地胜任工作。

三是可激励组织成员的上进心，努力充实提高其本身的知识和技能。

四是组织成员感到有提升的可能，工作有变换的机会，能提高员工的兴趣和士气，使其有一个良好的工作情绪。

五是可使组织对其成员的培训投资获得比当初投资更多的培训投资效益。

尽管“内升制”有许多优点，但它也存在一些不可忽视的缺点。

一是当组织对未来所需管理人员的供需缺口比较大，即组织存在较多的主管空缺职位，而组织内部的主管人才储备或者是在量上不能满足需要，或者是在质上不符合职务要求时，如果仍坚持从内部提升，就将会使组织既失去得到一流人才的机会，又使不称职的人占据主管职位，这对组织活动的正常进行以及组织的发展是极为不利的。

二是容易造成“近亲繁殖”。由于组织成员习惯了组织内的一些既定的做法，不易带来新的观念，而不断创新则是组织生存与发展不可缺少的因素。

三是因为提升的人员数量毕竟有限，若有些人条件大体相当，但有的被提升，而有的仍在原来的岗位，这样，没有被提升的人的积极性将会受到一定程度的挫伤。

2. 外部招聘

“外求制”的优点如下。

一是有较广泛的人才来源满足组织的需求，并有可能招聘到第一流的管理人才。

二是可避免近亲繁殖，给组织带来新的思想、新的方法，防止组织的僵化和停滞。

三是可避免组织内没有提升到的人的积极性受挫，避免造成因嫉妒心理而引起的不快情绪和组织成员之间的不团结。

四是大多数应聘者都具有一定的理论知识和实践经验，因而可节省在培训方面所耗费的大量时间和费用。

“外求制”的缺点如下。

一是如果组织中有胜任的人未被选用，则从外部招聘会使他们感到不公平，因而可能产生与应聘者不合作的态度。此外，这些人由于对自己的前途失去了信心，因此，他们的士气或积极性将会受到影响。

二是应聘者对组织的历史和现状不了解，需要一个了解和熟悉的过程。

三是由于不太了解应聘者的实际工作能力，因而在招聘过程中不可避免地会过多地注重其学历、文凭、资历等，有时将会导致对应聘者产生很大的失望。

一般来说，当组织内有能够胜任空缺职位的人选时，应先从内部提升，当空缺的职位不很重要，并且组织已有既定的发展战略时，应当考虑从内部提升。然而，组织急缺一个关键性的管理人员，而组织内又无能胜任这一重要职位的人选时，就需从外部招聘。否则，会导致组织处于停顿甚至后退状态。在通常情况下，选拔管理人员往往是采用内部提升和外部招聘相结合的方式，将从外部招聘来的人员先放在较低的岗位上，然后根据其表现再进行提升。

三、选聘的程序与方法

1. 选聘的实施程序

（1）负责人员配备的管理人员和人事部门，根据主管人才储备图和组织外部的应聘者初步筛选结果作为候选人的名单。

（2）获取有关的参考资料。候选人参考资料的获得有以下两条途径。

一是从候选人的申请表中获得，也可从候选人的档案以及推荐信、证明书、工作鉴定等一些他人提供的资料中获得。

二是面谈。面谈可以获得许多候选人的直接的第一手资料，比如，仪表举止、表达能力、思维是否敏捷、反应是否灵活等。面谈可以举行一次，也可举行多次，以便进一步了解情况。

（3）举行测试。进一步了解候选人各方面的素质和能力。通常的测试有四大类。

一是智力测试。目的是衡量候选人的记忆力、思考的速度和观察复杂事物相互关系的能力。

二是熟练程度和才能测试。总目的在于发现候选人的兴趣所在、现有的技能以及进一步掌握技能的潜力和能力。

三是业务测试。目的是发现候选人适宜担任的职务。

四是个性测试。目的是衡量候选人在管理才能方面的潜力。

（4）体格检查。

（5）上级主管批准。

2. 评审中心方法

近年来，在国外，越来越多的组织依靠组织外的一些机构，如评审中心，作为选聘管理人员的一种辅助方法。为了观察一个有可能担任管理人员的人在典型的主管岗位上将如何行动，评审中心通常是让候选人花 3 ～ 5 天的时间，参加一系列实习。

四、选聘的原则和应注意的问题

（一）选聘过程中应遵循的原则

要做好选聘工作，在选聘工作过程中，首先有两条重要的原则需要遵循。

1. 公开竞争原则

公开竞争原则可以表述为：组织越是想获得高质量的管理人员，提高自己的管理水平，就越应在选拔和招聘未来管理人员的过程鼓励公开竞争。按照这一原则，就是要将组织的空缺职位向一切最适合的人选开放，而不管他们是组织内部还是组织外部的，大家都机会均等，一视同仁，这样才能保证组织选到最满意的人员。

2. 用人之长原则

用人之长原则可以表述为：在管理人员的选聘过程中，要根据职务要求，知人善任，扬长避短，为组织选择最合适的人员。人无完人，每个人都有其长处和短处，只有当他处在最能发挥其长处的职位上，他才能干得最好，组织也才能获得最大的益处。因此，选聘管理人员，关键在于如何根据职位要求，发挥个人的长处，既能使候选人能够各得其所，各遂其愿，人尽其能，又能使组织得到最合适的人选。

（二）选聘过程中应注意的问题

在选聘过程中，除了要牢记以上这两条重要原则之外，还有一些问题需要给予充分的注意。

1. 选聘的条件要适当

决定选聘的依据和条件，一定要切实根据组织的目标和这一目标对人员配备职能的要求，根据所需配备人员的职位的性质，根据该职位对候选人的要求等来客观地进行设计，这样才能既不浪费大量的时间、精力和费用，又能够得到组织所需的合适的管理人员。

2. 对主选人员的要求

不同的主持选拔的人员可能对同一个候选人有不同的看法。因此，为了保证评价与选拔的客观性和准确性。具体主持选拔的人员自己应该首先具有较高的素质和能力，并且还要有伯乐的慧眼，这样才能既做到对候选人不偏不倚，评价公正客观，又能慧眼识真才，从而为组织选聘一流的人才。

3. 要注意候选人的潜在能力

有些人在担任现任工作时干得不错，但当被提升到高一级职位时就显得不能胜任了。按照“彼得原理”的说法，如果一个管理人员在其职位上有成就，那么正是这种成就导致他提升到更高的地位，以致这人终于“被升过头”。出现上述的现象，显然是危险的。但是，若不这样步步提升，也可能出现另一种情况，那就是管理人员的才能可能得不到充分发挥。因此，这里就有一个正确估计候选人潜在的能力的问题。比如，将被提拔的候选人是否有能力处理更大的、更复杂的事务？是否能领导更多的人？是否具有战略头脑等。只有既考察他在现有职位中表现的才能高低，又考察他有无胜任更高一级工作的潜能，才能既避免那种“提过头”的危险，又不至于浪费人才。

4. 要敢于大胆启用年轻人

在管理人员的选聘和利用上，要根据德才兼备的标准，大胆地提拔年轻人，这对一个组织是不是充满活力，尤其是对组织的发展，是有非常重要的战略意义的，年轻人思想敏捷、精力充沛，是组织自下而上发展的不可缺少的力量。

在现实生活中，有些人觉得年轻人“太嫩”，总是不放心，不敢委以重任，不敢放手使用。这种状况在不少组织里都不同程度地存在。当然，不可否认，年轻人缺乏经验，但经验是在实践中获得的，如果不委以重任，怎么能使他们得到锻炼和提高呢？因此，既然启用年轻人的意义如此重大，那么在管理人员的选聘过程中，就要有意识地大胆提拔他们、使用他们，重点培养他们，使他们在重要的岗位上尽快地成为更成熟、更富有经验的优秀的主管人才。

◎怎么进行招聘成本效益分析

一、招聘成本评估

招聘成本评估是指对招聘中的费用进行调查、核实，并对照预算进行评价的过程。

招聘成本评估是鉴定招聘效率的一个重要指标，如果成本低，录用人员质量高，就意味着招聘效率高；反之，则意味着招聘效率低。

另外，成本低，录用人数多，就意味着招聘成本低；反之，则意味着招聘成本高。

成本评估公式为：

招聘单位成本 = 总经费（元）/ 录用人数（人）

企业进行小型招聘时，成本评估工作很简单，如果是一次大型的招聘活动，一定要认真做好成本评估工作。

二、招聘预算

每年的招聘预算应该是全年人力资源开发与管理的总预算的一部分。

招聘预算中主要包括招聘广告预算、招聘测试预算、体格检查预算及其他预算。一般来说按 4∶3∶2∶1 比例分配预算较为合理。如果一家企业的招聘预算是 5 万元，那么，招聘广告的预算应是 2 万元，招聘测试的预算应是 1.5 万元，体格检查等的预算应是 1 万元，其他预算应是 5000 元。

当然，每个企业可以根据自己的实际情况来决定招聘预算。

三、招聘核算

招聘核算是指对招聘的经费使用情况进行度量、审计、计算、记录等的总称。通过核算可以了解招聘中经费的精确使用情况是否符合预算以及主要差异出现在哪个环节上。

四、录用人员评估

1. 录用人员评估

录用人员评估是指根据招聘计划对录用人员的质量和数量进行评价的过程。

在大型招聘活动中，录用人员评估显得十分重要。如果录用人员不合格，那么招聘过程中所花的时间、精力、金钱都浪费了；只有全部招聘到合格的人员才能说全面完成了招聘任务。

2. 录用人员的量和质

录用人员的量和质可用以下几个数据来表示。

（1）录用比。录用比 = 录用人数 / 应聘人数 ×100%。

（2）招聘完成比。招聘完成比 = 录用人数 / 计划招聘人数 ×100%。

（3）应聘比。应聘比 = 应聘人数 / 计划招聘人数 ×100%。

3. 各种数据的评析

录用比越小，相对来说，录用者的素质越高；反之，则可能录用者的素质较低。

如果招聘完成比等于或大于 100%，则说明在数量上全面或超额完成了招聘计划。

应聘比越大，说明发布招聘信息的效果越好，同时说明录用人员的素质可能较高。

4. 录用人员质量的评估

除了运用录用比和应聘比这两个数据来反映录用人员的质量外，也可以根据招聘的要求或工作分析中的要求对录用人员进行等级排列来确定其质量。

◎怎么与员工签订劳动合同

劳动合同是企业与被聘者的契约，也是建立劳动关系的依据，并成为当事人的行为准则。

一般单位现都要签订劳动合同，但由于大多数人对合同法、劳动法以及相关人士政策不特别了解，在签订合同时总是心存顾虑。

那么劳动合同应该怎样签，签合同时应该注意什么呢？一般认为，要特别注意下面几件事。

1. 劳动合同的内容要全

劳动合同有必备内容，包括劳动合同期限、工作内容、劳动保护和劳动条件、劳动报酬，社会保险和福利，劳动纪律、劳动合同终止的条件；违反劳动合同的责任。

2. 劳动合同的订立必须采取书面形式

劳动合同都有一定的期限，而且劳动关系非常复杂，涉及诸多内容。采取书面形式使权利义务明确具体，有利于合同的履行。一旦发生争议，也有据可查，便于争议的解决。

3. 试用期内也要签劳动合同

有些单位为了逃避责任，在试用期内，往往不与员工签订劳动合同。一旦试用期满，便于找借口辞退员工。这种做法省事省钱，可以不对劳动者负任何责任。其实对于真正有用工需要的企业来说，这是一种并不划算的做法，因为试用期没有签合同，会造成很高的流失率，招聘成本反而大幅上升，得不偿失。

4. 劳动合同的具体性

劳动合同内容的字句要准确、清楚、完整、明白易懂，不能用缩写、替代或含糊的文字表达，否则就可能在劳动执行过程中产生误解或曲解，从而带来不必要的争议，给用人单位和劳动者双方造成损失，也为合同争议的处理带来困难。

5. 劳动合同的时限

当人力资源大量过剩阶段，尽量一年一签，以保持主动权；当人力资源供不应求阶段，尽量一签多年，以保持稳定性。

◎怎么开展新员工的接纳工作

一、唤起新员工的工作热情

即使好不容易录用了新员工，如果不能在实际工作中唤起其工作热情而马上辞掉的话，那么，对企业也是不利的。留不住人的企业，其在人们心目中的形象就会降低，以后就很难招聘到人了。为此目的，企业在做出长期对策的同时，作为眼前的对策，必须构建形成针对新员工的细致入微的接纳体制。具体的对策如下。

1. 公司宿舍安排

必须预先对公司宿舍进行检查，核对入居者名单，安排好入居手续。

2. 上岗前的教育

根据上岗前的教育计划进行，由于这是将本企业的概况和工作现场的具体内容形象地灌输给新职员，所以，必须很有成效地进行。

3. 分配工作任务

一般在新员工的上岗前教育结束后进行。在分配工作之前，如果时间充裕的话，也必须听取新员工自己对工作岗位的希望。在实际工作中，即使分配的工作与新员工的希望不相一致，但充分交换意见，使其接受公司方面的想法仍将是十分重要的。这样做了，新员工就会对分配的工作产生兴趣，激发起工作热情。

二、新员工接纳程序

新员工接纳程序表，见表2-4。

表 2-4　新员工接纳程序表

职员编号		姓名		性别		出生日期	
住所				电话		毕业学校	
序号	材料名			事务手续		备注	
1	录用通知			发送	月　日		
2	录用通知（发至学校）			发送	月　日		
3	入公司承诺书			收存	月　日		
4	毕业证书			收存	月　日		
5	成绩证明书			收存	月　日		
6	身份证明书			收存	月　日		
7	劳动合同			手续完毕	月　日		
8	雇用保险			手续完毕	月　日		
9	保险福利			手续完毕	月　日		
10	员工花名册			登记完毕	月　日		
11	工资底账			登记完毕	月　日		
12	扶养费等申请报告书			收存	月　日		
13	上班月票申请书			收存	月　日		
14	入公司典礼通知			发送	月　日		
15	任免书			交付	月　日		
16	人事卡			已制作	月　日		
17	健康管理卡			已制作	月　日		
18	就业规则等材料			交付	月　日		

◎怎么进行新员工的试用与任用

一、试用

1. 试用期

即便是最有经验的招聘人员也难免有选错人的时候，而且这种失误往往使得不论是企业还是员工都深感懊悔。为了避免出现这种不快，规定新来的员工都要有90天的试用期。按照正式契约中的规定，如果劳资双方发生矛盾，该公司可以在试用期内解除聘用合同。

2. 转正程序

初任转为常任的人员，均需经过试用程序；规定试用的用意，在于考验拟任人员是否真正具有执行职务的能力；试用之目的，在使主管及人事官有机会考核不易察觉的及无法测验出的人的品质，同时也可经由试用补救不适合的任用措施。试用在理论上的观点是以试用这段期间的表现来预测今后长期的表现，故并非绝对准确。为强化试用的功能，规定经试用期满如管理人员未有表明试用者确可胜任工作时，则自然地解除试用而离职。

二、正式任用

经试用期满后，经考核合格即予以正式任用。

1. 人员的考核

（1）考核可以让管理层充分了解每个员工当前的绩效状态，从而更好地制定调迁、升降、委任、奖惩等人事决策。同时，通过考核结果的反馈，被考核者也可以清楚地看到自身在工作过程中存在的问题，与其他员工相比自己有哪些优势和不足，力求在未来的工作中扬长避短，取得事业上更大的进步，绩效考核制度运作良好就可实现企业和员工的“双赢”。

（2）开展绩效考核时，企业要做好人员岗位的合理安排，要有详细的岗位职责描述，明确工作目标和职责，尽量将工作量化，为考核指标的设定打下良好基础。

（3）绩效指标的设计力求科学，避免盲目追求面面俱到和“一刀切”，还要注重各个不同职能部门之间的相互协调。

（4）运用相对成熟的考核工具，如平衡计分卡、360度考核等，对考核体系、考核指标、考核标准进行明确，确定组织考核的功用导向。把考核从关注内容向关注价值的方向转变，并通过大量的定量考核，从主观判断为主转为客观测评为主，从注重个体表现改为注重工作绩效及整体贡献，从单纯注重考核到考核与工作质量的改善并重，首先在企业内部构建完善的绩效管理指标体系。

2. 选拔

（1）公开选拔组织的标准，符合条件的都可以报名，甚至是宣传上鼓励。

（2）选拔过程客观、公正，流程透明，甚至请第三方专家团队来实施，并就考评的每项结果及时地予以反馈。

3. 任用

（1）人力资源部通知拟聘人员。

（2）人力资源部通知公司用人部门，待拟聘人员就位后，人力资源部会同用人部门，依照《岗位说明书》等文件，做好入职教育、岗前培训等。

（3）按时办理完入职手续。

（4）建立人事档案。

（5）新进人员到部门报到。

第三章　员工培训

◎怎么制订培训计划

企业开展培训，首先要制订一个全面详尽的培训计划。这个培训计划必须是基于企业培训目的，综合考虑到企业现有资源条件和各层级员工的能力素质基础，考虑到企业可以投入到培训的成本预算及设备、时间等，考虑到企业人才培养制度及人才培养的超前性和培训效果的不确定性，进而确定培训方式和培训内容。

那么，详尽的培训计划如何制订？应包含哪些方面的内容？下面就制订培训计划应包含的5项内容及有效培训计划的制订步骤进行详细介绍。

一、培训计划应包含的内容

1. 落实负责人或负责单位

培训计划的制定和实施，关键是落实负责人或负责单位。要建立责任制，明确分工。培训工作的负责人要有一定工作经验和工作热情，要有能力让董事长批准培训计划和培训预算，要善于协调与生产部门和其他职能部门的关系，以确保培训计划的实施。

2. 确定培训的目标和内容

可以通过组织分析、工作分析、个体分析进行。组织分析就是整个机构的目标、计划、条件等进行分析，以决定培训重点所在。工作分析主要是分析工作人员怎样才能胜任工作，应具备哪些必要的知识和技能，以决定培训目标。个体分析就是对每个人员的具体情况进行分析，并找出与工作要求的差距，以决定培训内容。总而言之，培训的目标一定要明确，培训的内容一定要符合实际需要。

3. 选择适当的培训方法

根据培训对象的不同，选择适当的培训方法。方法的选择除了要考虑人员特点以外，还要考虑企业客观条件的可能性。

4. 选择学员和讲师

除普遍轮训之外，参加培训的学员必须经过适当的挑选。因为培训要花钱，这笔钱应当用在有一定潜力的人员身上。也就是说学员的可塑性。这样就可以做到投资省、见效快。如果学员的可塑性较差，跟不上教学进度，不仅达不到培训的目的，而且对他的投资将大大增加企业的经济负担。以目前我国企业的经济实力，还不可能在这些人身上投入更多的培训费用。

选择讲师对于培训的顺利进行也非常重要。国外一些企业的经验表明，聘请各级管理人员当培训讲师是一种有效办法。因为管理人员掌握了培训方法就会更加关心职工，与他们共同工作，帮助他们进步，从而获得他们的信任和拥护。当然也可以聘请专职讲师。

5. 制订培训计划表

制表的目的是明确培训的内容、时间、地点、方式、要求等，使人一目了然，同时也便于企业安排其他工作。

二、培训计划制订的步骤

通常而言，一个有效的培训计划首先要回答以下 4 个问题。

（1）计划给谁看？任何工作都是一个说服的过程，培训计划首先要能说服高层批准。

（2）计划给谁用？培训目的都是为提高经营效率的，被培训者能够真正获益才是最终目的。

（3）计划可以有足够的费用支撑吗？对很多企业来说，培训都是一笔不小的开支。即使计划再好，但企业现有能力不足也是白费心机。

（4）计划可利用的资源？计划要花钱有“效率”，善于利用一切现有资源。其实，培训的资源非常丰富，只要培训主管善于开发并且组合，便可以省钱。

基于上述的综合考虑之后，就可以制订企业员工培训计划了。

1. 培训计划制订的一般步骤

（1）明确企业战略和年度目标。

（2）调查员工现状和明确培训需求。

（3）制定培训的目标。

（4）确定课程内容学员对象。

（5）选择培训方法。

（6）选择讲师。

（7）编写培训计划表。

（8）培训经费预算。

（9）年中实施评估。

（10）年末总结。

2. 培训计划制订应注意的事项

（1）先公司，后部门。在制订培训计划时，可以先制订公司级培训计划，然后再制订部门级培训计划。公司级培训计划主要包括岗前管理培训、岗前技术培训、质量管理培训、企业管理培训等培训计划。

部门级培训计划根据部门的培训需求制定。

开发部的培训计划可以包括技术管理培训、应用技术培训、技术前瞻培训等。

技术支持部的培训计划可以包括应用技术培训、公司产品知识培训、代理产品知识培训、工程管理培训、网络认证培训等。

销售部的培训计划可以包括公司产品知识培训、销售策略培训、商务知识培训等。

营销部的培训计划可以包括公司产品知识培训、营销知识培训、营销策略培训等。

信息管理部的培训计划则以网络技术培训为主。

通过公司级培训计划将具有共性的培训组织到一起来进行，可以有效地降低培训成本。在制订部门级培训计划时，要结合部门员工与岗位知识和技能要求的差距来进行。公司级培训计划制订完毕后，再根据公司级计划制订部门级计划就会更加有的放矢。当部门级计划讨论拖延时，不影响公司级培训计划的实施。

（2）明确各培训项目信息。培训项目信息包括培训月份、培训类型、培训名称、培训方式、参加人员范围、重点参加人员、费用预算等。对于重点参加人员，在培训后要进行考核。

（3）与部门讨论。部门级的培训计划要与各部门经理进行讨论。在讨论中，各部门经理可能会提出增加培训内容和培训预算。培训预算要严格控制，但培训内容可以增加，当然主要通过内训的方式解决。另外，培训经理要向部门经理说明清楚：部门级培训由培训经理协助部门进行，而不是由培训经理全权负责，否则在培训实施过程中容易出现管理纠纷。

（4）告诉当事人。在培训需求调研中会发现一些工作能力与岗位要求不相符的员工，公司除了在培训计划中将他们作为重点培训参与人员以外，最好将工作技能不合格的信息告诉当事人，让他们有一种紧迫感，以使他们更加积极主动地参加培训。

作为企业人力资源的管理者，在谈论制订企业全员培训计划时，你要明确清楚本企业长期的经营目标、经营方针和人力资源政策，只有这样才能在制订企业培训计划时如鱼得水，达到事半功倍的效果。

◎怎么提高培训计划的有效性

一、培训计划必须与需要相结合

培训计划一定要与公司的经营结合起来，如果单方面满足员工的“喜好”，就成为“无本之木”。因而，做好培训计划，首先要了解企业经营的需要。通常而言，企业希望培训首先是符合长期发展战略的，也就是满足企业长期经营对人力资源的需要而采取的培训活动。

其次是符合“中期战略”，即为了满足企业年度经营对人力资源的需要而采取的培训活动。因而，几乎所有训练的最终目的都是提高员工工作效率，改善组织绩效，以达成企业战略目标。而在公司中，对公司未来愿景、经营方向及下一年工作目标最了解的可能就是管理高层。通过与管理高层的沟通，不仅可以了解管理层对培训成效的期望值，还可以获知管理层对培训计划所抱的态度，在大多数情况下，还可以得到管理层对公司培训计划的承诺和鼎力支持，这也对下一步的工作极为有利。

再次是职位目的，是为了满足员工能高水平完成本职工作需要对职位所需的知识、技能、态度、经验而采取的培训活动。

最后是个人目的，是为了满足员工达成其职业生涯规划目标需要而由企业提供的业务培训。

二、培训计划必须与需求相结合

计划虽然要满足企业经营需要，但最终参与培训的却是广大员工，因而闭门造车不可取。计划年年都在做，但是不尽如人意的地方总存在。因而，培训计划制订的关键步骤就是检核去年的培训计划实施情况。而且要广泛地进行调查，具体步骤如下。

1. 需求调查

即根据培训的不同目的，展开培训需求调查。进行需求调查的最好方式就是拟定问卷。问卷的设计一定要简单，而且容易回答，激发被调查者的兴趣。前面也谈及，计划最终要经过高层的批准才能真正实施。在征求高层意见的同时，也意味着了解了企业经营的需要。企业高层大都事务缠身，为了更加明确其意思，可以将所领悟到的需求通过列表形式表现出来。

2. 项目和形式调查

对于职位技能的培训调查，除了调查问卷外，还必须结合访谈。向各级管理者和他的下级进行调查，以分析绩效评估表、技能项目需求调查表、重点人群的抽样面谈的方式，确定员工岗位技能差距和重点的技能培训项目。

对于个人职业生涯需求的培训项目，需向员工及其管理者调查，以分析职业生涯规划表、管理者与下级面谈结果的方式，确定培训方式。访谈一方面是为了了解需求，另一方面也是让被调查者参与进来，多一个同盟军。

3. 数据分析

对于通过调查所得来的数据必须进行系统的分析，找出培训可以解决的方法。不可否认，培训确实可以提高员工素质，提高团队凝聚力，但是培训的效果一旦被夸大，成为包除百病的药方后，问题就会出现，这也是有些企业在支付费用举办培训后感觉效果不佳的主要原因。

三、培养计划必须有足够的费用支撑

对有固定培训预算的企业，大多以员工数量或全年销售额定出一定的比例用于培训。常见的比例为总销售额的2%～3%，以5%为上限。对新公司、新部门，或新进人员较多的公司，预算会相对高一些；而平稳且有经验的公司，可相对低一点。但对多数企业来说，培训还是一个“奢侈”的消费，原因就是“经费”永远是短缺的。作为培训主管，不能一厢情愿地“制订”计划，一定要摸清底，采取“要事第一”的原则，并善于将培训模块进行组合。

这里也介绍一套“零基预算法”（Zero-Base Budgeting，ZBB）供参考。零基预算法由美国德州仪器公司的彼得·A. 菲尔于1970年提出，首先由乔治亚州政府采用，取得了很好的成效，然后广为企业界所应用。零基预算法的编制和审批程序具体如下。

（1）在审查预算前，项目主管首先必须明确组织的目标，并将长远目标、近期目标、定量目标和非定期目标之间的关系的重要次序搞清楚，建立起一套可考核的目标体系。

（2）在审查预算时，需将一切活动从零开始计划。凡是要求在下一年度进行的活动或项目，都必须递交可行性分析报告，以证明自己确有存在的必要，并提交具体的计划，说明各项开支要达到的目标和可获得的效益。

（3）确定出最重要的事项后，根据已定出的目标体系重新排出各项活动的优先次序。

（4）编制预算，资金按重新排出的优先次序分配，尽可能满足排在前面的活动的需要，当资金紧张时，暂时放弃一些项目也是难免的。

零基预算法的优点是明显的，但也存在着一些缺点，需要管理者做到心中有数：审查每一个项目是极其繁重的工作，所投入的人力、物力和时间颇为可观，安排项目优先次序难免存在相当程度的主观性。

零基预算法的真正意义在于把企业的活动与企业的目标紧密结合起来，真正做到“目标导向”，从根本上避免了“为培训而培训”的低效行为。

四、培训计划可以利用的内部资源

优秀的企业都有一套非常完整的培训体系和课程，并且都有自己的企业大学。对多数企业来说，也许不能与世界知名企业相比，但是善于挖掘和利用内部资源也是非常有益的。完善而有效的培训一定是内外培训的结合。

◎怎么制订长期培训计划

一、确立培训目标

通过对培训需求的调查分析，将培训的一般需求转变为企业培训的总体目标，如通过培训来达到的各项生产经营目标和提高企业的管理水平。通过对上年度培训计划的总结及分析培训的特殊需要，可以确立需要通过培训而改善现状的特别目标，成为本年度培训的重点项目。

二、研究企业发展动态

企业培训部会同有关的主要管理人员研究企业的生产营销计划，以确定如何通过培训来完成企业的年度生产经营指标。一项生产经营目标的达成往往取决于一个或几个员工是否正确地完成任务；而要正确地完成任务，又取决于员工是否具备完成任务所需的知识、技能和态度。通过检查每一项业务目标，确定要在哪些方面进行培训。企业培训部还要与有关人员共同研究企业的生产经营状况，找到需要改进的不足之处，寻求通过何种培训可以改善现状、实现培训的特别目标。

三、根据培训目标分类

围绕企业生产经营目标的培训应列入业务培训方案；围绕提高企业管理水平的培训活动则应列入管理培训方案。因此，培训方案的制定是针对培训目标，具体设计各项培训活动的安排过程。企业的业务培训活动可分为素质训练、语言训练及专门业务训练。企业的管理培训活动主要是班组长以上管理人员的培训，内容包括系统的督导管理训练及培训员专门训练等。

四、决定培训课程

课程是培训的主题，要求参加培训的员工，经过对某些主题的研究讨论后，达到对该训练项目的内容的掌握与运用。年度培训计划中，要对各类培训活动的课程进行安排，主要是列出训练活动的细目，通常包括培训科目、培训时间、培训地点、培训方法等。注意培训课程的范围不宜过大，以免在各项目的训练课程之间发生过多的重叠现象；但范围也不宜过狭，以免无法真正了解该项目的学识技能，应主要以熟悉该训练项目所必需的课程为限。培训课程决定后，需选编各课程教材，教材应包括以下部分：培训教材目的的简要说明；列出有关教材的图表；说明表达教材内容的方法；依照下列顺序编写教材：教材题目、教材大纲及时间计划、主要内容及实施方式和方法，讨论题及复习的方法和使用的资料。

五、规划培训预算

培训预算是企业培训部在制订年度培训计划时，对各项培训方案和管理培训方案的总费用的估算。预算是根据方案中各项培训活动所需的经费、器材和设备的成本以及教材、教具、外出活动和专业活动的费用等估算出来的。

◎怎么制订短期培训计划

短期计划指针对每项不同科目、内容的培训活动或课程的具体计划。制订培训活动详细计划的步骤如下。

（1）确立训练目的。阐明培训计划完成后，受训人应有的收效。

（2）设计培训计划的大纲及期限。为培训计划提供基本结构和时间阶段的安排。

（3）草拟训练课程表。为受训人提供具体的日程安排，落实到详细的时间安排，即训练周数、日数及时数。

（4）设计学习形式。为受训人完成整个学习计划提供有效的途径，在不同学习阶段采用观察、实习、开会、报告、作业、测验等不同学习形式。

（5）制定控制措施。采用登记、例会汇报、流动检查等控制手段，监督培训计划的进展。

（6）决定评估方法。根据对受训人员的工作表现评估以及命题作业、书面测验、受训人员的培训报告等各方面来综合评价受训人员的培训效果。

◎怎么确定员工培训的方法

一、了解基本的培训方法

1. 案例研究

这是一种培训员工进行决策和解决问题的方法，其步骤是让受训者阅读一描述完整的问题，然后要求受训者找一个适当的解决方法。美国哈佛商学院 MBA 教程使用的就是这种教学方法，要求学员两年内研究完 800 个案例。

2. 研讨会

研讨会是以受训者感兴趣的题目为主，做一些有特色的演讲，并分发一些材料，引导受训者讨论，研讨会的效果好坏与培训师的水平有密切的关系，一个好的培训师起着良好的引导作用，而较差的效果只相当于授课。

3. 授课

授课是传统的教学方法，企业的授课与学校一样，由培训师讲述知识，由受训者理解记忆，中间穿插一些提问，授课的效果完全取决于培训师的演讲水平。有时培训师水平很高，但培训效果仍不理想，主要原因是授课这种方法不太适合成人学习。因此，在企业培训中，授课这种方法只能作为一种辅助培训方法。

4. 游戏小品

培训课程中的游戏小品表面看来与其他游戏小品相差无几，但实际上其中含有许多与管理或员工工作密切相关的一类活动。游戏是很受受训者欢迎的一种方式，因为它寓教于乐，对结果的分析，涉及工作的延伸，培训的内容与技能很容易掌握，是一种非常理想的培训方法，但对游戏小品的设计水平要求较高。

5. 录像

录像是一种事先制作好的视觉教材，可以购买、租赁或自行录制。其优点是：直观，能观察到许多过程细节，活动的物体容易记忆，容易引起视觉想象，可重播。其缺点有：受训者处于消极地位，受训者无机会反馈或强化或实际操作。

6. 计划性指导

计划性指导是指一种以书面材料或电脑屏幕提供阶段性信息的培训方法。在学习了每一阶段书面材料后，受训者必须回答这一阶段的有关问题，每一回答后，会提供正确答案作为反馈，受训者只有回答了前一阶段的所有问题，才能进入下一阶段的学习。

7. 角色扮演

这种方法往往在一个模拟真实的情景中，由两个以上的受训者相互配合，受训者要扮演的角色常常是工作情景中经常碰到的人，如上司、下属、同事、客户等，而培训师事后进行及时的指导、反馈与强化，使受训者加强理解，掌握必要的技能。

二、通过效果比较确定培训方法

培训方法效果比较见表 3-1。

表 3-1 培训方法效果比较

内容 效果	培训方法						
	案例研究	研讨会	授课	游戏	录像	计划性指导	角色扮演
信息反馈	中	优	差	优	差	优	良
信息强化	中	良	差	中	差	中	良
实践	良	良	差	差	差	良	良
激励	中	优	差	良	差	良	中
转移	中	良	差	中	差	差	良
适应个体	差	中	差	差	差	中	中

续表

效果\内容	培训方法						
	案例研究	研讨会	授课	游戏	录像	计划性指导	角色扮演
费用	低	中	低	高	中	中	中
获得知识	中	差	优	良	良	中	差
转变态度	良	中	优	中	良	优	差
解决问题能力	差	中	优	差	优	良	中
人际关系能力	良	中	优	中	良	优	差
参与者接受程度	差	良	优	差	中	优	中
保持知识	中	差	中	优	良	差	良

◎怎么实施培训工作

1. 确定培训师

一个优秀的培训师既要有渊博的理论知识，又要有丰富的实践经验；既要有扎实的培训技能，又要有吸引人的个人气质。

2. 确定教材

一般由培训师确定教材。教材来源主要有4种:

①外面公开出售的教材。

②企业内部的教材。

③培训顾问公司开发的教材。

④培训师自己编写的教材。一套好的教材应该是围绕目标、简明扼要、图文并茂、引人入胜。

3. 确定培训地点

培训地点的优劣也会影响培训的效果，培训地点一般有以下几个：企业内部的会议室、企业外部的会议室、宾馆内的会议室。同时要根据培训的内容和级别来布置培训场所。

4. 准备好培训设备

比如，电视机、投影仪、屏幕、放像机、摄像机、幻灯机、黑板、白板、纸和笔等。

5. 决定培训时间

培训计划上已有培训时间，但没有具体确定是白天还是晚上、工作日还是周末、旺季还是淡季、何时开始和何时结束等。具体的时间安排，要尽量不与生产时间发生冲突。

6. 发布培训通知

要确保每一个应该来的人都收到通知，应有追踪，使每个人都确知时间、地点与培训内容等基本情况。

◎怎么遴选适合的培训师

一、培训师的基本类型

决定培训师水平高低的有三个方面：知识和经验、培训技能、个人魅力。根据这三个方面，培训师可以分为 8 种类型。

1. 卓越型培训师

这类培训师既有严谨的理论知识，又有丰富的实践经验；既熟练掌握各种培训技能和方法，又富有个人魅力，因此，培训效果最佳。

2. 专业型培训师

这类培训师也拥有扎实的理论功底和丰富的实践经验，他们熟练掌握各种培训技能，但缺乏个人魅力，培训效果较佳。

3. 技巧型培训师

这类培训师富有个人魅力，也掌握各种培训技能，但缺乏相关的知识和经验，因此，在培训过程中受训者易于接受，当时感觉不错，但实际效果不一定最佳。

4. 演讲型培训师

这类培训师极富个人魅力，又有相当丰富的知识和经验。但是缺乏培训技能，他们往往口若悬河、妙趣横生，但只会运用现场效果，结果是掌声雷动，但培训效果欠佳。

5. 肤浅型培训师

这类培训师熟练掌握培训技能，但既缺乏个人魅力，又缺乏必要的知识和经验，因此，在培训中可能故事不断，笑话连篇，也可能不断引导，多讨论而无结果，最终使培训走过场，不能获得应有的效果。

6. 讲师型培训师

这类培训师以大、中学校教师居多，他们有丰富的知识和经验，但没受过培训方面的训练，又缺乏个人魅力，结果使受训者一直处于催眠状态，前听后忘，培训效果可想而知。

7. 敏感型培训师

这类培训师富有个人魅力，但是既缺乏培训技能，又缺乏相关知识和经验。他们的特点是在培训过程中不断地提问，请受训者回答，但又不加以指导，结果使受训者不知所云，培训效果也非常不理想。

8. 弱能型培训师

这类培训师是最差的一类培训师，他们在个人魅力、培训技能、知识和经验三个方面都处于低水平，他们不是对着黑板读讲稿，就是叫受训者轮流读教材，结果使受训者浪费了时间、浪费了精力、浪费了金钱，效果最差。

企业在培训时，最好聘请卓越型培训师，万一请不到也可以聘请专业型培训师、技巧型培训师和演讲型培训师。要防止聘请肤浅型培训师、讲师型培训师和敏感型培训师。千万别请弱能型培训师。

二、培训师应具备的基本条件

作为一个培训师或准备做一个培训师，应具备以下几个基本条件。

（1）喜欢培训工作。

（2）有一定的相关知识。

（3）有一定的实践经验。

（4）善于进行信息沟通。

（5）心态较积极。

（6）善于学习。

（7）善于语言表达。

◎怎么进行新员工的培训

研究表明，高的员工流失率与过分简单化的适应培训有关。过分简单的适应培训，使新员工产生一种被晾在一边的感觉。一个新员工进入一个几乎完全陌生的地方，这里的一切对他来说都是未知数。如果缺乏好的适应培训，员工必须自己一点一点地熟悉环境。这个过程对有的员工来说也许是很痛苦的，如，那些比较内向的人。这样对待新雇员的结果是，员工很难对企业产生感情，这会使以后的许多人力资源管理工作都很难进行。在今天的企业管理中，再也不应该这样对待新员工了。对一个要与企业同命运的员工，应该像欢迎家庭新成员一样欢迎他们。

适应培训是企业对新员工进行的培训。这种培训实际上是招聘过程的延续。

培训的内容主要包括本企业的价值观、行为规范、企业精神及相关工作岗位所需的基本技能等。

一、新员工的心理压力

新员工刚来公司主要面临以下问题及压力。

（1）不熟悉公司法令规章。

（2）对新的工作环境和新的面孔陌生。

（3）对新工作是否能胜任感到不安。

（4）对于新工作可能发生意外事件感到胆怯。

（5）不熟悉的噪声使他分心。

（6）他不知道所遇的上司属于哪一类型的人。

二、新员工的培训目的

新员工的培训称为定向培训，是指向新聘用的员工介绍组织构成、工作任务、上级和同事、规章制度等为主的一种培训。新员工培训的目的主要有以下8个。

（1）降低启动费用。

（2）减少新员工的焦虑与困惑。

（3）降低新员工“跳槽”的可能性。

（4）为主管和同事节省时间。

（5）确立真实的工作期望。

（6）培养积极的态度、价值观。

（7）使新员工养成良好的习惯。

（8）树立正确的工作满意感。

三、新员工的培训内容

新员工到公司后，定向培训主要有以下内容。

（1）企业概况。

（2）企业文化与经营理念。

（3）公司的主要政策和组织结构。

（4）员工规范和行为守则。

（5）企业薪资报酬体系。

（6）安全与事故预防。

（7）员工权利和工会组织。

（8）职能部门介绍。

（9）具体工作责任与权利。

（10）企业规章制度。

（11）工作场所与工作时间。

（12）新进员工的上下级和同事。

四、新员工制度方面的培训内容

（1）发薪方法。

（2）升迁政策。

（3）休假、请假的规章。

（4）员工福利措施。

（5）工作时间及轮值规则。

（6）旷工处分办法。

（7）冤屈申诉的程序。

（8）劳资协议。

（9）解聘的规定。

（10）在职员工行为准则。

（11）安全规定。

（12）人事部门负责处理的事务。

五、新员工培训的重点

1. 发薪方法介绍

（1）何时发放薪金。

（2）上下班时间。

（3）何时加班，加班工资多少。

（4）发放薪金时，在保险、公共安全等不同的项目上已扣除多少。

（5）额外的红利如何。

（6）薪金调整情况如何。

（7）薪金在何处领取。

（8）如何才能增加工资所得。

2. 解释公司的升迁计划

几乎不可能有人会满足于最初工作或原来职务而不思上进的。所以晋升机会对新员工而言是十分重要的，也务必在人员初进公司时即加以说明。但切记不要做任何肯定的承诺，以免将来所聘用人员不胜任时，导致承诺不能兑现的困扰。

以下是适当的说明内容。

（1）对新员工介绍，其他员工取得的成就，以及采用的方法。

（2）很明确地告诉新员工，晋升是根据工作表现而定的。

（3）使新员工了解，若要有能力处理较难的工作，必须先有充分的准备工作。

（4）提供一些建议，若要获得升迁的机会，必须做哪些准备。

（5）很清楚地说明，晋升并不能由偏袒或徇私而获得。

（6）升迁之门对优秀员工是永远开着的。

3. 解释公司政策

对新员工解释有关公司政策及规章时，使他们有认同感。

所有公司的政策及规章都有其制定的理由。管理人员应将这些理由清楚地告诉他们。假如把公司的政策及规章制定的理由一开始就详细地告诉了新进人员，他将非常高兴而且承认它们的公正性和重要性。

新员工有权利知道公司的每一项政策及规章制定的理由，因为当一个新员工在参加一项新工作时，他是着手与公司建立合作的关系，因此，越是明白那些理由，则彼此间的合作越是密切。

向新员工坦诚及周到地说明公司政策及其制定的理由，是管理人员的责任，这是建立劳资双方彼此谅解的第一步。

◎怎么进行管理人员的培训

一、管理人员培训的目的和方法

1. 管理人员培训的目的

（1）让未受过正规管理学习的管理人员掌握必要的管理技术。

（2）让管理人员学习新的管理知识和先进的管理技能。

（3）帮助管理人员建立正确的心态，以利于更好地领导、管理下属。

（4）认同并了解企业文化。

（5）提高企业的效益和提升企业的形象。

2. 管理人员培训的方法

（1）研讨会。

（2）案例研究。

（3）角色扮演。

（4）游戏。

（5）授课。

二、管理人员培训的项目

（1）领导技能。

（2）绩效考核。

（3）培训师培训。

（4）团队建设。

（5）目标管理。

（6）时间管理。

（7）解决问题技能。

（8）决策技能。

（9）开会技能。

（10）信息沟通。

（11）授权管理。

（12）安全常识。

（13）产品知识。

（14）全面品质管理（TQM）。

（15）演讲技能。

（16）演示技能。

（17）目标管理。

（18）信息管理系统（IMS）。

（19）员工激励。

（20）谈判技巧。

（21）市场营销。

（22）财务管理。

（23）采购程序。

（24）计划与物控（PMC）流程。

（25）制造资源计划（MRP Ⅱ）。

（26）人力资源管理。

（27）生产管理。

（28）货仓管理。

（29）5S 实施。

（30）外语能力。

（31）ISO 9000 品质体系内部审核。

（32）ISO 9000 文件编写等。

◎怎么进行技术人员的培训

一、技术人员培训的目的和方法

技术人员培训目前主要集中在专业领域的学习，其实应该涉及其他方面的培训，才能更大地发挥技术人员的潜力。

1. 技术人员培训的主要目的

（1）开发出适合市场需求的产品。

（2）主动为企业的战略目标做出贡献。

（3）更加善于指导员工操作。

（4）完成企业各项技术任务。

2. 技术人员培训的方法

（1）研讨会。

（2）授课。

（3）计划性指导。

（4）安全研究。

（5）录像。

二、技术人员培训的项目

（1）计算机编程、程序维护、网络维护、操作。

（2）新设备的维护、维修与操作。

（3）安全常识。

（4）产品知识。

（5）全面质量管理（TQM）。

（6）目标管理。

（7）信息管理系统（IMS）。

（8）MRP Ⅱ二次开发。

（9）市场营销。

（10）财务管理。

（11）新产品研制。

（12）材料替代。

（13）生产管理。

（14）工业工程（IE）。

（15）品质工程（QE）等。

◎怎么进行操作人员的培训

一、操作人员培训的目的和方法

操作人员培训又称为员工培训，是指对一线员工的培训。

1. 操作人员培训的目的

（1）培养员工积极的心态。

（2）全面完成各项工作任务。

（3）掌握正确工作的原则。

（4）掌握正确工作的方法。

（5）提高工作效率。

2. 操作人员培训的方法

（1）研讨会。

（2）游戏。

（3）录像。

（4）户外训练。

（5）授课。

（6）角色扮演。

二、操作人员培训的项目

（1）作业指导。

（2）安全与事故预防。

（3）减少浪费。

（4）全员品质控制（TQC）。

（5）设备操作与一般保养。

（6）产品知识。

（7）5S知识。

（8）ISO 9000常识等。

三、员工培训实用文本

1. 公司年度培训计划表

见表3-2。

表3-2 公司年度培训计划表

项目	培训内容	培训对象	学时	培训讲师	培训地点
公开课	员工管理规划	全体员工	6	培训员	各部门
	员工生活礼仪	全体员工	6	培训员	各部门
	5S	全体员工	8	培训员	各部门
	安全生产	全体人员	6	培训员	各部门
	消防安全	全体人员	6	培训员	各部门

续表

项目	培训内容	培训对象	学时	培训讲师	培训地点
班组长培训	目标管理	组长以上人员	6	TQM 主管	培训室
	产品知识	组长以上	6	开发工程师	培训室
生产与品质部门培训	品质管理	品质部及各部门组长以上人员	16	顾问 / 品质主管	培训室
	TQM	各部门组长以上人员	20	TQM 主管	培训室
	SPC 生产 / 品质部	管理人员	10	生产 / 品质主管	培训室
	品管七大手法	品质 / 生产部	12	品质主管	培训室
	生产管理	生产组长	8	生产 / PMC 主管	生产部
	现场管理	生产组长	6	生产主管	生产部
物料管理培训	ABC 物料法	采购 / 货仓 /PMC	6	PMC 主管	培训室
	物料计划与控制	采购 / 货仓 / 生产 / PMQ	6	CPMC 主管	培训室
	MRPII 逻辑测试	各部门主管	20	顾问 / 电脑 / PMC 主管	培训室
	存量管制	采购、货仓、PMC	6	PMC 主管	培训室
技术部门培训	配电设施保养	工务人员	6	设备主管	培训室
	夹、冶具制作	生技人员	10	PIE 主管	培训室
	生产设备保养	维修人员	6	维修主管	维修部
业务部门培训	外语	业务 / 跟单 / 秘书	20	业务经理	培训室
	市场调查	业务人员	8	业务经理 / 顾问	培训室
	营销策略	业务人员	10	业务经理 / 顾问	培训室
	谈判技巧	业务人员	6	业务经理 / 顾问	培训室

2. 员工礼仪守则

员工礼仪守则（范例）

一、目的

为使公司员工日常工作、生活行为有所规范，养成良好的工作生活习惯，以形成良好的企业文化，特制定本规范。

二、范围

公司所有员工。

三、生活礼仪规范

1. 职员必须仪表端庄、整洁。具体要求如下。

（1）头发：员工头发要经常清洗，保持清洁，男性员工头发不宜太长。

（2）指甲：指甲不能太长，应经常注意修剪。女性职员涂指甲油尽量用淡色。

（3）胡子：胡子不能太长，应经常修剪。

（4）口腔：保持口腔清洁，上班前不能喝酒或吃有异味的食品。

（5）女性职员化妆应给人清洁健康的印象，不能浓妆艳抹，不宜用味道浓烈的香水。

2. 工作场所的服装应清洁、方便，少戴或不戴佩饰。具体要求如下。

（1）衬衫：无论是什么颜色，衬衫的领子与袖口不得污秽。

（2）领带：外出前或要在众人面前出现时，应佩戴领带，并注意与西装、衬衫颜色相配。领带不得肮脏、破损或歪斜松弛。

（3）鞋子应保持清洁，如有破损应及时修补，不得穿带钉子的鞋。

（4）女性职员要保持服装淡雅得体，不得过分华丽。

（5）职员工作时不宜穿大衣或过分臃肿的服装。

3. 在公司内职员应保持优雅的姿势和动作。具体要求如下。

（1）站姿：两脚脚跟着地，脚尖离开约45°，腰背挺直，挺胸自然，颈脖伸直，头微向下，使人看清你的面孔。两臂自然，不耸肩，身体重心在两脚中间。在上级面前，不得把手交叉抱在胸前。

（2）坐姿：坐下后，应尽量坐端正，把双腿平行放好，不得傲慢地把腿向前伸或向后伸，或俯视前方。要移动椅子的位置时，应先把椅子放在应放的地方，然后再坐。

（3）公司内与同事相遇应点头行礼示意。

（4）握手时用普通站姿，并目视对方眼睛。握手时脊背要挺直，不弯腰低头，要大方热情，不卑不亢。伸手时同性间手应先伸向地位低或年纪轻的，异性间女性应先向男方伸手。

（5）出入房间的礼貌：进入房间，要先轻轻敲门三声，听到应答再进。进入后，回手关门，不能大力、粗暴。进入房间后，如对方正在讲话，要稍等静候，不要中途插话，如有急事要打断说话，也要看准机会，而且要说："对不起，打断你们的谈话。"

（6）递交物件时，如递文件，要把正面文字对着对方的方向递上去，如是钢笔，要使笔尖朝向自己，使对方容易接着；至于刀子或剪刀等利器，应把刀尖朝向自己。

（7）走通道、走廊时要放轻脚步。无论在自己的公司，还是对访问的公司，在通道和走廊里不能一边走一边大声说话，更不得唱歌或吹口哨等。在通道、走廊里遇到上司或客户要礼让，不能抢行。

四、日常工作礼仪规范

1.正确使用公司的物品和设备，提高工作效率。

（1）公司的物品不能野蛮对待，挪为私用。

（2）及时清理、整理账簿和文件，墨水瓶、印章盒等使用后及时盖好。

（3）借用他人或公司的东西，使用后及时送还或归放原处。

（4）工作台上不能摆放与工作无关的物品。

（5）公司内以职务称呼上司，同事间以张先生、何工、卢师傅、赵姨、刘大姐、小杜等相称，客户间以先生、女士等相称。

（6）未经同意不得随意翻看同事的文件、资料等。

2.正确、迅速、谨慎地拨打和接听电话。

（1）电话来时，听到铃响，至少在第二声铃响前取下话筒。通话时先问候，并自报公司、部门。对方讲述时要留心听，并记下要点。未听清时，及时告诉对方，结束时礼貌道别，待对方挂断电话，自己再放话筒。

（2）通话简明扼要，不得在电话中聊天。

（3）对不指名的电话，判断自己不能处理时，可坦白告诉对方，并马上将电话转接给能够处理的人。在转接时，应先把对方所谈及的内容简明扼要地告诉接听人。

（4）工作时间，不得打私人电话。

五、会客礼仪规范

1.接待工作及其要求如下。

（1）在规定的接待时间内，不缺席。

（2）有客户来访，马上起来接待，并让座。

（3）来客多时按序进行，不能先接待熟悉客户。

（4）对事前已通知来的客户，要表示欢迎。

（5）应记住常来的客户。

（6）接待客户时应主动、热情、大方、微笑服务。

2.介绍和被介绍的方式与方法。

（1）无论是何种形式、关系、目的和方法的介绍，应该对介绍负责。

（2）直接见面介绍的场合下，应先把地位低者介绍给地位高者。若难以判断，可把年轻的介绍给年长的。在自己公司和其他公司的关系上，可把本公司的人介绍给其他公司。

（3）把一个人介绍给很多人时，应先介绍其中地位最高的或酌情而定。

（4）男女间的介绍，应先把男性介绍给女性。男女地位、年龄有很大差别时，若女性年轻，可先把女性介绍给男性。

3.名片的接受和保管。

（1）名片应先递给长辈或上级。

（2）把自己的名片递出时，应把文字向着对方，双手拿出，一边递交一边清楚说出自己的姓名。

（3）接对方的名片时，应双手去接，拿到手后，要马上看，正确记住对方姓名后，将名片收起。如遇对方姓名有难认的文字，马上询问。

（4）对收到的名片妥善保管，以便检索。

4.员工培训申请表，见表3-3。

表 3-3 员工培训申请表

申请部门		申请日期	
培训时间		总时数	
培训地点			
培训讲师		所需费用	
需培训人员			
培训内容		培训所需器材	
部门经理审核		人事经理审核	
申请人		批准人	

5. 员工培训记录表，见表 3-4。

表 3-4 员工培训记录表

姓名		性别			出生年月		
学历		专业			入厂日期		
地址		部门			职务		
特长							
培训记录							
序号	培训职务	课程编号	培训课程名称	培训日期	时数	成绩	考核记录
1							

续表

序号	培训职务	课程编号	培训课程名称	培训日期	时数	成绩	考核记录
2							
3							
4							
5							
有关培训证明							
证件编号		证件名称		发放单位			

6.培训报告表，见表3-5。

表3-5 培训报告表

部门： 日期：

课程编号		课程名称		
经办人员		举办日期		
培训时数		参加人数		
培训费用	费用项目	预算金额	实际金额	异常情况说明
	讲师费			
	教材费			
	器材费			
	其他			
	合计			
培训稽查及审核	学员意见			
	讲师意见			
	会计部		培训部	

7. 培训效果调查表，见表 3-6。

表 3-6　培训效果调查表

序号	绩效基准	很好	较好	没改变	较差	很差
1	生产数量					
2	生产品质					
3	工作安全					
4	工作效率					
5	环境维护					
6	员工态度与士气					
7	员工出勤					
8	员工配合					
9	员工修养					
10	员工纪律					

◎怎么进行员工在职培训

一、员工在职培训 10 大成功要素

（1）清晰——准确的信息交流。

（2）支持——时刻与员工站在一起，并支持他们的工作。

（3）树立信心——树立和保持每个员工的信心。

（4）团队意识——没有个人的输赢，只有团队的荣辱。

（5）立体观察——关注企业整体利益。

（6）冒险——鼓励创新，避免处罚，在实干中提高。

（7）耐心——避免短期行为，着眼于长期的工作成绩。

（8）投入——积极地了解员工，知道他们的动力所在。

（9）保密——为每个员工严守秘密，彼此间相互信任，形成一个和睦的团队。

（10）尊重——高度重视每个团队成员的言行。

二、员工培训的6个陷阱

下面所列的6个“陷阱”都会挫伤员工的积极性，千万要避免。

（1）颐指气使而不是心平气和地与员工交谈。

（2）过分夸大事态或行为。

（3）不是就事论事，而是上纲上线。

（4）设想你的员工知道问题及答案。

（5）从不跟踪工作进度。

（6）不鼓励员工的进步。

◎怎么进行员工安全培训

一、员工安全培训的目标

（1）企业福利方面已有肯定的保证，让员工有安全感。

（2）建立善意与合作的基础。

（3）防止工作中的浪费，避免意外事件的发生。

（4）免于时间损失，增加员工工作能力。

（5）减少人员损害补偿费及医药服务费用的支出。

二、新员工安全训练的内容

对新员工的工作性质与工作环境，提供安全指导原则，可避免意外伤害的发生。安全训练的内容如下。

（1）介绍工作中可能发生的意外事件。

（2）掌握各种事件的处理原则与步骤。

（3）仔细介绍安全常识。

（4）经过测试，检查新员工对“安全”的了解程度。

第四章　员工激励与开发

◎怎么制订激励工作计划

一、确立激励目标

激励的目标，是在一定范围内，系统的组织者向人们揭示本系统所需要的良好行为和妨害系统优化的禁忌，以及对行为造成的后果的奖励或惩罚的内容与等级。激励目标的确立决定着激励工作的方向，同时也向人们展示了组织者的期望和要求。激励目标的确立，必须服从、服务于系统目标的实现。

二、确定考核的方式方法

1.考核的方式和方法

（1）从考核的主体上来划分，主要有自我考核、同级考核、上级考核和下级考核。

①自我考核。是对自己行为和态度的自我反省和评价。主要通过自我鉴定、述职等途径进行。进行自我考核，可以督促人们对自己的行为进行反省和检查，从而增强内驱力，及时纠正行为偏差，发扬好的方面。

②同级考核。是同级人员对他人行为和态度的评价方法。由于他们担负大致相同的工作，对自己应尽的职责和应有的表现心中有数，对他人行为的评价一般较为贴切准确。但是，又由于人们相互间关系有疏密、好恶之分，有时存在利益竞争，也会产生偏差。在决定奖惩时，应充分考虑这一因素，尽量做到去伪存真。

③上级考核。上级领导特别是直接领导，对下属人员的工作表现比较清楚，他们的考核意见具有一定的权威性。但是，领导者人少事多，员工人多面广，加以少数领导者存在主观臆断，难免会产生遗漏。所以，必须把听取领导意见同检查日常考核记录结合起来，做到客观公正，防止主观随意性。

④下级考核。这是下级对上级的一种考核方法。

（2）从考核的内容和时空上来划分，主要有综合考核、量化考核、平时考核和阶段考核几种类型。

①综合考核。一般在对管理人员实施奖惩或奖惩等级较高时采用。管理人员责任重大、位置重要、影响广泛。对他们实施奖惩，必须材料丰富，内容翔实，有说服力。要联系一贯表现、当前实际情况，考虑德才素质和道德品质诸方面的因素。管理人员担负着一个单位或部门的领导工作，对其实施奖惩，必须侧重于对所在单位或部门的整体绩效进行考评，就必须采用综合考核的方法。对给予高等级的奖惩，由于影响面大，也应采取综合考核的办法。

②量化考核。一般在对从事具体劳动和工作量易于计算的人员实施奖惩时采用。如在第一线从事产品生产的工人，劳动定额有明确标准，超产奖励和减产处罚都有明确规定。就要依据标准和规定，根据生产记录，实施相应的奖励或惩罚。

③平时考核。平时考核实际上是一种持续的绩效记录形式，是一种量的积累过程。其基本要求，就是建立健全各种日常登记制度，并坚持执行，以便为综合考核和阶段考核提供详细可靠的客观数据。由于平时考核能够获得准确翔实的第一手材料，对于防止和杜绝奖惩的随意性，避免平时不努力、评时争奖励的行为，具有重要作用。

④阶段考核。阶段考核是一种周期性的、有规律的考核方法。具体阶段的划分，可根据行业门类、任务性质和不同的对象来确定。如公司可结合半年或年终工作总结对所属人员进行考核；企业可根据生产季节对所属人员进行考核；对管理人员则可按任职期限来划分考核阶段。另外，还可以按照不同的考核目的，确定考核的周期。

2. 考核的注意事项

（1）尊重事实，实事求是。确保考核准确，就必须以被考核对象的现实行为表现为唯一依据，除此之外，别无他途。主观主义、个人主义、长官意志、先入为主、偏颇心理等，都是必须摒弃的。对先进的行为，不夸大，不缩小，不以偏概全，不随意拔高，更不能把一时说成一贯，把偶然说成必然，盲目渲染；对错误的行为，也应如此，尤其不能言过其实，随意定性，扣大帽子。为此，必须建立完整、准确的原始记录，凭数据说明问题，靠事实反映情况。

（2）区别对象，各有侧重。激励标准的内容是多方面的，考核时也应全面掌握，突出重点。由于人们的职务和工作性质不尽相同，考核时也应区别情况，各有侧重。从系统差别来说，对科技人员的考核与对员工的考核就应各有不同的主导内容。前者主要是考核科技成果、学术水平；后者则主要考核产品数量、质量和劳动技能的熟悉程度。突出重点决不是忽视或放弃对其他方面的考核和评价，而应当把重点内容与一般内容结合起来进行，既突出其主要方面，又兼顾到一般素质。

（3）掌握标准，宽严适度。在考核过程中，由于各单位领导和考核人员对标准的理解不同，对考核对象和各要素认识各异，会产生宽严不一的情况。实践中常常会发现在甲部门评价较低者，到乙部门可能是中等，而到丙部门则可能受到较高的评价。这种考核结果，势必导致最终的奖惩结果悬殊，造成相互攀比、奖惩不均，甚至出现群情波动。避免这种现象，关键在于掌握好标准。考核人员应对标准在本部门的适用情况进行通盘考虑，恰当掌握，确定合适的奖惩面，做到行为优良者得其奖，行为不良者受其罚。上级部门则应掌握好面上情况，及时沟通信息，做好宏观协调。两者相结合，就会达到宽严适度的目的。

三、考核后的奖惩

1. 奖惩的决策

奖惩的决策，是对奖惩进行最后的决定。它是决策者依据激励标准，根据工作绩效，对奖惩的对象、等级、形式进行选择的过程。简言之，奖惩决策要解决的问题有：给予谁奖惩；他们具备何种奖惩条件；该给予何种等级的奖惩；奖惩应何时在何种场合发布；奖惩发布后会产生什么样的社会效应等。

奖惩的决策形式是多种多样的。就奖励而言，有排列名次定奖、进步幅度定奖、绩效达标定奖等。但不论采用何种方式方法，都必须认真细致，严肃慎重。特别是对于惩罚的实施，更要慎之又慎。因为奖励不当，效果固然不好，但如果惩罚错了，则会产生更坏的影响。如果在执行奖惩时出了差错，那么宁愿奖赏过分也不能使惩罚过度。这是从两弊相权取其轻的角度来强调实施惩罚要慎重的重要性。要做到这一点，应坚持以下几点。

其一，要以治病救人为目的。

其二，要清醒认识惩罚的从属地位。

其三，要重视被罚者的态度。

其四，要注意被罚者的心理承受能力。

2. 奖励的颁发

（1）认真审核，确保质量。

（2）填表申报。目前对企业员工颁奖中，一般有记功、记大功、发给奖金或奖品、晋级、升职、通令嘉奖、授予先进生产（工作）者，劳动模范等形式。

评奖结束后，要将评奖结果以书面形式通知本人，并和《奖励登记表》一同记入本人档案。

（3）选择颁奖的时间和场所。奖金一般每月颁发一次（最好与发放工资日错开），评先进生产（工作）者、劳动模范一般每年举行一次，记功、嘉奖一般以完成某项任务的时间长短而定。不论哪种形式，在颁奖时，都应举行较为隆重的仪式。介绍、宣传、讲评先进者的模范事迹（可用墙报、光荣栏、广播等形式），总结本单位的各方面工作，使颁奖会成为学习会、总结会、团结鼓劲会。

（4）跟踪考察，注意反馈。奖惩发布以后，并不是万事大吉了。奖惩决策是否正确，效应究竟如何，只有发布后才能最终表现出来，得到实践的检验。同时，从奖励角度看一次奖励的完结，往往标志着另一个周期奖励的开始。因此，对奖惩进行跟踪考察，密切注意信息的反馈是十分必要的。考察的主要内容，就是奖惩的决策是否正确，效果是否理想。一旦发现失误，就应及时采取必要的补救措施，以尽量弥补或挽回影响，必要时可重新做出决定，取消奖励或撤销处罚。

◎怎么确定激励的方式

一、物质激励

物质激励是以货币和实物形式出现的对人们良好行为的一种奖励方式。当前，比较通行的物质奖励方式有奖品、奖金、分房，以及休假、疗养、旅游等福利待遇；处罚方式有扣发奖金、工资、罚款、没收非法所得等。

二、舆论激励

舆论激励，也可以叫荣辱激励。它是运用社会公德、职业道德的一般规范，造成某种舆论氛围，使激励对象产生一种荣辱感。其主要方式是通过文件通报、报刊、会议以及墙报、广播等宣传媒介，对先进者进行表扬，对不良行为进行批评。从而，达到弘扬正气、抵制歪风的目的，形成奋发向上、你追我赶的良好气氛。

三、升降激励

升降激励是通过职务和级别的升降来激励人的进取精神和反思自己的行为。

升降激励必须坚持任人唯贤，升降得当。坚持正确的任用方针，唯能是用，德才兼备。选对一人，就会鼓舞一片；罚对一个，就会教育一片。这才能起到激励作用。反之，选错一人，就会冷落一片；罚错一人，就会寒心一片。

四、民主激励

充分发扬民主，给予广大下属以参与决策和管理的机会，单位的生产、工作、员工情绪，使内部团结都能处于最佳状态。广大员工参与民主管理的程度越高，越有利于调动他们的积极性。

五、调迁激励

调迁激励有岗位调动、部门调动、地区调动、任务调动和入学深造等。它通过调动部属去重要岗位、重要部门担负重要工作或者去完成重要任务，使部属有一种信任感、尊重感和亲密感，从而调动其积极性，产生一种正强化激励作用。同时还可将不胜任工作的部属从重要部门、重要岗位调出，免去所担负的重要职务，使其看到自己的差距和不足，从而产生一种负强化激励作用。

六、许诺激励

此种激励是领导者通过对某一事项、事件或某个人，根据不同的需要，在公开场合或私下进行不同的许愿，以满足下属心理需要，激发出完成工作目标积极性的一种激励方式。许诺的内容是多方面的，比如提拔晋升、奖励等。

但无论采用哪种形式、什么内容的许诺，都应力求公正、准确、适度。所谓公正，指要有清醒的头脑和实事求是的精神，用科学的标准和态度衡量和要求下属，坚持一视同仁。所谓准确，指的是领导者给下属许诺的内容和范围都要紧扣“主题”，不要离“题”万里。那种张冠李戴、不着边际的许诺，只会激起员工的不满，降低领导声誉。所谓适度，指的是领导者的许诺要符合客观事物本身的度，即掌握好分寸，恰到好处。

七、情感激励

情感具有极大的激励作用，是人的行为最直接的一种激励因素。领导者是做人的工作的，而人是有感情的，领导者必须用自己的感情去打动和征服下级的感情。要对你的下级尊重、信任和关怀，从感情上赢得下级的信赖，使他们愿意接近你，肯把心里话对你说，从内心里愿意听从你的指挥。你布置的工作，他们能痛痛快快地干起来。上下级之间感情融洽，是一种比什么都重要的巨大力量，它可以有效地推动工作的进展。

八、荣誉激励

荣誉激励是一种高层次的激励方式，多是一定层次的组织对下属个人或单位授予一种荣誉称号，有的是对一段时间工作的全面肯定，有的是对某一方面的突出贡献予以表彰。

九、示范激励

所谓示范激励，就是通过宣传典型，树立榜样而引导和带动大众。

十、日常激励

所谓日常激励，就是经常地、随时随地对部属的行为做出是与非的评价，进行表扬与批评、赞许与制止，以激励部属的一种方法。它是从日常的具体事情上对人的行为进行规范，达到潜移默化的作用。

日常激励一般是对直接部属在一定空间内进行的，主要采取语言表达方式和形体示意方式。语言表达方式有：文字语言，及时宣扬好人好事，批评不良行为；口头语言，即用口语通过声音传播激励信息，及时告诉被管理者是与非、对与错、可行与不行、赞扬与反对，以此规范被管理者的言行。形体示意方式有：目光示意，即通过眼睛这一心灵的窗口和无声的语言，在目光相遇的一瞬间，把激励信息传达给对方，使被管理者心领神会，明确管理者的意图；面部表情示意，即以笑容、怒容等更形象、更生动的表情来传递激励信息，反映思想感情，为对方所接受；手势和体态示意，即通过握手接触、拍拍肩膀、身体前倾、手势动作等，更有效地传递激励信息，收到更为良好的效果。

十一、挫折激励

挫折激励法就是利用人们的挫折心理，变消极防卫为积极进取，变被动应付为主动奋争的一种激励方式。

十二、知识激励

以及时提供必要的知识和信息作为激励手段，属于知识激励。在当今知识剧增的时代，知识和信息，对于从事各种复杂专业技术工作的人才来说，就显得格外重要。

知识激励主要包括以下两种。

一是向各类人才提供必要的知识更新和获取信息的机会，如定期输送到大专院校和各类专科学校深造，参加各种科技知识讲座，增加与各类专家、学者的交流机会，建立高效率的信息情报网络，到先进地区参观学习，阅读有关文件、资料和书籍等。

二是重视“时间投资”，帮助各类人才从繁忙的事务中解脱出来，确保各类专业技术人才每周有5/6的时间从事本职工作，每年有一个月左右的时间进修深造，使他们不断更新知识，提高业务水平。这是一种有效的知识激励。

◎怎么讲求激励的环境设计

一、激励场地的选择

选择良好适宜的授奖场地能促使人们情绪高涨，有时甚至会给受奖者留下终生难忘的印象。激励环境的选择是指选择良好环境，使激励对象受到不同层次环境的激励。它主要应包括两个方面的内容。

一是同化激励选择。在激励环境选择时，我们可以利用这一规律，把在各项工作中做出成绩的先进分子（也可称骨干分子）选派到力量比较薄弱的单位班组，以发挥先进的模范表率作用；把犯有这样那样错误或有缺点的人调到一个良好的环境内，使他们在优良的环境中得到感应和同化。

二是场合激励选择，也包括奖励和惩处两个方面。由于奖励的性质决定了奖励一般宜在公开场合进行，而且视情况，可以扩大奖励的场合，以使更多的人通过场面而受到影响和教育；惩处则必须谨慎选择场合。

二、激励空间的布置

为了加深人们的印象，扩大激励的效果，常常需要布置宣传橱窗，介绍先进人物的思想、行为和成果，达到为员工提供形象逼真的宣传效果的目的。

宣传橱窗的地点选择很重要，要考虑人们能否直接接触和感知。若宣传橱窗设置得太高太远，加之光线暗淡、周围声音嘈杂，都会影响宣传效果。

宣传橱窗周围要注意美化，不可堆积其他杂物。

橱窗宣传是一种直观宣传，特别要注意人们的美感需要。在布置橱窗时，要注意运用颜色的特殊搭配，标题的醒目，口号的第一个字的形式或大小，摄影报道中的大幅彩色照片，表格或图表的特殊设计等。橱窗布置，既要突出中心、重心，也不可使整个橱窗都是大字、红字、粗线条、重色斑。要注意各种文字、图片、数字、花边、图案的巧妙配合，做到恰如其分。

◎怎么讲求激励的时效设计

一、及时奖励

及时奖励即在人们的良好行为出现后立即给予奖励。奖励与行为之间的时差不大，有时几乎是瞬间的事情。如在体育达标比赛中，成绩达到某标准后即可马上授奖；在知识抢答竞赛中，根据分数多少立即判定给奖；在技术比赛中，操作完毕立即评分决出名次实行奖励。除此外，对人们在社会生活，本职工作中的良好表现，都可以采用及时奖励。其好处如下。

（1）及时肯定成绩，起到勉励作用。人们行为的好坏、优劣，除了自我评价外，还有赖于社会评价。人们从社会的评价中，看到自我的形象，由此而起到勉励的作用。

（2）有利于形成积极的动力定型。对人们良好行为的及时奖励，能使人们迅速产生积极的心理反应，对自己获奖行为记忆深刻。在这种奖励的多次重复后能产生积极的动力定型，使这种良好的行为习惯化，并使之发扬光大。

（3）有利于调动大家积极性。由于对这种良好行为的及时肯定，使周围的人学有目标，赶有方向，比有差距，有利于及时调动大家的积极性，形成你追我赶的竞争局面。

二、延时奖励

延时奖励即在人们良好行为出现后，相隔一段时间再给予奖励。如在创

优评先活动中，人们发挥自己的积极性和创造性，创出了优异成绩。但是对这种行为的评价并没有一个绝对数量标准，不宜及时给予奖励，而要在全面评比的基础上，挑选优胜者给予奖励。有的虽有绝对数量标准，但因参加者较多，涉及面广，要有一个综合分析的过程，所以也需采用延时奖励。这种奖励在时间上相隔较长，有时相隔 1 ～ 2 个月，有时甚至相隔一年时间。创造学家奥斯本倡导的“智力激励法”原则之一就是延迟评价。其基本要求是在产生各种设想的过程中，暂时不对设想进行评论，以便参加讨论的人能在和缓自由的气氛中畅所欲言，互相启发，在有限的时间内提出数量众多的创造性设想。这一原则就体现了延时奖励的妙处。因为奖励是延时的，人们在评奖结果还未公布以前，可以抓紧时间，发挥自己的优势，争取在评奖之中走在前面。延时奖励对于发挥人们的潜力，鼓励竞争，特别是鼓励暂时落后者勇往直前是有好处的。

三、规则奖励

规则奖励是指奖励时距是有规律进行的，它可以是及时奖励，也可以是延时奖励。如评先进活动中的月评、季评、年评就是其中一种。它按照人们活动的时间，有规则地给予评比奖赏。奖励的规则化，能鞭策人们的行为，加强时间紧迫感。同时可以考察人们工作的全过程，从中发现带有规律性的问题，有利于推动各项工作的开展。执行规则奖励，要防止出现弄虚作假和前松后紧的现象。

四、不规则奖励

它与规则奖励恰恰相反，奖励时距没有规律性，它可以十天半个月奖励一次，也可以 3 ～ 5 个月奖励一次。如一个战役，一个工程，一个任务完成后，给有功人员实行奖励，就是根据具体情况而定的（如战役、工程、任务的大小，完成的时间长短）。不规则奖励可以是及时奖励，如一个任务完成后，根据各方面情况评定先进人物，及时奖励；也可以是延时奖励的，如人们做好人好事，本身就是不规则的，有的行为、有的人要及时奖励，有的则该延时奖励。奖励的不规则性有利于调动人们主人翁的责任感和自觉性。

◎怎么讲求激励的语言艺术

一、口头语言艺术的要求

1. 以情动人，注意语言美

在进行口头表扬时，不仅要有积极正确的思想内容，还要注意语言表达的感情色彩。这种感情色彩可通过语言表达的抑扬顿挫、轻重缓急和面部表情等表现出来。人们在做出一定成绩后，不仅需要积极的正确的评价，而且需要得到某种愉悦情感的满足。为了使口头表扬以情动人、语言优美，奖励的执行者需要来一个“心理位置互换”，即站在受奖者的位置，体会受奖者此时此刻的心情。只有抱着与受奖者共享喜悦的心情，说出的语言才有人情味，听起来才心甜情激。这样，不仅可以缩短奖励活动双方的心理距离，而且可以激发受奖者更大的积极性。

2. 口头语言激励的特征

口头语言激励的特征主要有：

（1）辩证性。即坚持“一分为二”的观点，在肯定成绩时不要“一好百好”，在批评缺点错误时，要注意肯定其正确的一面，做到“长短相济”，达到调动积极性的目的。

（2）趣味性。心理学表明，凡是感兴趣的东西都容易在头脑中扎根。激励的目的是要在人们心中留下烙印，如果激励者语言干涩、呆板，近乎说教，那么将很难达到此目的。语言本身十分丰富，关键在于激励者的灵活运用。比如，使用情感联想而赋予口头奖励以相应的感情色彩；通过玩笑和幽默增加语言的感情色彩；使用象征意义的词语和富有哲理的诗句增强语言的感情效果等，都是提高语言趣味性的好方式。当然，也要防止不注意语言的本质意义，为趣味性而制造趣味，把严肃问题庸俗化。

（3）通俗性，也称作大众性。语言贵在自然、朴实、生动、亲切、简练，能包含深刻的思想，表达真切的感情。也就是说，激励者要用自己的语言来表达，表达自己的肺腑之言，表达自己的切身感受，切忌用现成的“公式化”的语言，即通常人们所说的“套话”，东拼西凑。如果不是真切实际的真实感

情，话说得再漂亮也不会有什么力量。特别要注意根据激励对象的行为、岗位特点，在激励时可适当地运用一些员工所熟悉的技术语言、职业用语，使大家一听就懂，一点就明，能迅速接受激励信息。

3. 口头语言激励注意事项

顺耳之言似乎好说，但不易说好。肯定和赞扬下级的语言要成为美言，具有较强的技巧性，难度是很大的。

有的管理人员对于下属的成绩，往往视为已成之事，因而倾注的感情和怀抱的意兴便会不自觉地有些索然。这样，即使表示肯定和赞扬，也常常变成“虚与委蛇”，或者不着边际地搬弄一番溢美之词，由此产生负面效应便在所难免。可见，对于肯定和赞扬下级的语言，非但不能敷衍，而且需要着意探讨其中的精义。

二、激励语言艺术的要求

1. 情愫真切

充分发挥谈话的效力，需要肺腑之言，从诚挚的心灵中流出的语言，才能发挥语言的最大力量。

有的管理人员以职务、地位品度人的才能，低估下属的创造能力，一旦他们卓然有成便莫名惊诧，难以接受。上述诸种都会造成管理者在肯定和赞扬下级时不能情真意切，而是言不由衷。这样的肯定和赞扬，必然味同嚼蜡，起不到沟通心灵的作用。矫情是管理语言的大忌。当下属从上级肯定和赞扬的语言中觉察出上级原来并不因自己的努力和成功而真心愉悦，而是怀有嫉妒、猜疑甚至愠怒时，那无疑是对其心灵的严重创伤。当然这样的管理心理决不是一般的情形。一般的情形是前面提到的，把下属的成绩片面地看作已然之事，而对得到的东西，就不如未得到之时那样珍视，所以，管理者常常不能为下级的成绩倾吐真挚而炽烈的情愫。管理者要克服这一点，一是要在理性上认识到已然与未然的不可分割；二是要在情感上推己及人，把自己的喜怒哀乐与下属的喜怒哀乐熔铸在一起。

2. 扬长也须论短

下属的长处固然需要及时给予肯定和表彰，倘若管理者只会在下属的长处和成功面前来一声喝彩，那么这样的肯定和赞扬就会显得过于单调，既不能起到增进认知的作用，更有损于管理者在下属心目中的能力形象，造成了管理者的角色模糊。

管理者对下属的绝对肯定同对下属的绝对否定一样是有害的。绝对的否定会使下属沮丧困顿，而绝对的肯定会使下属的进取意志逐渐消磨。五彩缤纷的统一与交相辉映才是美。管理者在充分肯定下属长处的同时又伴以论短的言词，这样比起单受批评，既会使下属在心理上产生更优的接受机制，又会使赞美的语言变得刚柔兼济。

3. 增进认知

肯定和赞扬当然是为激励下属，但是这种激励应该是真挚热烈的情感与明晰深刻的理性的统一。

管理者要善于通过对下属的肯定和赞扬，帮助下属总结经验，找到成功的主、客观原因，并进而发现不足，引出缺憾，下步行动的目标与任务也便会随之而出，不至于满足已有成绩而沾沾自喜，止步不前。有价值、讲艺术的表扬非但不会使下属飘飘然而忘乎所以，反倒可以使其在成绩面前认识不足，决心继续奋进。管理者的重要作用之一，就在于把下属的每一个成功变成一个短暂的讲习所、研究班。这就要求管理者具有鞭辟入里的分析能力、明白准确的总结概括功夫。

三、激励语言艺术应注意的问题

1. 切忌任意拔高

管理者肯定和赞扬下级的语言当然不可含糊，要具备应有的热度。但是如果不适当地高估了下属的成绩，人为地赋予成绩本身不曾有的意义、价值，乃至流于庸俗的捧场，那么这样的肯定和赞扬就会产生以下负面效应。

第一，会使受肯定和赞扬的下级产生盲目的自我膨胀心理，误以为自己的做法具有那样高的意义和价值，从而坠入迷雾中，损害了励精图治的开拓意识。

第二，会造成其他下属的逆反心理。人们崇敬的是真正的楷模，而不是人为拔高了的典型。对于名不副实的样板，人们会由不服气到猜忌，由猜忌到厌弃，这就不但起不到应有的示范作用，反而会离散下属之间的团结协作关系。

第三，容易滋长下属不务实、图虚名的不健康风气。当下属看到小有成就也可得到极高的赞扬、奖励，便会动摇脚踏实地、孜孜以求的信心，这样就难免浮夸、造假、沽名钓誉、邀功求赏。本来作为一种激励手段的表扬就会异化成下属心目中的目的，其本来的意义、作用就将被扭曲，乃至丧失殆尽。

2. 切忌褒一贬多

肯定和赞扬有成绩的下级，不可避免地要造成未受肯定和赞扬的下级的心理失衡，当然这对于激励众人使之感奋是必要的。

但是，这种效果一般情况下只应客观生成，管理者不应采取双管齐下，曝此寒彼的方式。因为个体之间的差异有着条件性，某人有一种长处，而其他人不具备特定条件，就不一定能形成长处，而只能具有其他长处。如果对某个下级的长处极度赞誉，而对其他不具备此种长处的众人倍加贬损，那将会严重地损伤众人的自尊心和对管理者的亲和力。这样表扬下级不但收不到预期效果，相反还会酿成管理者、被表扬的下级以及未被表扬的众人之间不应有的疏离。

3. 切忌与下级抢功

诚然，下级的成绩和建树离不开管理者的引导、扶植，下级的成功往往就是管理者决策，部署的科学性、正确性的确证。但是，这一点只应由下级和他人在内心去体认，而不可流露于管理者的言词之中。

这首先是管理者保持谦逊作风的需要。管理者只应刻意追求事业的实际发展，而不应也没有必要在成绩的归属上争个份额。推功会使得管理者的形象更加高尚、超拔，并能弘扬下级的主体责任感。既然上级把成绩归功于下级的个人实践，那么下级在受到褒奖之际，除了珍重成绩、荣誉之外，还自然会想到倘若发生失误、差错，也当然要自我承担而无法推诿。所以，在肯定和赞扬下级的时候，不掠下级之美，就蕴含着在否定和处罚下级的时候，上级也不应抵下级之过。这二者是对等的。

四、文字激励的要求

1. 生动活泼是文字奖励的形体

文字表达要讲究文采、辞章。宣传、表彰先进者如果只是平铺直叙、罗列事实，干巴巴地归纳其思想要点，是缺乏吸引力和鼓动性的。文字奖励要注意运用新鲜活泼、富有激情和时代气息的语言文字，以调动人们的积极情感，达到奖励的最佳效果。

2. 实事求是是文字奖励的基本前提

这里有三层意思。其一，必须以事实为根据。表彰先进者的思想和行为，必须以具体的事实为根据。没有事实，没有数量的分析，只下空洞抽象的结论是不能使人信服，也容易造成差错的。其二，事实必须真实。道听途说，自我编造，张冠李戴，或掠他人之美，都不能正确反映受奖对象的面貌，评价和结论也必然会产生错误。其三，表述必须客观。必须从实际出发，在评价和结论上，不可不及，也不可拔高，尽量使主观评价和客观事实趋于一致。

3. 文字书写公正规范，新颖别致

人们是通过视觉接受文字激励信息的。一般来说，文字的大小、颜色、书写以及相配的材料对传播激励信息的效果关系极大。一张喜报、一个宣传栏，如果书写糊涂、大小不一、配色不当，错字连篇，是不可能收到好的宣传效果的。所以，在制作文字公文或不同形式的书面语言时，一定要注意书写工整、清楚、秀丽、端正，颜色搭配得当，能见度好。同时，还要做好装帧工作，以发挥文字激励艺术的视觉效果。

总之，在艺术运用这一方面，要结合运用，忌单枪匹马。激励艺术是一个系统工程，在研究时可以把其不同的子系统（语言艺术、环境艺术等）分别开来加以阐述，给人以启发，但在实际操作过程中，这些艺术方法是紧密结合在一起的，密不可分，相辅相成，需要在一定的环境之中才有良好效应，好的激励环境如果没有一定方式的激励语言，也不可能收到应有的效果。因此，在激励的执行过程中，一定要注意各种激励艺术的相互结合，切忌“走钢丝”、唱“独角戏”。

◎怎么讲求激励的技巧运用

一、激励应避免的 7 件事

在实践中要注意：下面 7 件事会使激励完全失败，要极力避免。这 7 件事会使组织完全失去士气和绩效。

（1）基层员工完成了任务，却奖赏他们的上司和同僚。

（2）期望员工样样都行，十全十美。

（3）强调过程，不重视结果。认为员工怎么工作比为什么工作更重要。

（4）只重视结果，忽略工作过程。

（5）忽视员工有创意的思考。

（6）只重视员工如何勤奋工作，却忽视如何激发员工的潜能。

（7）强调计划、组织功能对绩效的作用，忽略人的重要性。

被激励者对自己满意时，最容易影响他人。因为此时，被激励者拥有自尊心，不再忧虑别人对他的看法和自己的地位。其与环境融为一体，可以利用被激励者的自信心去影响他。

二、增进员工自信心的方法

（1）建立明确的规则，执行规则要前后一致。

（2）当员工彼此发生冲突时，要为他们解决问题。

（3）和员工谈话时，专心一致，让他们觉得受重视。

（4）赋予责任时，让员工以自己的方式发挥。即使事情做得不好，也不要收回他们的责任。

（5）诚实地表达你的感情，要求员工也诚实地表达他们的感情。

（6）承认自己的错误。

（7）让每个员工在工作范畴内发挥他的创意。

（8）注意员工好的表现，不要只挑错。

（9）避免责骂。

（10）让员工知道你信任他。

（11）不要拿员工比来比去。

（12）公平，不要偏心。

（13）鼓励整洁。

（14）不要将员工和他的工作混为一谈。如果员工做错了，让他明白你不满意的是他的工作，不是他个人。

（15）与员工分享决策的权力。

（16）不要求员工做超过他们能力的事（如果员工实在不能胜任工作，可以委婉地劝他们干其他适合的工作）。

（17）对员工要仁慈、体恤。

三、慎用恐惧

恐惧是有效的激励工具，但是越少用越好。

1. 员工恐惧的事项

（1）经理不信任或不尊重他。

（2）没有被升迁。

（3）被降级。

（4）丢掉差事。

（5）别人不喜欢他。

2. 管理者常使用的恐惧方式

虽然恐惧是有效的激励工具，但是有很大的负作用。恐惧是很容易被使用的激励工具，也却是不应该使用的工具。管理者常使用的恐惧方式包括以下几种。

（1）不称赞员工。

（2）过分的要求。

（3）不断挑错。

（4）以沉默表达漠视、不关心。

（5）威胁。

（6）提高嗓门。

（7）突然发脾气。

（8）要求员工完全照指示做。

（9）让员工难堪。

虽然恐惧有时候会有暂时的效果，但长期而言会造成反效果。心怀恐惧的人比较没有效率，工作绩效自然降低。

应该用关怀代替恐惧。说服、赋予挑战性的任务、夸奖、鼓励、承诺、奖赏都是关怀的表现。

四、重视和尊重员工

人越觉得能控制自己的命运，就越对自己的行动负责。人喜欢控制自己的命运，谁都不愿意做其他人的傀儡。因此，员工往往会向经理提出建议："我们有没有试过这个方法？""为什么我们不采用这种方式？我觉得用这种方法更好。"这些建议有时候会造成组织真正的改变。它们可能促使绩效增加而达成任务，也可能一无用处。无论如何都值得一试。员工天天在基层岗位上工作，往往比经理更能看出真正的问题在哪里，也能看出经理永远找不到的解决问题之道。

经理鼓励员工提出建议，组织将会更有绩效，员工也会更积极工作。员工的建议越受重视，员工就越负责任。

经理面对建议可以有不同的反应，并不一定要接受员工的建议，但是至少应该尊重每一个建议。

面对员工的建议，应该做到以下几点。

（1）仔细听员工的建议，确定你真的了解他们在说什么。

（2）千万不要立即拒绝员工的建议。即使你知道这个建议一文不值，也要告诉他你要考虑考虑。通常员工向经理提出建议之前都做了一番考虑，值得经理想一想。

（3）偶尔和其他人讨论这些建议，让员工知道你重视他的意见。

（4）感谢员工提出意见。

（5）拒绝员工的建议时，一定要将理由说清楚，而且措辞要委婉。

（6）处理特殊问题时，尽量征求建议。

强化被激励者的优点，减弱被激励者的缺点。

“扶强抑弱”的意思就是强化优点，弱化缺点。减弱组织的缺点，组织会变得更强。进一步强化组织的优点，会得到意想不到的激励效果。

扶强抑弱是非常有用的激励工具。运用得当可以让员工发挥潜能。

通常组织雇用某人而舍弃其他人，主要是因为他具有别人没有的优点。要培养一个人突出的优点，往往得容忍他的缺点。如果你找到一个没有任何重大缺点的人，他往往也没有突出的优点，一言以蔽之：他是个庸才。

五、强化优点

避免强化缺点只是让员工觉得你不是要找他们的麻烦，却不能促使他们成长。要促使员工成长，就得进一步强化他们的优点；先让员工知道他们的优点在哪里，然后进一步强化优点。

你雇用有特殊才能的员工，因为你深信其人能胜任某工作，要经常保持这种最初的热情，不断强化他的优点。

在这种环境中，经理必须充分利用每个人的优点。他们不开除人，也不资遣人。要想完成任务，只有强化每个人的优点。

六、避免强调弱点

如果你想纠正许多缺点，结果徒然浪费时间。如果你想用没有缺点的人，又可能找到一个庸才。

强调弱点会消磨士气，影响整个事情的运作效率。

七、洞察员工内心

洞察员工内心，找出真正能激励员工的因素。

到底什么因素能真正激励人？现在要探讨真正深入员工内心的激励因素，而非表面的激励因素。

这个问题很难回答，只观察表面，往往得到错误的答案。拿这个问题问员工，他们可能也不知道答案；即使知道，可能也很难说清楚。

“客观观察”是唯一找出激励员工因素的正确之道。仔细观察他做的选择，就会了解他主要的需求与关切。

八、采用“三明治”式的批评

如果像三明治一样，将批评夹在好评中间则比较容易让人听得进去。如果批评得当，不仅不会令人丧气，还会有激励效果。激励者经常必须指出员工的问题。人往往会养成坏习惯而不自觉，在这种自我蒙蔽的情况下，激励者必须提供信息反馈，指出他们的错误在哪里，告诉他们怎么改进。

恰当的批评方式是：批评员工时，要像三明治一样，将批评夹在好评当中。某些人的优点可能很隐蔽，但只要努力去找，定会发现。

夸奖要诚实：夸奖被激励者的关键是诚实。经理、父母或老师如果做不诚实的夸奖，很快就会被识破，这比批评还糟糕。

批评要清楚：描述问题要力求精确，如果不能清楚地表达问题，那就最好不要提出来。

要接受批评：激励者也要有接受别人批评的雅量。最好的激励者都能接受员工礼貌的批评。

九、争取员工的忠诚

涉入员工所属的其他组织，会获得员工的忠诚。

现代社会有成千上万的不同组织。一个公司若有各种团体，往往会产生忠诚的问题：员工效忠上述团体而非公司。这种公司内部控制力的分散，或忠诚的分散很可能无法完全避免；即使能克服，或许也不应该这么做。

下述方法可以赢得员工的忠诚。

（1）了解公司内的每个独立团体的性质。

（2）涉入这些团体，提供公司的设备给这些团体使用，如聚会的场所。

（3）支持这些团体的活动，如，组织球队、举办竞赛等，满足员工的需要。

员工若效忠其他团体，很难激励他们对公司完全效忠；秘诀是：至少赢取员工部分的忠诚。员工能效忠公司，才会去做你要他们去做的事。

◎怎么回避激励的禁区

一、激励不可采用运动方式

许多人喜欢用运动的方式来激励他人。形成一阵风，吹过就算了。一番热闹光景，转瞬成空。不论什么礼貌运动、清洁运动，以及意见建议运动、品质改善运动，都是形式。唯有在平常状态中去激励，使大家养成习惯，才能蔚为风气，而保持下去。凡是运动，多半有人倡导。此人密切注意，大家不得不热烈响应；此人注意力转移，运动就将停息。

二、激励不可任意树立先例

激励固然不可墨守成规，但应该权宜应变，以求制宜。然而，激励最怕任意树立先例，所谓善门难开，恐怕以后大家跟进，招致无以为继，那就悔不当初了。

主管为了表示自己有魄力，未经深思熟虑，就慨然应允。话说出口，又碍于情面，认为不便失信于人，因此，明知有些不对，也会将错就错，因而铸成更大的错误。

有魄力并非信口胡说，有魄力是指既然决定，就要坚持到底。所以决定之前，必须慎思明辨，才不会弄得自己下不了台。主管喜欢任意开例，部属就会制造一些情况，让主管不知不觉中落入圈套。兴奋中满口答应，事后悔恨不已。

任何人都不可以任意树立先例，这是培养制度化观念，确立守法精神的第一步。求新求变，应该遵守合法程序。

三、激励不可趁机大张旗鼓

好不容易拿一些钱出来激励，就要弄得热热闹闹，让大家全都知道，花钱才有代价，这种大张旗鼓的心理，常常造成激励的反效果。

被当作大张旗鼓的对象，固然有扮演猴子让人耍的感觉。看耍猴子的观众，有高兴凑热闹的，就有不高兴如此造作的。一部分人被激励了，另一部分人则适得其反。对整个组织而言，得失参半。

四、激励不可偏离团体目标

目标是激励的共同标准，这样才有公正可言。所有激励都不偏离目标，至少证明主管并无私心，不是由于个人的喜爱而给予激励，而是站在组织的需要角度，尽量做到人尽其才。偏离目标的行为，不但不予激励，反而应该促其改变，也即努力导向团体目标，以期群策群力，同心同德。

凡是偏离团体目标的行为，不可给予激励，以免这种偏向力或离心力越来越大。主管激励部属，必须促使部属自我调整，把自己的心力朝向团体目标，做好应做的工作。

主管若是激励偏离目标的行为，大家就会认定主管喜欢为所欲为，因而用心揣摩主管的心意，全力讨好，以期获取若干好处。一旦形成风气，便是小人得志的局面，对整体目标的达成，必定有所伤害。

五、激励不可忽略有效沟通

沟通时最好顾虑第三者的心情，不要无意触怒其他的人。比如，对某乙表示太多关心，可能会引起某丙、某丁的不平。所以个别沟通或集体沟通，要仔细选定方式，并且考虑适当的中间人，以免节外生枝，引出一些不必要的后遗症，降低了激励的效果。

激励必须通过适当沟通，才能互通心声，产生良好的感应。

◎怎么充分发挥激励效能

一、明暗分开

激励可公开或暗中进行，两者都以正当而合理为适宜。暗中激励不失正当，才是正途。

凡是大家看法相当一致，不易引起众人反感，可公开激励，目的在于获得大家的良好回应，以扩大影响。若是见仁见智互异，而又非奖赏不可，便暗中进行，以减少误解或不满。有些行为，如维护公司信誉而与外人发生争执，应该私下感谢，以防群起仿效。

普遍性的激励，可公开实施。特殊性的激励，除非众所公认，否则以暗中进行为宜。牵涉个人荣誉的，私下激励；单位或团体荣誉，公开表扬。有关苦劳的奖赏，应该公开。有关功劳的奖赏，彼此相差颇大，最好暗中给予以维护较差者的面子，激励其下次努力赶上。

二、公私分明

激励者存心接受回馈，当然施恩望报。这种私有授受的激励，不可能真诚持久。必须心中没有施恩的念头，更不希望个人获得任何报答，才有实效。既然如此，就用不着假公济私，以致公私混乱，甚至以私害公。

私人的事宜应该明说，花费自己的钱也要表明。不必垫私钱办公事，否则也是公私不分。私人恩怨不能公报，私人请托不能利用职权，更不可以存心勾结以图谋私利，因为公私不分的激励，到头来必然公私两蒙其害。

三、顺逆分清

请将不如激将，有时逆向激励效果更佳更好。不过完全逆取，也不见得有效。顺逆之间，必须小心衡量。

关系很重要，交情不够不宜随便逆取，够交情，好像顺逆都奏效。不过看场合、看情况，配合着考虑，该顺即顺，应逆则逆，求其效果最佳，而且后遗症最小。以自己的优势来攻破对方的弱点，则顺逆皆有所宜。

有些人顺着请他帮忙，他会推三阻四，勉强答应，也似有天大人情。最好用反激的方法，故意把问题说得十分困难，暗示非他能力所能胜任，激他毅然自告奋勇。

有些人老于世故，便要顺着激励。先说明他的长处，以引起知遇之感，再表示借重他的才华，请他不必顾虑太多，他就会勇气勃发，鼎力相助。

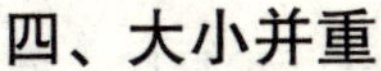

四、大小并重

罚要向上追究，不论地位如何，有过失就不能掩饰或开脱。赏应普遍推及基层，有功就不能忽视或遗漏。大小并重，赏罚明快，才具有激励效果。

大功劳要隆重，以示礼遇。小功劳也要重视，因为轻忽小功，大家就会希望夺取大功，以致小问题乏人注意，势必酿成大祸害。大事应予特别奖励，小事也要合理奖赏。职位高的，固然要礼待他；职位低的，更不宜轻视他，以免引起反感。一大堆人受奖，要大场面，大家一起接受激励；少数人或单独一人，不妨视实际情况，或公开或个别给予激励。

五、动静并用

动静不是两种相反的状态，而是互相过渡的。动中含有静态；静中也有动态。活动过程多半比较引人注意，而活动前后的企划、准备及沟通、协调，则容易被忽略。激励者不可由于自己看得见的动态便加以重视，却对自己看不见的静态予以轻忽，以免厚此薄彼，招致不满。

动态应注意机动配合，静态要普遍照应。前者重在时机，后者重在人员。动静都要掌握人心，所以力求合理。

对于动态的激励，必须掌握时机，把握重点，以配合活动的进行。静态的激励，可以定期或不定期在结束或过程中，指定专人或由某些人交互实施。无论动态、静态，都要给予合理的激励，使大家明白动态、静态各有其贡献，并无轻重之分，因而分别努力，共同朝向目标。

六、刚柔并济

用刚硬的方式来激励，多半建立在利害的基础之上。以柔软的方式来激励，则偏重于情谊。将情谊作为出发点来实施激励，效果较佳，所谓柔能克刚，正是此理。

“刚”是一种果敢的作为，具有短时间的爆发力，当作非常的手段，比较有利。刚硬之后，如果再以柔软来安抚，更能得人心。不可存心杀一儆百，因为人心惶恐，并没有好处。应当处罚到什么程度，假若难以判断，最好从轻。应当赏到什么程度，假如难以判断，最好从优。若非证据确凿，宁可从轻发落，不宜轻率冤枉。刚柔并济，所重不在惩罚，而在教化。

“柔”不表示胆怯怕事，也不是推、拖、拉、敷衍了事。柔是用真诚的爱心来感应，使对方从心中发出一股强烈的意愿，自己奋发有为。

◎怎么对管理者进行有效激励

实行奖励都要有一个标准，对管理者也不例外。管理者的任务是计划、协调、决策、指挥、检查、负责。他们担任的角色与员工不同，所以考核管理者的标准也不能和一般员工一样。现在比较通用PM因素分析法。P因素指的是对管理者的工作绩效的考核。其目的在于测量管理者为完成生产、工作任务而显示的劳动效能。这一标准的确立主要在于考查管理者的理论知识和专业技术水平、工作的计划性以及依据工作计划、规章制度对下级实施管理的水平。如企业经济效益的各方面指标就是一个标准。M因素考核的是管理者对工作集体的关怀程度。其目的是测量管理者为完成生产、工作任务而体现的对工作集体的关心与爱护的程度。这一标准的确立在于考查管理者的工作方法的水平以及其与下级的关系融洽的程度。通过考核以促进工作集体的团结，体现管理者对员工的关心。如企业员工的精神状态、道德风尚、福利事业、智力投资等情况都属于考核的内容。

在对管理者实行考核时，要根据不同的工作部门（如生产部门、职能部门和后勤部门等）和不同的管理层次（如某一部门的基层管理、中层管理和高层管理）制定不同的标准。只有这样才能对不同部门、不同层次的管理者进行科学的考核。

奖励管理者时，要做到严格标准，大胆奖励。不论是任命还是选举产生的管理者，都是作为团体的代表而出现的。对他们实行奖励一定要严格按照标准进行考核，凡达到标准的都要给予奖励；没有达到标准的，不能照顾情面，不能降低标准，也不能只凭位子设奖。

◎怎么对群体进行有效激励

随着社会化大生产的不断发展，现代生产和科技成果越来越依赖于集体的努力和智慧。与之相适应，现代管理思想也发生了变化。即从注重金钱到注重人的社会需要，从主张激励个人到主张激励集体。可以说，激励集体也是现代科学技术发展的需要。

1. 用集体荣誉激励

在部门与部门之间、单位与单位之间，广泛开展评比竞赛活动，并运用各种形式，大力表彰先进，鞭策后进，激发大家的革命英雄主义和集体荣誉感，自觉为集体增光，为单位争荣，你追我赶，争先创优，形成“一马当先，万马奔腾”的可喜局面。

2. 用集体精神激励

集体精神是集体在长期实践中形成和创立的思想成果和精神力量。它包括集体成员所独有的劳动信念、价值观念、行为准则、道德规范、工作作风等。它是一种凝聚力，能使大家团结一致，共同奋斗。

◎怎么对先进者进行有效激励

先进者由于对社会的贡献大，受到领导和员工们的尊重和赞赏，在物质和精神上理应得到较高程度的激励。但是，先进者只是竞争中的暂时优胜者，并非一时在前，终身为冠。逆水行舟，不进则退，这是大自然的普遍规律。

所以，对先进者不仅要奖励，更要帮助先进者找出差距，不断前进，而这一点常常被人们所忘记或误解。

为了使先进者能不断前进，必须注意下面几个问题。

第一，正确对待先进者的长和短。人各有所长，先进者只不过是长处比别人更为突出罢了。对先进者的长处，要积极肯定，并帮助其找出长处形成的原因，使其长处在理论和系统的基础上发扬光大。同时，要指出先进者的不足，并拟出不断改进的具体措施。不要认为一当上先进，就是十全十美的圣人，甚至连一言一行都是标准的。对先进者的缺点错误一定要批评，甚至比一般人要求更高。为了保住先进典型，有了错误也不讲，或遮遮掩掩，或嫁祸于人，都是不对的。

第二，要给先进者的不断前进创造一个较好的环境。先进者是暂时的领先，要保持这个好势头，在条件许可的情况下，给先进者学习、进修的机会是十分重要的。

第三，要正确对待“三多”（职务多、会议多、社会活动多）。由于先进者的贡献大，得到的物质和精神的奖励也较之一般人多，其中就包括多参加一些会议、社会活动和担任一定的职务。这些既是社会对他贡献的奖励，同时也是社会利用先进教育，鼓励人们共同向上的一种方式，是十分必要的。但是，也必须要注意事务的数量界限，即要掌握事务的度。超过了度的界限，会议成山，职务缠身，使先进者脱离了工作，脱离了员工，那不仅不能成为先进和榜样，反而会带来某些不好的后果。还要说明的一点是，凡先进者不一定都要委以重任。

◎怎么对后进者进行有效激励

后进是与先进相比较而存在的，所谓“后进”，只不过是他们身上的消极东西多了一些而已，并不是从里到外、彻头彻尾的坏人，更不是没有一点闪光的东西。只要细心观察、耐心挖掘，就会从后进者身上发现这样或那样的

优点和长处：上进心——总希望改变落后的位置，存在要求上进、争取领先的心愿；好胜心——蕴藏着一种不服气的好胜情绪，甚至爱出风头，来满足自己并不比人差的求胜心理；自尊心——不允许别人歧视、侮辱自己，要求得到人格的尊重；自主性——思想解放、敢想敢干，没有顾忌和框框，有时甚至胆大妄为。当然，后进者的缺点、错误、问题、弱点很多。但作为激励者要发现和挖掘他们身上的闪光点，使之发扬光大，要淡化他们的缺点，化消极因素为积极因素。

第一，关心体贴，动之以情。后进者最害怕的是被人瞧不起，最需要管理者和同事们的信任和热情。激励要以正强化为主，以负强化为辅，不要老抓住问题不放，一味地批评、讥讽，也不要老揭过去的“伤疤”，让人抬不起头来。对后进者不能嫌弃，要以父母心、兄弟情，献上一片爱心，满腔热忱地亲近他们，真心实意地帮助他们，无微不至地关心他们，一视同仁地对待他们。这样，就能把他们的积极性调动起来。

第二，正确疏导，晓之以理。后进者一般都有一定的个性，采取“硬拧”的办法，容易产生逆反心理。要注重疏导，什么事都要讲明道理，讲清利害，以理服人，不以势压人，用正确的道理启迪他们的心灵。

第三，注重经常，导之以规。后进者一般自控能力较弱，需要人经常点拨帮助。因此，对他们要注重经常激励，及时纠正出现的偏差。同时，要注意超前引导，在不良行为未出现之前就给予提醒、鼓励，以避免问题的发生。要用规章制度来规范他们的言行，一点一滴磨炼、一招一式矫正，逐步养成好习惯。

第四，循序渐进，持之以恒。后进者的转化是一个痛苦艰难的过程，不能操之过急。对他们每一点进步都要充分肯定，对前进中出现的反复，要有耐心，一如既往，做好工作。要运用激励手段，经常加油，时时鼓劲，使他们不断成长进步。

◎怎么对中间层进行有效激励

中间层是一个大的概念，其中也不是只有一个层次。处于中间层前列的人员，与先进者距离较近，表现较好；相对较差的那一部分与后进者距离较近，甚至与后进者相差无几，只是程度轻一些。一般来说，中间层具有以下几个特点：讲求实惠，对物质利益比较关注；思想麻木，不求进取，甘居中游；明哲保身，不求有功，但求无过，遇事无争，不管他人；钻研技术，精通业务，一般都有一技之长。

要做好中间层的激励工作，必须针对这些特点，采取与之相适应的办法。

一是重奖重罚，增强奖励的吸引力和处罚的威慑力，真正使他们受到触动，改变麻木不仁的状态。

二是发挥长处，特别是技术上的一技之长，大胆让他们挑重担、当骨干，担负重要任务，让他们有表现自己特长的机会。

三是扩大先进面，特别是处在前列的人，要严格要求，热情鼓励，使其迅速摆脱中游，加入先进行列。

四是要高度重视对中间层的激励工作，设一些阶段奖和单项奖，使他们中间有较多的人有较多的机会获奖。

对中间层人员的缺点要及时帮助教育，不能忽视对这部分人的教育管理。激励工作不可忽视中间层，一定要舍得在中间层上下工夫。

◎怎么对青年人进行有效激励

青年人具有一些不同于其他年龄层次的人的特点，在奖励时应根据青年人的特点，对他们的激励应从以下几方面入手。

（1）满足青年的创新要求。青年人有一种不满足现状，要求变革的强烈意识，他们不墨守成规，具有很强的创造性。实施激励，就要把这种积极因素挖掘出来，发扬光大。不能认为青年人“嘴上无毛，办事不牢”，不能对他们敢想敢干行为持怀疑和不支持的态度。应放手让他们去干去闯，有意识地让他们担负一些革新科研任务。

（2）满足青年的求知要求。立志成才是广大青年的迫切愿望。管理者要努力满足这种成才需要，组织好读书活动，从健康的书籍中汲取营养；组织技术学习活动，使他们成为本职岗位的行家里手；有条件的还可以送学深造。这些，既可以满足青年人的成才要求，又可以调动他们的积极性。

（3）满足青年的求新要求。青年人求新求变的意识强烈，对他们的激励在形式、环境、内容上要不断变化，丰富多彩，力求新意，增强吸引力。同时，要根据青年人不够成熟，自控能力差的特点，应采取及时激励的方式。

（4）满足青年人的好胜要求。争强好胜是青年人的一大特点，这是一种勇于进取、不甘落后的积极因素，管理应予以尊重和保护，经常开展一些竞赛活动，突击活动等，给他们提供更多的表现自己的机会，激发他们奋发向上的工作热情。

（5）满足青年的兴趣要求。青年人天性好动，兴趣广泛，因而在工作之余要广泛开展丰富多彩的文体活动和社交活动，在健康向上的活动中陶冶情操，增进友谊。

◎怎么制定人力资源开发流程

人力资源开发是企业通过培训和开发项目改进员工能力水平和组织绩效的一种有计划、连续性的工作。开发是指学习目前工作及未来工作所需的知识和能力，着眼于更长期的目标，使员工能跟上企业及社会快速发展的步伐，它与培训是有区别的，培训是使培训对象获得目前工作所需的知识和能力。

人力资源开发大致可分为需求分析、实施项目和效果评价三阶段，如下图所示。

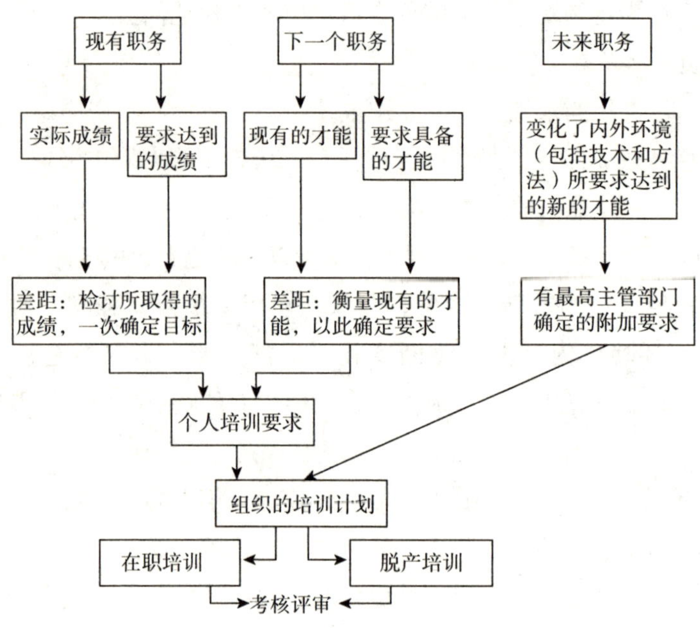

人力资源开发流程

1. 需求分析阶段

需求分析阶段是整个人力资源开发工作的基础，解决为什么要进行人力资源开发和开发的内容与目标是什么的问题，并根据企业实际需求制定相应的人力资源开发目标。

2. 实施项目阶段

实施项目阶段是在评估需求分析阶段之后或者说在需求分析的基础上精心选择恰当的学习原则和培训方法，以及具体实施培训的过程。它解决的是怎样教、怎样学与学的条件和保障的问题。

3. 效果评价阶段

效果评价阶段是在需求分析和实施项目阶段已圆满完成之后进行的。评价阶段主要内容包括以下两项。

（1）确定衡量培训和开发工作成败的一系列指标。

（2）测定经过教育培训后发生的与工作有关的变化。

效果评价阶段是解决人力资源开发项目成果的检验问题。

◎怎么确定人力资源开发方式

人力资源开发的方式与教育培训的方式具有一致性，只不过着眼点不同，以下介绍几种员工开发的方式。

1. 在职开发

在职开发是一种使员工通过实际完成工作任务来进行学习的非正规开发方式。在职开发不是一种真正的开发方式，它只是一种教育培训方式，但它是人力资源开发中使用最多的方式。有了在职开发的学习，在以后将开发所学内容用于实际工作就会减少问题的出现。在职开发的缺点在于，在企业生产任务比较紧张时，受开发者完成生产任务压力太大，会影响开发的效果。

2. 学徒式开发

学徒式开发是将课堂教学与在职开发结合起来的方式。一般在需要手工艺的工作上使用这种开发方式，如管道工、理发师、木匠、机械师和印刷工。在开发中，这些学徒身份的员工收入低于负责指导他们的师傅。开发期所学内容依所需技艺的不同而变化。

3. 模拟式开发

模拟是针对真实情况构造复杂程度可变的培训模型。其范围从简单的机械装置的纸模型到企业整个环境的计算机模拟都有。虽然模拟式开发某些方面的价值不如在职开发，但它也有自己的优点，即一切误操作都不会给企业带来人员伤亡或重大物质损失。

4. 技工学校式培训开发

技工学校培训式开发是在开发生产区域以外的、与实际工作所用的很相似的设备上进行的培训开发。如，一组车床可能被安放在培训中心，接受培训者在该中心学习车床的使用。技工学校培训的主要优点是使员工可以从必须边学习边参加生产的压力下解脱出来。其重点是实际工作中所需的技能。

◎怎么进行人力资源开发分析

为确定组织的人力资源开发需求，就必须进行三个层次的分析：组织分析、工作分析和人员分析。

一、组织分析

组织分析的目的是确定人力资源开发在整个组织范围内的需求。组织分析首先应从组织目标和组织战略出发，分析人力资源开发的组织需求。如果违背则会导致这样的结果，即尽管在人力资源开发上投入了大量的时间和金钱，到头来却徒劳无功。

二、工作分析

工作分析的目的是确定培训与开发的内容，即要想让员工达到令人满意的工作绩效所必须掌握的东西。工作分析需要做的工作有以下 4 项。

（1）系统地收集反映工作特性的数据。

（2）以所收集的数据为依据，制定每个岗位的工作标准。

（3）明确怎样才能达到这些工作标准。

（4）确定有效的工作所需要的知识、技能、才干和其他一些条件。

三、人员分析

人员分析的目的是确定每一个员工完成所承担工作任务的好坏。这一层次的需求分析可以由以下公式来定义。

理想工作绩效－实际工作绩效＝培训开发需求

理想工作绩效可由工作分析阶段确定的绩效标准来表示。个人的工作绩

效数据、上司给员工的考核评分、由员工的工作日记形式保留的绩效记录、态度调查、面谈或测验（职业知识、工作样本、情景模拟）可以提供实际工作绩效的数据。实际工作绩效与理想工作绩效之间的差别可以由培训和开发来缩小和弥补。

人力资源开发需求分析不能到此为止。为了测定人力资源开发的结果以及将来的培训需求，对人力资源开发的需求分析必须形成一种制度，定期进行。这种制度必须保证培训需求始终在三个层次上全面开展：组织层次——确定目标；工作层次——确定需要实现的目标与方法；个人层次——为实现这些目标所需要做的工作。

职务调查表见表 4-1，人力资源状况调查表见表 4-2。

表 4-1　职务调查表

单位		职称	
职务		主要工作	
项目	工作内容	平均每日工作时间	备注（偶发性工作需几天）
1			
2			
3			
4			
5			
6			
7			
8			
9			
10			
11			
12			
13			
14			
15			

表 4-2 人力资源状况调查表

部门	生产计划数（需求工时）	需求人员	现有人员	差数	处理意见
企划部					
管理部					
财务部					
营销部					
技术部					
品管部					
物流部					
生产部					
合计					

第五章　员工绩效考评

◎怎么确定绩效考评的工作原则

一、公平原则

企业的绩效考评标准、考评程序和考评责任都应当有明确的规定，而且在绩效考评中应当严格遵守这些规定。同时，绩效考评标准、程序和对绩效考评责任者的规定应当向全体员工公开。这样才能使员工对绩效考评工作产生信任感，对绩效考评结果抱理解、接受的态度。

二、严格原则

绩效考评严格性包括要有明确的考核评价标准；要有严肃认真的考核评价态度；要有严格的考核评价制度与科学而严格的程序及方法等。

三、单头考评的原则

对各级员工的考评，都必须由被考评者的“直接上级”进行。

单头考评明确了考评责任所在，并且使考评系统与组织指挥系统取得一致，更有利于加强经营组织的指挥机能。即使在多元化的考评主体下面，如 360° 反馈，员工的直接上级仍是具有决定作用的考评者。

四、结果公开原则

绩效考评的结果应对本人公开，这是保证绩效考评民主的重要手段。这样做，一方面，可以使被考评者了解自己的优点和缺点，从而使考评成绩好的人再接再厉，继续保持先进；也可以使考评成绩不好的人心悦诚服，奋起直追。另一方面，还有助于防止绩效考评中可能出现的偏见以及种种误差，以保证绩效考评的公平与合理。

五、结合奖惩原则

依据绩效考评的结果，应根据工作成绩的大小、好坏，有赏有罚，有升有降，而且这种奖惩、升降不仅与精神激励相联系，而且还必须通过工资、奖金等方式同物质利益相联系。这样，才能达到绩效考评的真正目的。

六、客观考评原则

绩效考评应当根据明确规定的考评标准，针对客观考评资料进行评价，尽量避免渗入主观性和感情色彩。

七、反馈原则

绩效考评的结果（评语）一定要反馈给被考评者本人，否则就起不到考评的教育作用。在反馈考评结果的同时，应当向被考评者就评估进行说明解释，肯定成绩和进步，指出不足，提供今后努力的参考意见。

八、差别的原则

绩效考评的等级之间应当有鲜明的差别界限，针对不同的考评评语在工资、晋升、使用等方面应体现明显差别，使考评带有激励性，鼓励员工的上进心。

◎怎么确定绩效考评的基本内容

员工绩效考评的内容就是要解决绩效考评考什么的问题。根据现代心理学与组织行为学的研究成果，决定一个个体的绩效因素可归结为能力、态度、业绩三个方面。它们之间的内在逻辑关系图 5-1。

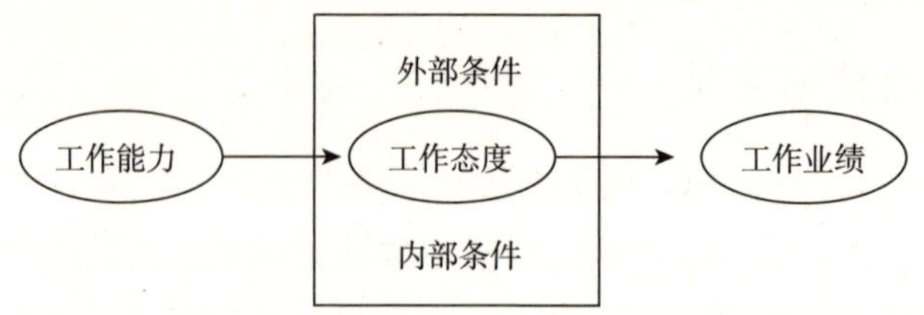

图5-1　能力、态度、业绩的关系

一是工作能力是个体工作业绩的基础和潜在条件，没有工作能力，创造好的业绩几乎不可能。

二是工作态度是影响工作能力发挥的个性因素，当然，影响工作能力的发挥还受内部、外部条件的约束。

三是工作业绩是个体完成工作的最终成果。

通过分析能力、态度与业绩的上述内在关系，可以把工作能力、工作态度与工作业绩作为员工绩效考评的基本内容。

一、工作能力

工作能力包括体能、知识、智能、技能等方面。

（1）体能，取决于年龄、性别和健康状况等因素。在高科技条件下，往往要求劳动者的精神高度集中，反应敏捷，动作迅速，判断准确，同时还要求有持续的耐久力。

（2）知识，包括文化水平、专业知识水平、工作经验等。员工在公司中所表现出来的专业知识水平、工作经验是与他所受的教育分不开的。

（3）智能，包括记忆、分析、综合、判断、创新等能力，即人认识客观事物获得知识并运用知识解决问题的能力。智能水平的变化集中表现在人认识客观事物的深刻、正确和完整程度上；表现在人获取和运用知识解决实际问题的速度与质量上。

（4）技能，包括操作、表达、组织等能力。

此外，按工作能力的层面来划分，工作能力可以划分为以下三个方面，即基础能力、业务能力和素质能力（图5-2）。

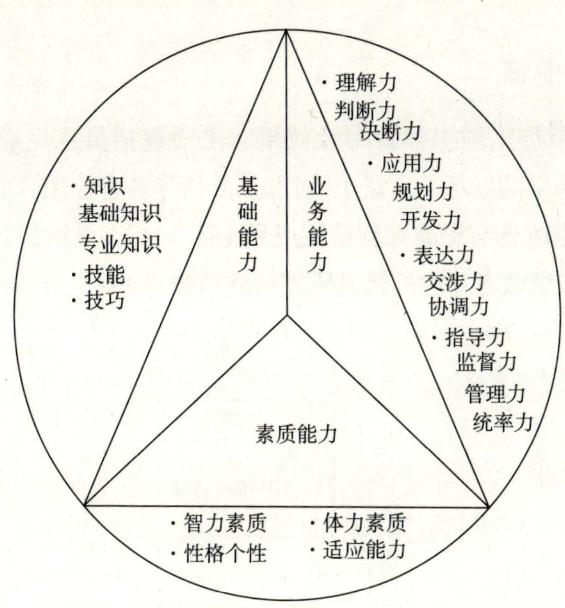

图 5-2 工作能力的构成

二、工作态度

工作态度主要指纪律性、协作性、积极性、主动性、服从性、执行性、责任性、归属性、敬业精神、团队精神、钻研精神、贡献意识、进取精神、开拓精神、使命感、荣誉感、事业心、信誉、忠诚、健康心态、良知与良心等（图 5-3）。

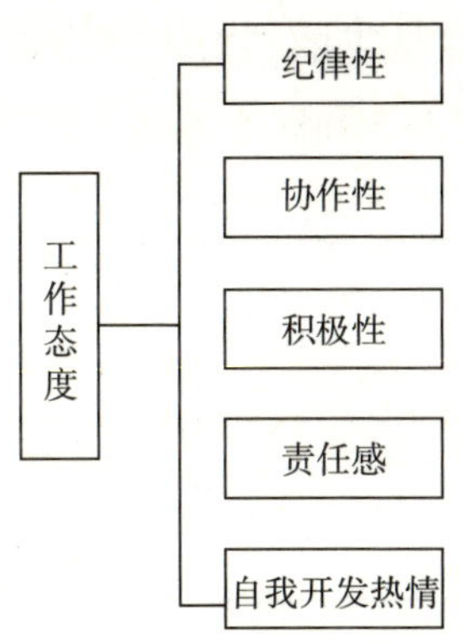

图 5-3 工作态度的构成

三、工作业绩

工作业绩指员工的工作效率及效果。主要包括员工完成工作量的大小（数量）、工作效果的好坏（质量）、对部下的指导教育作用、成本费用以及在本职工作中努力改进与提高等创造性成果（图 5-4）。业绩是公司对员工的最终期望，是员工绩效考评中的最重要的组成部分。

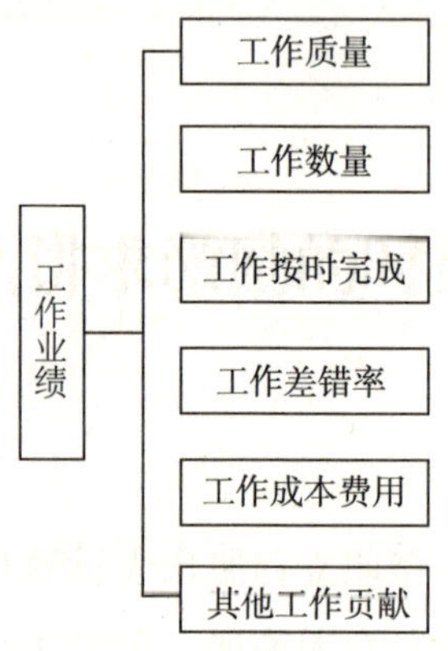

图 5-4 工作业绩构成

四、能力、态度、业绩三者在考评中的意义

由于工作能力、工作态度、工作业绩具有不同的内涵，而且又是互相联系的内在统一体，因此，在员工的绩效考评中具有相当重要的意义与价值，同时还具有各自的特点（图 5-5 和图 5-6）。

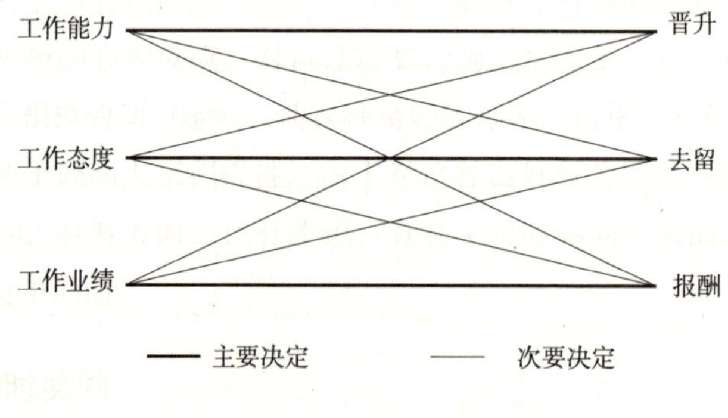

图 5-5 能力、态度、业绩的意义

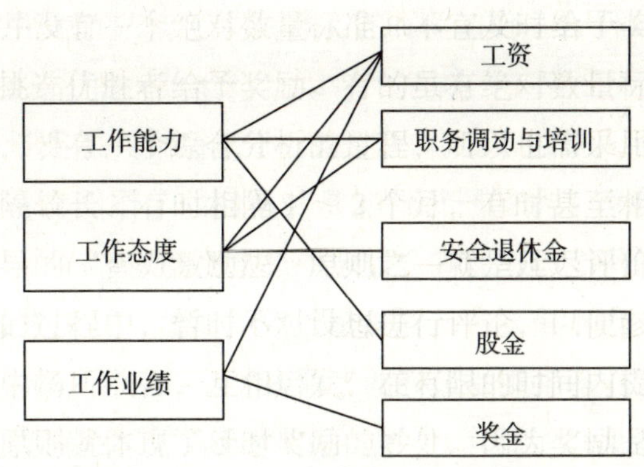

图 5-6 能力、态度、业绩在具体价值分配中的应用

（1）工作能力主要决定晋升。工作能力反映的是员工的基本素质、潜能与适应性的问题。因此，它成为员工晋升的决定条件，也就是说，能力不过关，即使目前业绩再好，也无法提升，因为它不胜任未来的职位。在价值分配中，可以给予股权，让他主动地把自己与企业融入到一起，与企业共发展。

（2）工作态度主要决定去留。工作态度反映的是员工对企业的一种敬业乐业、奉献责任的精神。员工良好的工作态度，也是形成优秀企业文化的要求。因此，可以把工作态度作为决定员工去留的重要依据。在价值分配中，表现为安全退休金、职务调动等的依据。

（3）工作业绩主要决定报酬，尤其是奖励。工作业绩的表现就是工作成果，对企业而言，这也是其最终的要求，为鼓励高业绩，多创造工作成果，就应该给予迅速的反馈，即直接与其奖励挂钩。

此外，根据员工能力、态度、业绩因素在绩效考评中的意义和对于企业价值的创造特点不同，在员工的综合绩效考评中，一般地，可以分配以下的权重（表 5-1）。

表 5-1 能力、态度、业绩在综合评定中一般权重

内容	能力	态度	业绩
权重	20%	10%	70%

由于不同工作性质的特点和考评的复杂程度不同，还应该加以区别对待。

对一些不需要什么工作能力而且工作成果又是显而易见的工作，只需考评业绩就足够了。

一些职能管理人员由于工作的特点，业绩很难具体衡量，而且衡量的难度过大，此外，他们工作的履行情况是与他们的工作能力密切关联的，这样就可以将他们的工作能力作为综合评定中最主要的内容。

此外，一些工作不重要、工作价值不大的岗位，其工作业绩也是抽象的，对他们的评价，工作态度则是最好的考评内容。

总之，对于各岗位具体考评内容的结构及权重把握可以从绩效考评的工作实际出发，依据本岗位的岗位绩效特征和对公司价值的贡献程度，或者依据考评的主要目的（如晋升、提薪、奖金等），来合理确定绩效考评的内容结构与各部分的合理权重（表 5-2）。

表 5-2　企业内考评的种类及其方式

考评种类	考评内容	考评手段和方法	实施时期	考评对象	主要目的
奖金考评	工作态度 业绩	人事考评表	每年数次	全体员工	分配奖金
提薪考评	能力 工作态度 业绩	人事考评表	每年一次或在适当时机进行	全体员工	决定提薪额
职务考评	职务熟练度（技能）	熟练度评定表	每年一次或在适当时机进行	符合评定资历者	提升职务级别（增加职务工资）
调配考察	能力 适应能力	能力评定档案 适应性考察	每年数次根据需要而定	职务调整对象	调整职务
晋升考评	能力 工作态度 业绩 适应能力 人品	晋升推荐书 论文总结审查 面谈答辩 适应性考察 考评档案	每年数次根据需要而定	符合晋升资历，受到推荐的晋升对象	确定晋升与否

◎怎么确定绩效考评指标

绩效考评指标以绩效考评的基本内容为基础而确定。有效的绩效考评指标是绩效考评取得成功的保证，因此也成为建立绩效考评体系的中心环节。

一、绩效考评指标设计的基本原则

第一，绩效考评指标的目标原则是简单、明确、清晰。每项指标的具体目标或目的，控制点或程度等，如财务指标，利润率或成本比例、能耗水平和物耗水平等，都应当是明确的、清楚的。

第二，时刻坚持和灵活处理绩效考评指标的有效性原则，不能提倡“指标越多越客观”或“定量指标比定性指标更客观”等意见，应该提倡用最少的指标控制最大的绩效结果的成本—收益原则。

第三，在素质指标、基本技能指标、管理技能指标、发展潜力指标之间寻求基本的平衡点，以求简化绩效考评体系。

第四，在量化指标、定性指标之间寻求基本的平衡，避免量化指标与定性指标之间严重失衡而被反对者找到攻击的借口。在绩效考评中，是定量指标好还是定性指标好，没有绝对的答案。

第五，绩效考评指标之间保持内在的相关性和一定的互补性。在设计绩效考评指标时，设计指标的目的明确，使指标之间可以相互对应，或者一一对应。比如，不上交矛盾的意愿与及时有效的沟通意愿及能力两个指标属于互补性指标。

第六，重视绩效考评指标及其结构的“本土化”问题。在绩效考评指标设计中，要针对不同的企业、不同的发展时期，建立不同的指标考评体系。

二、绩效考评指标确立的基本步骤

1. 工作分析

根据工作分析提供的与工作有关的信息，一方面可以分析出任职者的一些主要任职资格，另一方面可以把工作目的、职责、任务等转化成关键绩效指标。

2. 工作流程分析

根据被考评者在流程中承担的角色、责任以及同上游、下游之间的关系，来确定其衡量工作的绩效指标。此外，如果流程存在问题还应对流程进行优化或重组。

3. 绩效特征分析

可以使用图标标出各指标要素的绩效特征，按需要考评程度分档，如可以按照“非考评不可”“非常需要考评”“需要考评”“需要考评程度低”“几乎不需要考评”5档对上述指标要素进行评估，然后根据少而精的原则按照不同的权重进行选取。

4. 理论验证

依据绩效考评的基本原理与原则，对所设计的绩效考评要素指标进行验证，保证其能有效可靠地反映被考评对象的绩效特征和考评目的要求。

5. 要素调查，确定指标

根据上述步骤所初步确定的要素，可以运用多种灵活方法进行要素调查，最后确定绩效考评指标体系。

在进行要素调查和指标体系的确定时，往往将几种方法结合起来使用，使指标体系更加准确、完善、可靠。

6. 修订

为了使确定好的考评指标更趋合理，还应对其进行修订。

修订分为两种：一种是考评前修订，通过专家调查法，将所确定的考评指标提交领导、专家会议及咨询顾问，征求意见，修改、补充、完善绩效考评指标体系；另一种是考评后修订，根据考评及考评结果应用之后的效果等情况进行修订，使考评指标体系更加理想和完善。

三、绩效考评指标的设计方法

1. 绩效指标图示法

绩效指标图示法就是将某类人员的绩效特征，用图表描绘出来，然后加以分析研究，确定需考评的绩效指标。这种方法一般将某类人员的绩效指标按需要考评程度分档，然后根据少而精的原则进行选取。分档可以是三档（即非考评不可、非常需要考评、需要考评），也可以是五档（即非考评不可、非常需要考评、需要考评、需要考评程度低、几乎不需要考评等）。

2. 问卷调查法

这种方法是设计者以一种书面形式，将项目和问题表示出来，分发给有关人员填写，收集、征求不同人员意见的一种方法。问卷调查法的程序包括以下六步。

第一步，根据绩效考评目的要求、考评对象工作内容与绩效特征等情况，确定应调查的绩效考评指标。

第二步，给每个调查指标一个定义，以明确它的内涵和外延。

第三步，根据调查的目的和单位的具体情况，确定问卷采用的形式、调查对象、范围和方法。

第四步，编制调查问卷。将需要调查的内容，以一定的格式编制成问卷。这一步是很重要的。对于调查问卷中所提的问题、问题的回答方式、答题次序等都要慎重考虑。对于其中所提的问题要注意：在一个问题中不要包含两个或两个以上的问题，提问的措辞要认真推敲，要防止诱导。对于回答问题的方式有封闭式和开放式。两者各有优点，可根根需要选择。在回答问题的次序上可按逻辑性、先易后难的顺序回答。

第五步，分发问卷。通过一定的渠道分发问卷给调查者，选择的渠道应是可靠的。

第六步，回收问卷，进行统计分析，处理调查结果。

通过上述步骤，最后得出切实可行、有效的绩效考评指标体系。绩效考评指标与要点见表 5-3，考评指标要素构成见表 5-4。

表 5-3 绩效考评指标体系

指标＼内容	考核要点	
业绩考评	工作的正确性	工作是否仔细认真（有浪费、不匀、勉强） 所完成的工作内容是否有预期效果 工作完成后，文件是否妥为整理保管
	工作的速度	在所指定的时间内，工作完成程度如何 工作完成情形如何（指速度与正确性的关系，定额的完成情况） 工作的程序与准备是否有浪费、不匀、勉强的地方 是否因为重做而有所延误
	对指标的理解	能否迅速正确地把握指标的重点及问题，在工作上的利用如何 对问题能否积极发问并加深理解 对突发事件能否采取应变措施，处理的内容是否合乎上司的意思 是否擅自主张太多而引出了麻烦 是否因草率的断定引起失败的事实（确认） 是否忘记指标的内容（备忘录）
能力考核	知识、技能	是否具备所担当职务的一般知识 是否具备执行职务工作所必需的专业知识 对判断的一般知识、看法、常识、教育程度如何 能否把知识充分地运用在对复杂而困难的问题的处理上 对工作是否向往 被问到问题时，是否会有措手不及的现象 对本公司的产品是否具备一般的知识 是否时常提出新构想
	理解与执行	能否正确地了解本身的职务内容或上司的指示 能否正确地把握本身职务所扮演的角色 能否正确地掌握问题所在、事物的相互联系并加以整理、分析，适时地做出适当的结论或相应的对策 对平时不太熟悉的工作是否也能根据经验或稍加努力即能予以圆满地完成

续表

内容 指标	考核要点	
能力考核	判断与监督	能否根据既有的知识、事例、经验，洞察未来或对未知事项做全盘性的判断 是否做出过草率的判断或采取过不当的措施 是否把主管的违纪行为向上级反映
态度考评	积极性	对改善现状，是否具有高昂的意志与热情 是否有心甘情愿的工作态度 是否积极地学习业务工作上所需要的知识 是否坚持到底不畏挫折
	协作性	是否坚持立场，促成团结与合作 是否有阳奉阴违的行为 是否与他人做无谓的争执 对后进者是否耐心教导 是否乐意协助他人工作
	责任心	是否能认清自己在组织中的立场与角色，对此负责到底 自己的工作是否不必令别人操心 是否不必一一指示监督，也能明确、迅速地工作 对工作是否负责，是否逃避责任或找借口辩解 对上司有否敷衍现象
态度考评	纪律性	是否能遵守工作规则、标准以及其他规定 在时间或物质上有无公私不分现象 有否以不实的理由请假或迟到 有否唆使他人破坏规定 服装有否不整、态度有无不礼貌现象

表 5–4 考评指标要素构成

考评指标要素		有关内容		
固有能力	积蓄能力	知识	业务知识	专业知识、管理知识、社会知识
		熟练程度	技能	经验、技术
			工作速度	效率、及时性
			正确性	准确性、安全、质量
		体力	健康状况	良好、亚健康
	实践能力	监督能力	指导性	统率、教育、控制的能力
			公正性	检查、反省、评价的能力
			调节力	执行、处理的能力
		智能	忍耐力	持久、自控的能力
			注意力	精神集中程度
			创意力	思维能力、开发能力
			判断力	决策、概括能力和敏感性
			表现力	口头、文字表达能力
			交涉力	社交、接待、说明能力
			计划力	分析、推理、综合能力
			理解力	应用能力
		责任	履行职责	责任感
			保守秘密	诚实性、忠实性
			维持信用	信念、爱心
发挥能力	工作态度	协调性		善于处理自己与集体、他人关系的行动
		责任心		对本职工作负责，对工作、对人具有责任感
		适应性		协调性、反省性、上进心
		积极性		工作热情，向更多工作量挑战，合理化建议
		纪律性		遵守规章制度，执行上级指导
		效果		工作质量和数量
		贡献		工作成绩、创造的价值

◎怎么建立绩效考评标准

不管比较产品、流程还是产出水平、业绩，都要寻找尺度来保证这种比较是有意义的，这就是建立绩效考评标准的目的和前提。

一、了解绩效考评标准的种类

不同类型的企业、不同的岗位绩效特征以及不同的绩效考评指标，对于定义绩效考评标准的依据会有所不同，但可以归纳为以下 4 类。

（1）竞争性分析——对竞争者活动的系统分析，以帮助自己提高业绩。

（2）最佳运作——寻找与企业经营方式相关的最佳运作模式作为目标。

（3）绩效比较——评估公司和各部门业绩的方法。

（4）标准设定——对建立恰当的、有伸缩性的绩效标准提供指导的方法。

在设定绩效指标时，通常需要考虑两类标准：基本标准与卓越标准。

基本标准是指对某个被考评对象而言期望达到的水平。这种标准是每个被考评对象经过努力都能够达到的水平。基本标准的作用主要是用于判断被考评者的绩效是否能够满足基本的要求。考评的结果主要用于决定一些非激励性的人事待遇，如基本的绩效工资等。

卓越标准是指对被评估对象未做要求和期望但是可以达到的绩效水平。

由于卓越标准不是人人都能达到的，因此，卓越标准主要是为了识别角色榜样。对卓越标准评估的结果可以决定一些激励性的人事待遇，比如，额外的奖金、分红、职位的晋升等。

二、定义绩效考评标准的原则

1. 定量要准确

标准能用数量表示时应尽可能使用数量表示。

标准的定量必须准确。定量准确包括三个方面：一是各标准评定的起止水平应是合理确定的；二是各标准的含义，相互间的差距应是明确合理的，评分应是等距的；三是选择的等级档次数量要合理。

2. 内容要先进合理

所谓先进是指绩效考评标准要反映企业的科学技术水平、管理水平，不至于使员工的每项要素都达到满分。所谓合理，是指绩效考评标准不能太严，使员工的考评分数都很低，但又不能过于宽松，否则无法区分绩效优劣。一般情况下，应以多数员工都能达到的水平为考评的及格分。

三、了解绩效考评标准的形式

绩效考评标准一般可采用以下两种定义形式：一种是综合等级标准；另一种是分解提问标准。

1. 综合等级标准

综合等级标准是把反映绩效考评要素内涵及外延等诸方面的特征进行综合，并根据综合结果按照反映绩效考评要素综合结果的不同程度的排序进行等级划分，并指派一定的值。在考评时，考评者可根据考评指标要素，参照等级划分标准，来确定被考评者在某个指标要素上所处的等级位置。

编制综合等级标准时，首先应明确各指标要素所具有的特征，然后把这些特征收入到每一等级档次中，确定这些特征在各个等级中的具体体现，并将每个具体体现用文字描绘出来，就成为这个等级档次的标准。表5-5所示为综合等级标准参照格式。

表5-5　综合等级标准参照格式

序号	指标定义	考评标准	考评参照标准内容				
			Z_1	Z_2	…	Z_{n-1}	Z_n
1							
2							
…							
C_i							
C							

注 序号C表示C个考评指标，Z_1，Z_2，Z_{n-1}表示每个考评指标级别的标号。n代表第n等级。表示$Z_1, Z_2, \cdots, Zn$的表现形式可分为优、良、中、可、差，或A、B、C、D、E等。

2. 分解提问标准

分解提问标准把反映考评要素指标内涵和外延等诸方面的特征独立并列。对独立并列的特征以一定的方式进行提问，根据提问的内容，提供对每一问题不同程度的回答。

编制分解提问标准时，在明确了解各要素的行为特征以后，以行为特征为指标，选择确切的描述进行提问。问题的内容应尽可能具体，接近于客观实际和日常工作，尽可能隐含所要考评的要素指标。问题明确后，再根据问题编制评定标准。分解提问标准的一般格式见表5-6，良好绩效标准的要求见表5-7。

表5-6 分解提问标准参照格式

题号	问题内容	参考答案				
		P_1	P_2	…	P_{k-1}	P_k
1						
2						
…						
n_i						
n						

注 题号n表示n个问题，P_1，P_2，…，P_{k-1}表示每个问题提供的不同程度（等级）回答的标号，k表示k级。

表5-7 良好绩效标准的要求

标 准	内 容
衡量可靠	以客观的方式衡量行为和结果
内容有效	同工作绩效活动合理地联系起来
定义具体	包括所有可识别的行为和结果
独立	重要的行为和结果应该包含在一个全面的标准之中

续表

标　准	内　容
非重叠	标准不应重叠
全面	不应忽略不重要的行为或结果
易懂	应以易于理解的方式对标准加以解释和命名
一致	标准应与组织的目标和文化一致
更新	应根据组织的变化而定期对标准进行审查

四、制定绩效考评标准

要有效制定绩效考评标准，就必须搞清楚“谁来制定”“制定多少项”及“怎么制定”的问题。

1. 谁来制定绩效考评标准

绩效考评标准应由被考评的部门或个人，事先与人力资源经理和部门主管共同讨论后制定，并同意此项绩效考评标准，以此作为管理和执行的依据。这样做有两个目的：一是希望借助员工的参与来激励他们达成，甚至超过标准；二是协助制定考评标准可以使员工有较多的承诺。所以，绩效考评标准的制定由主管和部属参与完成，较为妥当。

2. 绩效考评标准应制定多少项

绩效考评标准该有多少项，在合理性上并无定数可以依循，多项考评标准对担任考评的主管来说，只要不太烦琐就行，将有助于全面掌握部属的优缺点，而对部属来说，也能较全面了解主管的要求。总之，“恰当”和“实效”，可以说是主管和部属决定绩效考评标准时应该把握的原则。

3. 怎么来制定绩效考评标准

制定绩效考评标准可以参考如图5-7所示的模式，在该模式中，给出了根据工作行为、任务绩效以及组织成果方面的指标概念来制定相应标准的一个基本模式。具体而言，应从执行该工作职位本身的各项要素出发。

此外，还要注意一个问题，就是非量化标准的实际操作问题。由于绩效考评指标有定量指标与定性指标，所以绩效考评标准也就包括了量化绩效考评标准和非量化绩效考评标准。量化标准是比较容易评价的，而且客观性也较强。而对于非量化标准，在考评过程中就容易出现主观随意性，考评结果可能会受到考评人员的价值观、知识水平、经验丰富程度和资料占有多寡，以及考评人员与考评对象的关联等因素的影响，使考评结果有丧失客观、公正的可能性。因此，在设定非量化考评标准时一定要设计一些详细的应用操作指南、技术规范指导及考评参考标准，力求增加考评标准的客观性与可操作性。

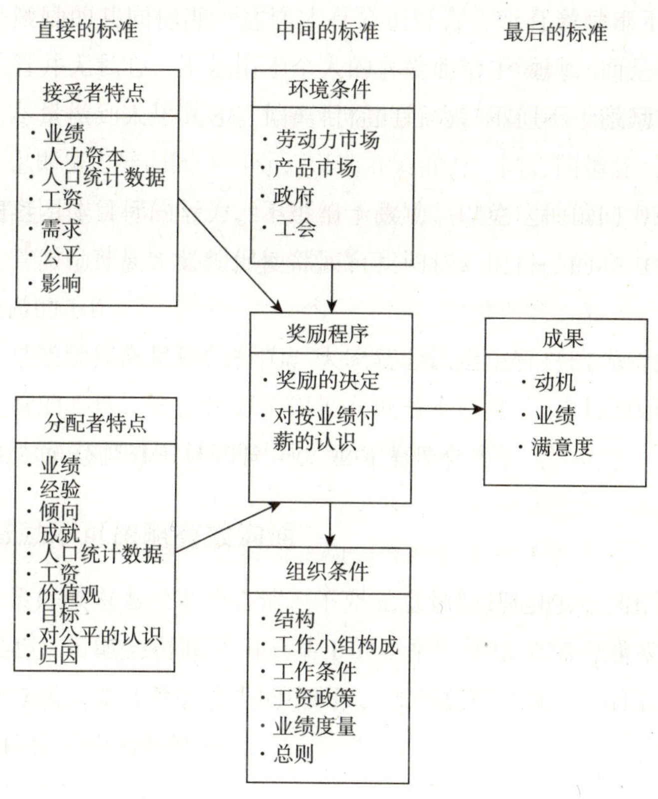

图 5-7　处理绩效考评标准问题模式

五、设计业绩考评规程

考评规程，是制度性“规范”“规则”和“程序”，即通过制度，把考评的目的、考评的内容、考评的方式和方法、考评原则、考评过程与程序以及考评的标准和考评结果的运用等，采用明文规定形式予以确定。

业绩考评规程的规范条文如下。

第一章　总则

第一条　目的

人事考评制度（以下称“制度”）的目的是以职能职务等级制度为基础，通过对员工的能力、成绩和干劲的正确评价，进而积极地利用调动、调配、晋升、特殊报酬以及教育培训等手段，提高每个员工的能力、素质和士气，纠正人事关系上的偏差。

第二条　适用范围

这一制度适用于被职能职务等级制度确定下来的员工。

第三条　种类

业绩考评（以下称“考评”）按考评的目的进行分类实施，主要分为确认晋升资格、核查提薪资格、核查奖励资格与能力开发等考评。

第四条　考评内容的构成

考评由成绩考评、能力考评以及态度考评三方面构成。

第五条　考评者

（1）考评者原则上是被考评者的顶头上司，考评者又分为“第一次考评者”和“第二次考评者”。

（2）考评者与被考评者接触时间因工作调动、变迁而不足考评所规定的期限时，按下列规定处理。

①如果是奖励资格认定，不满（　）个月时，按前任考评人员的意见行事。

②如果是提薪或晋升资格认定，不满（　）个月时，按前任考评人员的意见行事。

第六条　被考评者

被考评者是指适用于职能职务等级制度的所有员工。但下列人员除外。

（1）如果是奖励资格认定方面的考评，考评期限不满（　）个月者，以及退休人员，不在被考评者之列。

（2）如果是晋升、提薪方面的考评，考评期限不满（　）个月者，以及退休人员，不在被考评者之列。

第七条　调整及审查委员会

考评结果原则上不予调整，只有被认为有必要保持整个企业平衡时，才设立审查委员会，进行审查和调整。

在这种情况下，由人事经理对一般员工、中间管理层人员的考评工作做出最后裁决；由负责人事工作的经理结合高层管理者的考评，做出最后裁决。

即使如此，奖励方面的考评工作，一般不予调整。

第八条　考评方式

考评依据绝对评价准则，进行分析测评。

但是，在提薪考评方面，附加自我评价环节，以便自我认识、自我反省。

第九条　考评层次

考评依据“行为选择”“要素选择”和“档次选择”三个层次进行。

第十条　面谈、对话

考评者在考评期间，必须就工作成果（完成程度）、工作能力（知识、技能和经验的掌握程度），以及工作的进取精神（干劲和态度的好坏程度）等方面内容，与被考评者交换意见，相互沟通，以便彼此确认，相互认可。

第十一条　考评结果的反馈

有必要把考评结果通过被考评者的顶头上司，通知直接被考评者本人，并做出说明。

第十二条　考评表的分类

首先按一般职务分为1～4级，中层管理职务分为5～7级，高层管理职务和专门职务分为8～10级来划分等级层次；进而按等级层次，考评奖励、提薪和晋升资格。

第十三条　考评期限

考评期与实施期参阅下表。

目的		考评期间		考评开始	考评结束	备注
晋升		1月1日～12月31日	1年	1月16日	2月20日	
提薪		1月1日～12月31日	1年	1月16日	2月20日	
奖励	夏	11月16日～5月15日	6个月	5月20日	6月20日	
	冬	5月16日～11月15日	6个月	11月20日	12月10日	

第二章　成绩考评

第十四条　成绩考评

所谓成绩考评是对每个员工在担当本职工作、完成任务中所发挥出来的能力进行测评。

第十五条　成绩考评的要素

成绩考评要素，是由工作执行情况（正确性、完善程度、速度、工作改进和改善情况）以及指导教育工作情况等构成。

第三章　能力考评

第十六条　能力考评

能力考评，就是对具体职务所需要的基本能力以及经验性能力进行测评。

第十七条　能力考评要素

能力考评的构成要素是担当职务所需要的基本能力，即知识、技术和技能，以及从工作中表现出来的理解力、判断力、创造力、计划力、表现力、折中力、指导和监督力、管理和统帅力等经验性能力。

第四章　态度考评

第十八条　态度考评意义

态度考评，担负着成绩考评与能力考评的桥梁作用，是对工作态度和热情以及姿态所做的测评。

第十九条　态度考评要素

态度考评要素，是由工作积极性、责任感、热情以及与其他部门的协作态度、遵纪守法等方面构成的。

第五章　考评者训练

第二十条　训练考评者

为了使考评者能够公正合理地进行考评，提高考评者的监督管理能力，考评者必须接受企业内的训练。

第二十一条　训练后的素质

（1）考评者必须认识到考评工作是自己的重要职责，并努力在履行职责中陶冶自己的人格，提高自己的素质，致力于发挥每个人的能力。

（2）为了使考评工作公开而严格，考评者必须特别留心以下几点。

①不徇私情，力求评价严谨公道。

②不轻信偏听，注重对被考评者实际工作的观察和评判。

③对被考评者在考评期限之外所取得的结果、能力、干劲和态度不进行

评价。

④以工作中的具体事实为依据，而不是根据其档案资料（学历、工龄、年龄、性别等）进行评价。

⑤对考评结果，进行总体综合修正，以消除以偏概全倾向、逻辑推断倾向、宽容倾向、过分集中倾向、极端倾向以及人为假象，避免偏颇与失误。

⑥注意避免凭总体印象，夸大或缩小被考评者的成果、态度以及工作中表现出来的能力。

第六章　考评结果的应用

第二十二条　考评结果的应用

考评结果，作为人事管理工作的可靠资料，用于提薪、奖励、晋升、教育培训、调动和调配等人事待遇的依据。

第二十三条　考评结果存档

考评结果，以“人事·教育卡”的形式存入档案，正本由人事管理部门的负责人保管，复印副本，由各个部门的负责人保管。

第七章　其他

第二十四条　裁决权限

本规程的修改与废止，由主管人事的经理最终裁决。

第二十五条　实施日期

本规程自×年×月×日起实施。

◎怎么进行绩效考评工作

一、确定绩效考评目标

绩效考评过程的重要部分就是检测员工达到其工作目标的程度。因此，绩效考评目标是进行考核评价的基本依据。

二、建立工作期望

在建立了特定的绩效考评目标之后，执行这些绩效目标的员工最关心的可能就是他们在完成目标后能得到什么，主管也必须明白这些员工在达成任务中希望得到什么。建立起彼此的工作期望，也就形成了企业、主管与员工的良好承诺，这种承诺对于绩效目标的最终实现是非常有意义的，对主管来说也是一种最重要的员工关系任务。

建立工作期望有两种形式：一种是正式的方式，主管与员工签订正式的绩效协议；另一种是非正式的方式，主管与员工达成心理上的默契。

三、绩效考评工作过程

管理绩效工作过程就是考评者（主管）对被考评者（下属）的工作过程进行管理，对被考评者的工作进行指导、支持、协调、约束与激励，并观察、记录其积极或消极的事实与行为。被考评者对自己的工作过程进行自我管理，在考评者的帮助下，积极努力地工作。管理绩效工作过程可以说是对主管的最严峻的挑战，主管的管理能力与管理才华也就在这一部分得到最大的展现。

主管在管理绩效工作过程中主要发挥以下作用：准备绩效考评工具；持续地组织、发展及建立工作团队；绩效的持续审查与反馈；有效的资源配置与提供支持。

四、绩效考评工作评价

考核评价是将员工绩效工作目标的达成情况与原定绩效目标进行对照，并做出绩效目标达成程度判断的过程。客观、公正、公平是考核评价最基本的原则与要求。

五、绩效改进辅导

绩效考评政策是对员工的工作进行评价的标准，既是对员工的薪酬、晋升、去留提供制度性依据，同时又是推动员工绩效改进、能力发展的动力。绩效考评不是把员工置于公司的对立面，而是让员工通过工作建立起自尊，

让员工随着企业的发展而发展。这就要求考评者不仅是一个裁判，同时更重要的也是一个教练。因此，推进绩效的持续改进，是绩效考评的落脚点。而通过业绩辅导，有效进行绩效改进就成为企业人力资源经理和每一位主管的责任。

作为绩效考评中不可分割的一部分，绩效改进是提升企业组织及员工业绩的重要环节，也是企业倡导“以人为本”，促进员工人力资本增值的一种现代管理方式。

1. 直面员工

每个员工都有优点都有需要改进的地方。主管首先要发掘出下属的优点。此外，业绩辅导重在绩效，而非人格，唯有与绩效有关联的品格才值得一提。

（1）做导师。做导师意味着主管必须要率先垂范，身体力行。这样才能赢得部属的爱戴。

（2）培训。业绩辅导离不开培训，人力资源经理和部门主管要做好全面的培训规划与设计，并做好培训效果的评估，保证培训达到预期目标。

2. 职业辅导

帮助员工进行职业生涯规划，把员工自身发展的需求变为不断提高绩效的动力。

◎怎么进行绩效考评面谈

一、绩效考评面谈原则

绩效考评面谈可能是绩效考评中最需要技巧与艺术的地方，也是绩效考评中最难的工作之一。不少主管不愿意与部属交流太多，认为这样太浪费时间，其实绩效考评面谈是主管工作内容的一个重要部分。

绩效考评面谈是考评者与被考评者一起对被考评者的工作进行回顾总结，对成绩进行肯定并给予鼓励，对存在的问题共同制订计划加以改进的一种方法。

1. 考评面谈的种类及其目的

考评面谈有三种基本的形式，每一种形式都有其自身的目的，参见表5-8。

表5-8 考评面谈的种类与目的

序号	考评面谈的种类	考评面谈的目的
1	工作成绩和表现令人满意——被考评者是可以提拔重用的	制订被考评者的发展计划
2	工作成绩和表现令人满意——没有提升的可能	保持成绩
3	工作成绩和表现令人不满——可以改进（通过培训教育，有改正的可能）	改正不足，提高工作效果

2. 考评面谈的准备

为了使面谈进行得更顺利、更成功，考评者在面谈前要做好以下几个方面的准备。

（1）收集一切必要的资料。

（2）通知被考评者。

（3）选择适当的时间和地点。

（4）准备一份设计完善的考评面谈表。

表5-9是以提升为考评目的的考评面谈内容，可供参考。

表5-9 考评面谈表

<table>
<tr><td colspan="7">姓名______　岗　位______　部　门______
职位______　受雇日期______　考评日______</td></tr>
<tr><td colspan="2" rowspan="2">考评内容</td><td colspan="4">考评等级</td><td rowspan="2">进步情况</td></tr>
<tr><td>优</td><td>良</td><td>中</td><td>差</td></tr>
<tr><td rowspan="8">一般员工</td><td>知识</td><td></td><td></td><td></td><td></td><td></td></tr>
<tr><td>技能</td><td></td><td></td><td></td><td></td><td></td></tr>
<tr><td>知识应用能力</td><td></td><td></td><td></td><td></td><td></td></tr>
<tr><td>对工作的理解</td><td></td><td></td><td></td><td></td><td></td></tr>
<tr><td>工作态度</td><td></td><td></td><td></td><td></td><td></td></tr>
<tr><td>独立工作能力</td><td></td><td></td><td></td><td></td><td></td></tr>
<tr><td>工作质量</td><td></td><td></td><td></td><td></td><td></td></tr>
<tr><td>人际关系能力</td><td></td><td></td><td></td><td></td><td></td></tr>
</table>

续表

考评内容		考评等级				进步情况
		优	良	中	差	
一般员工	适应能力					
	创造能力					
	工作奉献精神					
管理者外加	学习能力					
	口头表达能力					
	书面表达能力					
	计划组织能力					
	领导能力					
说明	1. 此人可以提升吗？ □可以 □不可以。 如果可以，请说明哪一工作岗位最适合他？他有哪些潜能？ 2. 为了适应提升后的工作，应给予哪些培训？采取哪些措施？ 3. 你是否与他人讨论过此决定？ □有 □没有					

3. 考评面谈 10 原则

（1）建立并维护彼此的信赖。

（2）清楚地说明面谈的目的。

（3）鼓励部属说话。

（4）倾听而不要打岔。

（5）避免对立与冲突。

（6）集中在绩效，而不在个人性格。

（7）集中于未来而非过去。

（8）优点与缺点并重。

（9）该结束时立刻停止。

（10）以积极的方式结束面谈。

二、绩效考评面谈技巧

1. 面谈准备要充分

主管在面谈前应做好两方面的准备：一是心理准备，要事先了解部属的性格特点，工作状况，充分估计到部属在面谈中可能表现出来的情绪和行为，准备可能的应对策略；二是数据、资料准备，如工作业绩、计划总结、管理台账等。在面谈前，主管对有关资料谙熟于胸，用科学的数据、事实来证明自己的观点，员工也同样如此，这样上下级的分歧就会较小。这就需要建立管理台账，及时记录员工的行为表现，对员工的计划、总结、报告也要及时批示评点，这样面谈的时候才能言之有物，也避免了对部属工作不了解、打分难，提不出意见的窘况。另外，通过轻松的话题来营造融洽的气氛，面谈开始后就把面谈程序、目的和原则讲清楚，也是不可或缺的环节。

2. 双向沟通，多问少讲

面谈是一种双向沟通的过程，发号施令的主管很难实现从上司到“帮助者”“伙伴”的角色转换，应该给员工充分的表达机会，才能有效地了解员工的问题和想法。首先要感谢员工这一阶段的工作贡献，引导员工说出工作中的酸甜苦辣，对问题的看法分析等，让员工自己思考和解决问题，表达心声。对有歧义的地方，要让员工陈述和解释。

主管要善于发现员工的闪光点，分享员工的经验。尤其对绩效不佳的员工，也要表扬其好的一面，树立员工的信心，让其再接再厉，把工作做好。同时，主管给员工的反馈要尽量具体，无论批评还是表扬，都针对员工的具体行为或事实反馈，避免“你的态度很不好”或是“你的工作做得不错”这类空泛的陈述。另外，模棱两可的反馈不仅起不到激励效果，反而易使员工产生不确定感。

3. 问题诊断与辅导并重

一旦发现员工绩效低下，双方要立刻查找原因。是组织因素还是个人因素，是目标制订得不合理，还是人员能力、态度有问题。如果是客观原因造成员工绩效下降，主管要及时协调各方面的关系和资源去排除障碍。诊断辅导的过程就是让员工树立主管就在他的身边，在他前进的过程中会随时得到主管的帮助的认识。这样就不会有抱怨连连的现象发生。

诊断辅导过程中对事不对人的原则一定要牢记，只能说员工工作中存在的问题，不能涉及人格问题。最好不要拿他与其他员工做比较，而是与他的过去相比。当员工犯了某种错误或做了不恰当的事情时，主管应避免用评价性标签，如“没能力”“真差劲”等，而应当客观陈述事实和自己的感受。

4. 不仅谈论过去，更要发展未来

绩效管理是一个往复不断的循环，一个周期的结束，同时也是下一个周期的开始。因此，在对人员绩效进行评价和回顾后，还要帮助员工找准路线，认清下一阶段的目标。主管与员工合作，对下一周期的工作重点、绩效的衡量标准、主管提供的帮助、可能的障碍及解决方法等一系列问题进行探讨并达成共识。最好的方法是让员工自己提出目标和解决方案，主管作为支撑者，帮助他解决其中的疑难。这样绩效面谈就能获得最佳结果：无论员工来的时候是什么心态，结束的时候心情都是愉快的，并且干劲十足。

5. 面谈沟通是一个持续的过程

考核和面谈只有几天的时间，但绩效沟通贯穿于工作的全过程。绩效管理的核心就在于通过持续动态的沟通而真正提高个人和组织绩效。不懂沟通的主管不可能拥有一个高效的团队。主管与员工在目标实施过程中随时保持联系，及时排除遇到的问题和障碍的考核结果也不会出乎意料，因为在平时的沟通中，员工就已经在自己的工作方面与主管基本达成了共识，因此，绩效面谈也就变成了对平时讨论的一次复核和总结。

◎怎么进行绩效辅导

绩效辅导是绩效管理的关键环节之一。绩效辅导决定着绩效计划能否得到完整的落实，决定着员工的绩效水平能否在绩效过程中得到提高，也关系到管理者是否有足够的素材开展绩效评估工作。绩效辅导通过对员工绩效过程中的行为进行辅导、绩效相关问题进行沟通，帮助员工扫除实现绩效目标的障碍，找到实现绩效计划的捷径，帮助员工不断超越绩效目标。绩效辅导阶段主要包括以下工作。

1. 落实绩效改善计划

落实绩效改善计划是指在上一绩效周期中，根据对员工的绩效评估结果所制订的绩效改善计划必须在本绩效周期内得到落实。绩效改善计划已经明确了员工需要改进的内容、改进的进度与责任人。主管作为员工绩效改善计划的责任人必须对员工的行为、知识、能力等影响绩效的主观因素的改善负起责任。

2. 收集绩效信息

首先要明确什么是绩效信息，所谓绩效信息就是员工在完成绩效目标过程中的行为与结果信息，这些信息的主体是员工，且这些信息对员工的绩效成果造成直接影响。简单地说，就是员工在特定绩效周期内的过程表现与成果表现。收集绩效信息的价值在于为下阶段的绩效评估提供事实依据，洞悉产生绩效差异的原因，分析对绩效成果产生客观影响的各种因素等。通过绩效信息的收集与分析，主管人员可以发现员工的素质缺陷，以便帮助员工有计划地提升其素质；员工可以客观地认识自我，明确未来努力的方向；为绩效评估提供事实依据，而不是依赖主管或其他评估者的主观臆断。

3. 绩效沟通

虽然在绩效计划阶段，主管与员工进行了深入的双向沟通，双方对未来可能遭遇的问题进行分析和预测，但企业运营的过程是动态过程，存在很多无法确定、无法控制的因素。特别是在激烈的市场竞争中，经营环境瞬息万变。主管与员工在绩效辅导阶段建立定期或不定期的信息沟通机制是必然的选择。主管与员工应该就绩效计划目标进行回顾，对绩效计划执行过程中出现的问题进行分析，对员工需要主管支持的工作进行讨论与明确，主管对员工阶段工作或关键任务过程中的表现进行反馈与指导，同时对下阶段的工作进行布署。

◎怎么进行考评工作的改善

考评工作中经常会遇到以下问题。

（1）缺乏标准。没有考评标准，评估的结果就失去了其客观性，考评只能根据其主观臆断或感觉去进行。这样的考评不可能是有效的。

（2）不恰当的或主观的标准。考评标准的设立，应该是在对工作进行分析的基础上产生的。这一标准必须与工作相关。

（3）不现实的标准。考评的根本目的在于改进今后的工作，所以对考评标准的设置必须适当，不能过高，避免使众人可望而不可即；也不能太低，使人人都安于现状。考评标准的设立应以能激励人们向上为目标。因此，这些标准应该是合理且有挑战性的。

（4）对工作行为的检测不当。为了增加考评结果的客观性和有效性，一些考评的项目必须有可比性，即把考评标准或成绩量化，以数据说话。对一些抽象的标准也尽量在质上有明确的规定。

（5）评估者的错误。评估者的错误包括评估者的偏见或偏爱、晕轮效应、中心化倾向（不愿做“最好”“最差”的判断）、对质的压力、观察性误差等。

（6）对员工的反馈不够。考评的标准或考评的方法必须通知员工，目的是使工作行为的评估更有效，切忌秘密进行，否则会使员工产生一种被“调查”的感觉。

（7）否定的沟通。如果组织以否定的态度，比如，采用单向的、被动的及不开放的方法与员工进行沟通，那么考评过程就必定受阻。

（8）运用评估资料的失败。评估资料是与考评标准对照的依据，如果评估资料失真或运用不当，那么考评结果也必然受到影响，所以必须予以重视。

◎怎么有效改善绩效考评的效果

一、传递信息

管理者和员工都要清楚绩效考评的重要性和用途，它并非用来管束员工，而是有助于他们发挥潜能。

考评不是为了制造员工间的差距，而是实事求是地发现员工工作的长处、短处，以扬长避短，有所改进和提高。绩效考评要以尊重员工的价值创造为主旨，它虽是按行政职能结构形成的一种纵向延伸的考评体系，但它也应是一种双向的交互过程，这一过程包含了考评者与被考评者的工作沟通。

通过沟通，考评者把工作要项、目标以及工作价值观传递给被考评者，双方达成共识与承诺。而且借助纵向延伸的考评体系，在公司中形成价值创造的传导和放大机制。

二、改善方法和制度

绩效考评本身虽然很有运用价值，但也要在适当的方法和制度下才能发挥其效用。因此，组织和管理者应做好工作分析，了解工作内容，并以适当的考评方法和形式（如管理者记录员工工作上特别的事例和表现，要做周记或日记；要定期与员工商讨其表现等）对员工进行考评，且赋予管理者一定程度的奖惩权力。

进行工作分析，才能制定出切实可行的考评标准。因此，人力资源经理应通过调查问卷、访谈等方式，加强与各主管和员工之间的沟通与理解，在公司中为每位员工做出工作职位说明书，让员工对自己工作的流程与职责有十分明确的认识，也使员工从心理意识上进入状态，接受考评。不同的岗位有不同的职责要求；不同的工作职位说明书，考评指标也理所当然有所不同。当然，在对考评指标的把握上宜遵循：贵精不贵多，5个左右即可满足；贵明确不贵模糊，缺啥考啥；贵敏感不贵迟钝，能量化尽量量化；贵关键不贵空泛，要抓住关键绩效考评指标。

三、加强对管理者的训练

训练可以使管理者避免许多绩效考评的错误，比如，只顾及受评者的优点，而忽略了一些员工需要改进的地方。因此，组织应该提供管理者如何克服心理误区等方面的正式训练。

四、鼓励员工参与

绩效考评是一个双方向的过程，管理者应鼓励员工参与设计绩效考评过程，提供意见等。

此外，管理者应保持公正，得到员工信任和使其对自己有信心，凭借绩效考评来增进了解和设法改进工作表现。

五、不断改良

任何制度或政策的实行，都需要检讨和评核，组织可以通过员工参与，利用问卷和面试搜集资料，衡量员工反应，尊重员工意见，尽量改善绩效考评的制度。

最后，要强调的是，绩效考评除了保持半年或一年定期正式的绩效考评外，也需要不断做出非正式的绩效考评，紧贴着员工的工作，使一切补救行动都不会变得太迟。

◎怎么进行绩效考评的实施与管理

一、绩效考评前的动员与培训

1. 考评前动员

为了让全体员工理解并支持绩效考评，在绩效考评前一定要进行有效的和有针对性的宣传动员。

（1）向他们宣传绩效考评的科学性。绩效考评是一种有效的管理工具与方法，能够有效地帮助企业提升绩效。

（2）绩效考评的目的和意义。绩效考评不是为了制造员工间的差距，而是实事求是地发现员工工作的长处、短处，帮助员工提高能力，改进绩效。绩效考评的出发点和落脚点都是推动员工的潜能开发与能力提升。

（3）绩效考评的公正性与方法的合理性。绩效考评以确认的事实或者可靠的材料为依据，自始至终应以公正为原则，并向员工提供申诉的权利。

（4）帮助员工了解绩效考评的有关纪律和要求。明确绩效考评的整个流程和运作程序。

只要坚持晓之以理，动之以情，让员工明确考评双方是一个利益和责任共同体，是共同进步、共同成功的双赢结局，那么，员工就会接受绩效考评活动，并参与到绩效考评之中，接受考评。

2. 考评前培训

考评前培训包括对管理人员的培训和对员工的培训两部分。

通过对管理人员的培训，可以提高他们的业务能力，以减少考评中人为的非正常误差。培训的内容一般包括以下两个方面。

（1）培养正确的态度。提高对绩效考评及其意义、人力资源开发与管理和考评关系的认识。

（2）提高专业知识和技术水平。包括考评中容易产生错误的原因及其防止对策、考评方法、文件资料和数据处理的方法、专用工具与设备的使用技术等。具体内容参见表5-10。

表5-10 对管理者进行绩效管理培训的内容

序号	培训内容
1	目标设定和工作计划，其中包括业绩衡量制度的建立——培训不仅仅包括“技巧”方面的问题，如“好”的目标的特点，还应包括激励问题及相关的人际关系技巧
2	管理工作环境——协助寻找克服制约因素的方法
3	理解能力/行为范围——在组织中使用的特定能力或行为范围
4	收集业绩信息和进行业绩衡量——目的/目标/结果和行为/能力
5	提供反馈和对反馈做出接收/应答
6	检查/确认产生业绩的原因——区分系统因素和个人因素
7	指导
8	讨论员工的发展
9	进行非正式和正式的业绩检查
10	管理奖励

通过对员工的培训，一方面可以加强员工对绩效考评意义的认识，另一方面也可以提高员工有关绩效考评的综合技能，如参与目标设定、自我管理行为等。而且，这些培训有助于将公司的绩效管理制度内在化，并形成一种

支持业绩的良好公司文化与氛围，把推进绩效考评与企业的组织发展内在地联系在一起。具体内容参见表 5-11。

表 5-11　对员工进行绩效管理培训的内容

序号	培训内容
1	参与目标设定——工作目标和开发目标
2	理解能力 / 行为——在组织中使用的特定能力 / 行为
3	自我检查 / 自我评价
4	自我管理行为
5	提供向上反馈
6	接受反馈

二、绩效考评方法

考评方法是企业绩效考评的具体方法与手段。有了绩效考评指标和绩效考评标准，还需要采用一定的考评方法来对绩效指标和绩效标准进行实际运用，以取得公正的考评结果。一套好的绩效考评方法，可以有效地提供更多的信息，为决定调资、升职、调动、培训等提供更好的信息来源，所以，考评方法是企业开展绩效考评的具体手段。

1. 好的考评方法具备的条件

（1）效度。所谓效度是指绩效考评的准确程度，绩效考评的效度越高，表示它所考评的结果能正确反映工作绩效的程度越高。

（2）信度。信度是指所得分数的稳定性或可靠性。主要表现为一个绩效考评过程中各项目的得分是否基本相符和两次绩效考评的分数是否前后基本一致。也就是说，信度实际上是与绩效的资料收集方法的两个特点有关，即一致性、稳定性。

（3）没有偏见。偏见是指对社会某一特定的群体和被认为属于这一群体的个人特有的一种成见，表现为过早的判断和消极态度，常常发生在对种族、年龄、性别、其他社会群体及成员的认识和态度问题上。在绩效考评中，应尽量避免上述偏见，这样的绩效考评的效度和信度才高。

2. 绩效考评方法

（1）等级评定法。等级评定法是最容易操作和普遍应用的一种绩效考评方法。这种考评方法的操作形式是，给出不同等级的定义和描述，然后针对每一个评价要素或绩效指标按照给定的等级进行评估，最后再给出总的评估。绩效评估表可参考表5-12，绩效评估结果可分为A、B、C、D、E五等。

表5-12 ××公司绩效考评表

被考评者： 职位： 所属部门： 直接主管： 绩效期间：　　年　　月　　日至　　年　　月　　日 评价标准：

① A（10分）——出色。工作绩效始终超越本职位常规标准要求，通常具有下列表现：在规定的时间之前完成任务，完成任务的数量、质量等明显超出规定的标准，得到客户的高度评价。

② B（8分）——优良。工作绩效经常超出本职位常规标准要求，通常具有下列表现：严格按照规定的时间要求完成任务并经常提前完成任务，经常在数量、质量上超出规定的标准，获得客户的满意。

③ C（6分）——可接受。工作绩效经常维持或偶尔超出本职位常规标准要求，通常具有下列表现：基本上达到规定的时间、数量、质量等工作标准，没有客户的不满意。

④ D（4分）——需改进。工作绩效基本维持或偶尔未达到本职位常规标准要求，通常具有下列表现：偶有小的疏漏，有时在时间、数量、质量上达不到规定的工作标准，偶尔有客户的投诉。

⑤ E（2分）——不足。工作绩效显著低于常规本职位正常工作标准的要求，通常具有下列表现：工作出现大的失误，或在时间、数量、质量上达不到规定的工作标准，经常突击完成任务，经常有投诉发生。

等级评定法考评表见表5-13，详细的绩效考评表可参考表5-14。

表 5-13 等级评定法考评表

工作目标	占比	主要产出	完成期限	衡量标准	自我评估	主管评估
完善《大客户管理规范》	20%	修订后的《大客户管理规范》	2015 年 8 月底	· 大客户管理的责任明确 · 大客户管理的流程清晰 · 大客户的需要在管理规范中得到体现		
调整部门内的组织结构	10%	新的团队组织结构	2015 年 9 月 15 日	· 能够以小组的形式面对大客户 · 团队成员的优势能够进行互补和发挥		
完成对大客户的销售目标	50%	· 大客户的数量 · 销售额 · 客户保持率	2016 年 1 月底	· 大客户数量达到 30 个 · 销售额达到 2.5 亿元 · 客户保持率不低于 80%		
建立大客户数据库	20%	大客户数据库	2015 年 12 月底	· 大客户信息能够全面、准确、及时地反映在数据库中 · 该数据库具有与整个公司管理信息系统的接口，数据安全，使用便捷 · 具有深入的统计分析功能模块		
综合考评等级： 考评者签字： 主管签字： 日期：						

表5-14 ××公司绩效考评表

<table>
<tr><td>员工姓名:
员工职位:
所属部门:
评价人姓名:
评价人职位:</td><td colspan="2">考评等级说明:
A：出色。工作绩效非常突出，能创造性地解决问题，得到公司内部一致的公认
B：优良。工作一贯高质量，大多数方面超出绩效标准
C：可接受。达到工作绩效标准，称职和可信赖
D：需改进。在绩效的某一方面存在不足，需要改进
E：不足。工作绩效水平总的来说无法接受，必须立即改进</td></tr>
<tr><td>工作职责及占比</td><td>绩效标准</td><td>考评等级</td></tr>
<tr><td rowspan="2">录入、打印各种文件（文字材料）（25%）</td><td>一个月内由于错误而被返回的文件次数不超过5次
一个月内没有在承诺的期限之内完成的文件次数不超过5次
秘书的主管通过向其他客户调查发现秘书的文件打印没有文字上和语法上的错误，能够在认同的期限内完成</td><td rowspan="2">等级:
评语:</td></tr>
<tr><td>优秀绩效的表现：主动采取一些排版方式提高文件的信息交流质量，如采用一些字体和格式的变化等;能够主动纠正原文中的语法、文字错误；采用节省耗材的做法</td></tr>
<tr><td rowspan="2">起草通知、便笺或日常信件（40%）</td><td>管理人员认为仅对草稿做微小的修改就可以发送了</td><td>等级:</td></tr>
<tr><td>优秀绩效的表现：起草文件时仅需要极少的指导，一些日常的信件无须主管干预就可以正确处理</td><td>评语:</td></tr>
<tr><td rowspan="2">为出差人员安排旅程（15%）</td><td>管理人员调查出差者，了解如下情况：安排符合出差者的要求按时、准确预定旅店、车辆费用报表按时、准确完成</td><td>等级:</td></tr>
<tr><td>优秀绩效的表现：帮助出差人选择最合理的旅程安排，使出差人节省时间，尽可能在旅程中舒适</td><td>评语:</td></tr>
</table>

续表

工作职责及占比	绩效标准	考评等级
安排会议（20%）	在会议开始前能准备好会议所需的设备和材料 会议进程顺利，与会者不至于中途离开会议去解决由于事先准备不充分而造成的问题	等级： 评语：
	绩效优秀的表现：会议材料和安排无须主管的监控	
最后考评等级： 员工签名： 主管签名： 日期：		

为了使等级评定法更好地发挥效果，可以注意在等级评定法的以下几个方面进行改进：在让考评者做出等级评定的同时，请他们对评定的结果写一个简单的评语，用一些事实来说明被考评者的绩效水平。比如，如果一个被考评者的绩效为优良，那么就需要列举出一些证明他绩效优良的行为表现。

（2）强迫分布法。为了避免由于大多数员工都得到比较高的等级而没有真正把绩效出色的员工区分出来，可以使用强迫分布的方法，即对各个等级的人数比例做出限制。一般来说，各个等级的比例分布应该接近正态分布。如对于上面提到的“出色”“优良”“可接受”“需改进”“不足”5 个等级的比例分布按照强迫分布法将评估等级比例分配设定如表 5-15 所示。

表 5-15　强迫分布法考评等级比例分配表（一）

等级	出色	优良	可接受	需改进	不足
比例	10%	20%	45%	20%	5%

强迫分布法的比例规定只是一个对总体比例的控制，具体到各个部门，可以有一定的上下浮动。可以将部门整体业绩完成情况分为 A、B、C、D、E 5 个等级。当部门整体业绩完成情况为 A 级时，部门内部员工绩效等级比例分配见表 5-16。

表 5-16　强迫分布法考评等级比例分配表（二）

等级	出色	优良	可接受	需改进	不足
比例	10%	30%	45%	15%	0%

当部门整体的业绩评定为D级时，部门内部员工绩效等级比例分配见表5-17。

表 5-17　强迫分布法考评等级比例分配表（三）

等级	出色	优良	可接受	需改进	不足
比例	0%	15%	25%	40%	20%

为了尽量对考评标准达成一致意见，一方面在定义标准时尽可能地用比较清晰避免歧义的语言；另一方面，在进行绩效考评之前对考评者进行系统的培训，使他们掌握一致的考评标准。

（3）排序法。排序法是一种相对比较的方法，主要是将员工按照某个考评因素上的表现从绩效最好的员工到绩效最差的员工进行排序。

排序法有利于识别出绩效好的员工和绩效差的员工。

对于某个因素上绩效有问题的员工，可以作为培训的重点对象。

排序法通常的做法是：将所有参加评估的人选列出来，分别针对每一个考评要素开展评估，首先找出该因素上表现最好的员工，将他排在第一的位置上，再找出在该因素上表现最差的员工，将他排在最后一个位置上，然后找出次最好的员工，将他排在第二的位置上，再找出次最差的员工，将他排在倒数第二的位置上，依此类推。然后以同样的方法就第二个因素进行评估，排列员工的顺序。

表5-18是用排序法进行绩效考评的结果。

表 5-18　绩效考评排序表

工作责任感		问题解决能力		团队合作	
名次	姓名	名次	姓名	名次	姓名
1	A×	1	C×	1	B×
2	B×	2	E×	2	E×
3	C×	3	A×	3	A×

续表

工作责任感		问题解决能力		团队合作	
4	D×	4	B×	4	C×
5	E×	5	G×	5	F×
6	F×	6	H×	6	G×
7	G×	7	F×	7	H×
8	H×	8	K×	8	J×
9	I×	9	I×	9	I×
10	J×	10	J×	10	K×

排序法可以比较清楚地看到在每一个因素上表现良好和表现不足的员工，但排序法的不足是它只适合对人数较少的团队进行绩效考评，因为人数过多将会使排序的工作变得非常烦琐。

另外，排序法可能带来的一个负面影响就是员工之间的相互攀比和竞争。竞争本来是好事情，如果一个员工为了达到比同伴排名高的目的而努力工作做出更好的成绩，这是竞争的积极方面。然而竞争也不总是给人带来积极的效果，有时，一个员工故意采取某种手段使自己的同伴取得更差的成绩来使自己的排名在同伴前面，这样的后果则不是考评所期望出现的结果。

（4）对偶比较法。对偶比较法与排序法类似，也是一种相对的绩效考评方法。这种方法的基本做法是，在每一个考评因素上将每一个员工与其他的员工进行比较。

例如，要对5名员工运用对偶比较法进行评定，那么先制作一个表格（表5-19），将被考评者的名字写在表格的第一行中，同时也写在第一列中。然后分别与行中的每一个被考评者与列中的每一个被考评者中进行比较。如果在这个考评因素上，处于第 n 列第一行中的被考评者比处在第 m 行第一列中的被考评者表现得好，那么就在第 n 列第 m 行交叉处的方格里填写一个“+”号；如果处于第 n 列第一行中的被考评者不如处在第 m 行第一列中的被考评者表现得好，那么就在第 n 列第 m 行交叉处的方格里填写一个“－”号；如果不分伯仲则保留空白。最后统计每一列中的“+”号和“－”号的数量，用“+”号的数量减去“－”号的数量，得出被考评者的分数，按照分数可以排列出被考评者的次序或者选出较好和较差的被考评者。

表 5–19 对偶比较法

评价要素	工作效率				
姓名	A 甲	B 乙	C 丙	D 丁	E 戊
A 甲		−	−	+	−
B 乙	+		−	+	+
C 丙	+	+		+	+
D 丁	−	−	−		−
E 戊	+	−	−	+	
名次	2	4	5	1	3
考评要素	创新精神				
姓名	A 甲	B 乙	C 丙	D 丁	E 戊
A 甲		−	−	−	−
B 乙		+	+	+	+
C 丙	+	−		+	−
D 丁	−	−	−		−
E 戊	+	−	+	+	
名次	1	5	3	2	4

从这一组的 5 名被考评者的情况来看，在工作效率方面评估最高的被考评者是丁，在创新精神方面考评最高的被考评者是甲。

对偶比较法比排序法更具有优势的地方是这种方法是通过对被考评者进行两两之间的比较而得出的次序，得到的考评更可靠。但是，可以看到，这种方法也仅适合于对人数较少的一组被考评者进行评估，而且在操作方面比较麻烦。

（5）关键事件法。收集绩效信息的过程中，很多时候可以收集到一些关键事件，那么在进行绩效考评时就可以对这些关键事件进行考评。但是应该注意的是，对关键事件的考评一定要与被考评者的关键绩效指标联系起来，也就是说，这些关键事件是与被考评者的关键绩效指标有关的事件。

例如，对客户经理进行考评，客户经理的一项关键绩效指标是获得客户的满意。针对这项关键绩效指标，他的管理人员记录下这样两件关键事件。

①好的关键事件。客户经理金玲耐心地倾听客户的抱怨，回答客户的问题，认真地检查客户返回的产品，有礼貌地向客户做出解释和道歉，并立即给客户签署了退货单。

②坏的关键事件。在业务最繁忙的季节里，客户经理金玲在休息时间过后迟到了30分钟才回到办公室。他错过了4个来自客户的电话，并且已经有两名客户焦急地等在会客室中，他们是按照金玲约好的时间来访的。

（6）行为锚定等级评定法。行为锚定等级评定法是基于关键事件法的一种量化的评定方法。

这种方法主要是建立一个行为性的评定量表，对每一个等级运用关键事件进行行为描述，因此，它结合了关键事件法和等级评定法两者的优点。

一般来说，建立行为锚定量表需要以下几个步骤。

①选定绩效考评要素。选取需要考评的要素，并对其内容进行界定。

②获取关键事件。通过对工作比较熟悉的人（任职者或任职者的管理人员）提供的一些关键事件，包括工作做得好的关键事件和工作做得不好的关键事件。

③将关键事件分配到评定要素中。

④由另外一组对工作同样了解的人对关键事件重新进行审定、分配和排序。将这一组与前面一组分配关键事件时，在一定程度上（80%）一致的关键事件保留下来，作为最后使用的关键事件。

⑤对关键事件进行评定，看看分配到各个要素的各个等级上的关键事件是否可以代表各自的要素和等级。

三、绩效考评实施规则

1. 考评期与考评方式的选择

（1）定期考评。定期考评又可称为阶段性考评，是按照一定的时间和既定的项目对岗位进行考评。

（2）不定期考评。又称为平时考评，是指根据需要由考评主管部门或企业主管人员对其下属的日常工作状况所进行的考评。通过不定期考评可以了解和掌握岗位人员在日常工作中的能力发挥程度、工作业绩大小、工作努力程度等，为定期阶段考评积累资料，提供参考依据。

通常，在特定的时期进行绩效考评。在大多数组织里，这种考评一般每年或半年一次。

如果一个组织中有许多成员，则交错考评更具优势。如果所有的考评都同时进行，则可能会没有足够的时间来对每名员工进行充分的评价。

绩效考评有公开、不公开和半公开3种形式。主张公开的企业认为：使考评处于全体员工的监督之下，有利于实现考评工作的公平性，同时让员工了解自己的优缺点。主张不公开的企业则认为：公开容易造成考评者与被考评者之间的矛盾，挫伤感情，甚至产生不信任感或对立情绪。主张半公开的企业则认为：公开的程度要适度，根据具体情况决定公开的程度，效果更好。不论采用何种方式，企业都应将评价标准量表和过程公开、评价结果向本人公开。在此基础上探索考评方法的可行性和科学性。

2. 绩效考评中的原则

（1）实施绩效考评的频率。对一个员工应经长时间就被考评一次，以及什么样的员工应该被考评？针对这两个问题，从公司特殊人力资本理论所引导出来的两条通用原则如下。

原则一：拥有较多特殊技能的员工应该更少被考评。

原则二：考评的频率应该与在这一公司或职位工作的经验成反比。

（2）利用绩效考评实现激励。资深员工的考评应该是基于其工作成就，而不是能力。

（3）绩效考评成功的价值及其成功的概率。当公司中的大多数员工在其他地方与在本企业具有至少相同的生产率情况下，考评对公司的价值不高。

3. 不同层次的绩效考评规则

（1）高层管理岗位实行岗位任务书考评。岗位任务书就是将公司决策及规划分解到每个高层管理岗位，以此为基础对高层管理者进行考评。

岗位任务书的主要组成内容有以下几项。

①公司年度目标。公司年度经营战略目标（由公司董事会决定），是各部门及公司副总经理制订岗位任务书的依据。

②公司目标对本岗位的要求。公司经营战略目标对本岗位的要求，就是把企业经营的年度目标和根本任务转化为本部门、本岗位的方针和目标，实现对各岗位的目标的管理。该项内容是制定岗位任务书的关键，各高层管理岗位的任务分解必须包含公司总体目标，同时又体现本部门、本系统的特点。制定本部门、本系统的具体目标都要用总目标衡量和考评。公司战略目标对本岗位的要求，应该由上级同下级共同商定，把总体规划分解为各部门和各层次的具体计划，使岗位任务满足公司战略目标的需要。

③岗位人员潜能评价。对实施岗位任务书人员的能力及潜能进行评价，评价内容包括管理者的决策才能、组织协调能力、合作性、创造开拓性、岗位知识深度与宽度等。该项评价工作在年度岗位任务考评时进行。通过完成任务的质量与效率，评价出所表现的能力特征和发展潜力，分析他们是否适应现任岗位所具备的要求，担任现岗位工作后的素质和能力是否有所提高，能否从事更高要求岗位。对完成任务较差的人员，则要分析原因要素，对能力达不到岗位要求的管理者，则需进一步培训或另行安排适合其能力特征的岗位。

④考评要求。对考评的要求规定主要阐明考评阶段的时间始点与终点，考评的组织以及反馈传达考评结果程序等有关事项。

岗位任务书对高层管理岗位的要求，重点不是在规定时间做什么和怎么做，而是看其结果是否达到要求。它强调自身的工作自觉性，以自我开发、自我控制和自我加压的方式，去履行自己的责任。通过实施岗位任务书制度，促进高层管理岗位人员重视学习和提高效率，有效地提高自身素质，使自己的能力素质提高到新水平。

（2）中层管理岗位重点考评业绩。中层管理岗位具有部门决策的职能，它需要围绕企业的总目标的工作要求，对本部门具体实施的方法及部门工作计划进行管理决策。因而，企业对中层管理者的工作业绩、能力的考评成为企业岗位考评的重点。

为使企业中层管理岗位的考评具有公正性、准确性、及时性，应注意以下几点。

①平时考评与年度考评相结合。

②个人业绩与部门业绩考评相结合。

③考评结果与激励措施紧密挂钩。

（3）专业技术岗位实施能力与业绩并重的考评。专业技术岗位对企业技术进步、管理创新、产品开发有着重要的作用。对专业技术岗位的考评，既要考评业绩又要考评能力，业绩是已经创造出来的，能力意味着将要创造的业绩，这是专业技术工作的性质所决定的。因而应在考评方法上体现出将业绩与能力考评并重原则，实施定性与定量相结合的考评。

①专业人员日常考评。考评方式表述为“任务下达有指标，工作过程有记录，工作结果有评价”。技术任务下达时，制定工作定额，按照复杂的系数规定完成日期与目标要求。在工作过程中要做好记录，记录工作内容与时间分配、参考资料及试验过程，以便于在考评中了解全貌。由于工作人员水平及努力程度不同，产生工作结果的水平差异很大，因而应将工作成果进行定量评价，将其换算成劳动量。这样可把人员的贡献按其效益大小和水平高低分离出来。由于劳动量与工资奖金直接挂钩，从而激发专业岗位人员的积极性与创造性。

②专业技术岗位聘期考评。在聘期考评中进行能力与业绩的综合考评。考评指标有工作数量、工作质量、工作效率、工作水平、外语能力、组织能力、协调能力、技术层次、服务态度和突出贡献等。考评的结果作为是否续聘及晋升的依据，根据其潜在能力应对岗位及时调整，以充分开发利用人才智力，将潜能变为现实的工作能量。

③专业技术职务晋升考评。在本人申请和领导推荐的基础上，由专家组成评审组、评审委员会定期进行晋升专业技术职务的考评，它侧重于技术业务实际能力和业务知识。其主要内容是技术深度、技术广度、外语水平、抉择技术、技术诀窍、解决技术问题能力、指导和组织能力、完成任务数量和效率、完成任务质量和难度、培养技术人员的业绩等。

四、低绩效员工的管理

绩效管理是一个积极的过程，要不断地加强自己的长处并克服缺点。但是，可能有必要对那些低绩效员工采取特殊的行动。管理低绩效员工的步骤如下。

（1）在寻找问题的原因时，不应该只是粗暴地进行指责。双方共同的最终目的应该是发现导致问题的事实。只有建立在实证分析的基础之上，才能做出正确的决策来解决问题。

（2）在分析问题的原因时，首先必须识别出外部的、无法控制的原因，然后才能考虑那些可控制的因素。需要决定的是下列各原因对问题产生的影响程度。

①不能做某件事——能力。

②不知道如何去做——技巧。

③不愿意去做——态度。

④从管理者那里没有得到足够的支持或指导。

⑤没有完全理解他应该做的事情。

⑥分析反馈信息，并尽可能与当事人在到底存在什么问题上达成一致意见。

⑦可能会由当事人、管理者或两者共同采取行动。

⑧采取步骤来改进技巧或改变行为——当事人。

⑨改变态度——只要当事人认为自己的态度应该改变，那么提高绩效才有可能。对管理者的挑战在于，人们不会简单地因为经理告诉他要改变态度就会这么做，管理者只能帮助他们理解到，对其现在的行为进行一些改变不仅对组织是有益的，而且对自己也是有益的。下面 3 种忠告的办法是很可取的。

a. 提供更多的支持和指导——管理者。

b. 澄清对当事人的期望——双方共同。

c. 发展当事人的能力和技巧——双方共同。

从某种意义上讲，当事人应该是主动采取步骤来发展自我，但管理者也可以用辅导、额外的经历等方式帮助他们。

双方不管在什么行动上达成一致，都应该安排反馈机制，并鼓励当事人自己监督绩效并采取必要的行动。

第六章　员工薪酬设计与管理

◎怎么进行薪酬制度设计

要进行薪酬制度设计首先必须了解基本的薪酬制度及结构体系。

一、薪酬制度及结构体系

1. 能力薪酬

能力薪酬的主要特点是：根据员工本人所具有的综合能力（不限于本职工作能力），确定员工的薪酬等级和标准工资。它是先通过考评，对员工的能力大小及提高程度进行评价审定，然后再确定薪酬等级和工资标准或增资幅度。能力薪酬的适用范围是：工作的技能要求和对员工的劳动熟练程度要求比较高以及工作内容不固定的单位，或者产品繁杂、员工人数不多、工作内容变动频繁的中小型单位，如机器维修厂、专业分工不细的制造厂等。

2. 工作薪酬

职务薪酬制、岗位薪酬制等均属于这一类型。它的主要特点是：员工的标准工资是由其所担任的工作（职务、岗位）本身对其文化、技术（业务）、智力、体力等方面的要求，以及劳动环境对员工的影响所决定的，即根据工作的劳动复杂程度、繁重程度、责任大小、精确程度以及劳动条件等因素确定各工作之间的相对顺序（等级），并规定相应的工资标准。根据员工的工作内容领取相应的工资，不考虑其具有的超出本职要求的工作能力，这是它与能力薪酬最显著的区别。

实行工作薪酬制，必须先要对各种工作进行评价和划分等级。在评价工作时，要严守“只对工作（职务、岗位）不对人”的原则。人力资源部在确定员工的工资等级和标准工资时，既要根据其所担任的工作，又要考虑其任职能力。

下面试举职务工资制与职能工资制来加以说明。

（1）职务工资制度。职务工资是以职务为媒介所确定的个别工资。这种工资体系建立在职务评价基础上，员工所执行职务的差别是决定基本工资差别的最主要因素，其典型例子如图 6-1 所示。

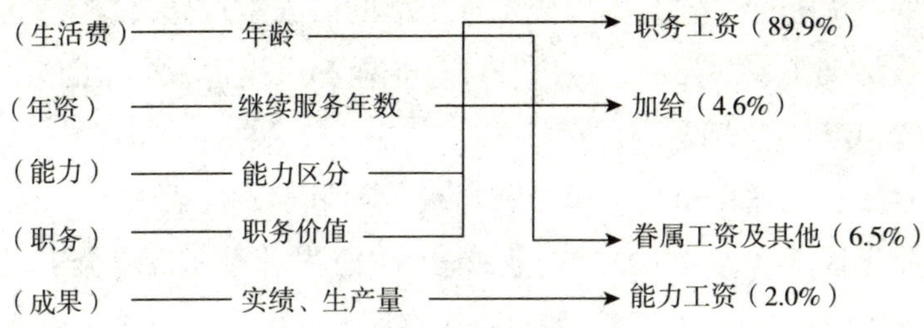

图 6-1　职务工资构成

（2）职能工资制。这种工资体系比职务工资体系再进一步，它将职务执行能力作为决定基本工资的最主要因素，其典型例子如图 6-2 所示。

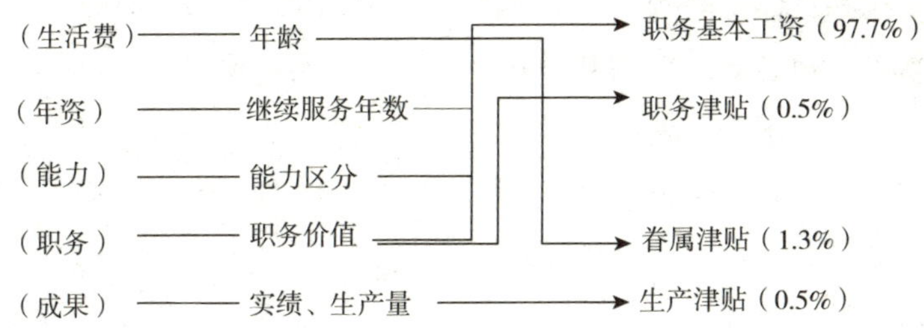

图 6-2　职能工资构成

3. 年功薪酬

这种工资体系综合年龄、继续服务年数、能力等各项要素，属于一种综合型的工资决定方式，较偏重生活保障的要求，其典型例子如图 6-3 所示。

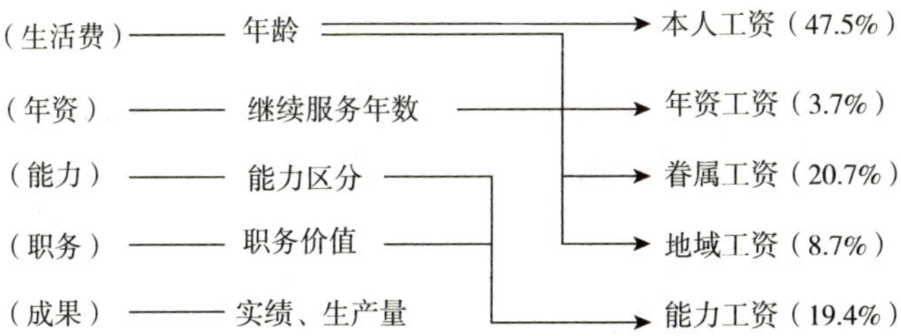

图 6-3　年功工资构成

4. 结构薪酬

结构薪酬制的设计吸收了能力工资和职务（岗位）工资的优点，以充分发挥工资的三大职能。它是将构成工资标准的诸因素，分别规定工资额，然后再组合成标准工资。目前，国内外许多企业都采用这一类型的薪酬等级制度，但名称和组合形式不一样。

结构薪酬制既适用于公司中级和高级管理员工，也适用于一般员工；既适用于专业化程度高、分工细的行业，也适用于技术要求高、分工粗的行业。各部门、各单位在具体运用时，侧重点应有所不同。

由于结构薪酬制集能力薪酬、工作薪酬、年功薪酬的长处，并摒弃了它们的缺点，因此它具有较灵活的调节作用，有利于合理安排各单位员工构成中各类员工的工资关系，能够调动员工的劳动积极性，充分发挥工资的职能作用。

（1）结构薪资体系的构成。薪资体系一般由以下几部分构成。

①基本薪。也就是常说的基础薪、底薪，通常占满勤的40%～60%较为合理。它通常由以下几方面决定。

a. 现有工资（职等+级数）。

b. 服务年资。

c. 当年度考评成绩。

②津贴。津贴的各个项目随不同的工作、职位及出勤状况而不同。

a. 交通津贴。若由公司提供交通工具的，则没有此项津贴。交通津贴视交通距离而定。

b. 伙食津贴。如企业免费提供伙食，则无此项津贴。

c. 住房津贴。由企业提供住房，则不提供此项津贴。住房津贴视职务高低而定。

d. 工种津贴。针对不同的操作人员，依其技术、环境污染、体力消耗、安全状况，给予不同的工种津贴。

e. 职位津贴。不同的职位，代表不同的责任，也该享有不同的权利，职位越高的人理应享有更高的职位津贴。

f. 夜班津贴。有些企业，因为机器昂贵，使用成本高，为了降低机器分摊成本或因机器或场所负荷过大，不但日间生产，也夜间生产，夜间生产人员应给予夜班津贴。

③奖金。通常依出勤状况及绩效状况来作为奖金给付的标准，对于有些企业如绩效不佳，或产品及制造工序固定的话，可以把绩效奖金占全薪的比例提高，以刺激绩效的提高。奖金主要有以下几种。

a. 全勤奖。全月个人出勤状况作为给付的标准。

b. 效率奖。效率经过量化，明确计算出来作业效率奖金的基准。

④加班费。所谓的加班就是正常周一至周五每天 8 小时以外的延长工时，或应休假而未休的工作时间所应取得的报酬，这个报酬按《中华人民共和国劳动法》第四十四条规定如下。

a. 延长劳动工作时间加班的，加班费为工资的 1.5 倍。

b. 休息日安排加班又不能补休的，加班费为工资的 2 倍。

c. 法定休假日安排加班的，加班费为工资的 3 倍。

注：另外有些企业内，为了加强员工福利还设置了一些福利措施，如结婚礼金、生育补助、丧事补助、子女教育补助、急难救助金等，这些都是企业的福利措施，不能算在薪资体系之内。

（2）薪资结构（表 6-1）。

表 6-1　薪资结构表

分类	项目	适用人员	备　注
基本薪	月给	管理及技术人员	按职等及级数给予
	日给	普通人员	按计时或计件给予
津贴	伙食津贴	全体人员	分管理技术人员与普通人员
	工种津贴	特殊作业人员	消防、电焊、电梯等
	住房津贴	全体人员	分管理技术人员与普通人员
	交通津贴	出差人员	分地域或实报实销
	夜班津贴	夜班轮班人员	元 / 日
	职位津贴	管理技术人员	按职等及级数给予
奖金	全勤奖	全体员工	元 / 月
	效率奖	全体员工	实行量化作业
加班	加班费	主管以下	按劳动法规定给予

（3）工资的制定方法。

①岗位等级法。工资多少主要取决于岗位的等级。如某公司规定工资分五个等级：第一级为总经理、副总；第二级为经理、副理；第三级为科长、副科长；第四级为组长、副组长；第五级为操作员工。按每一级工资规定给予多少，优点是简单易行，缺点是不能有效激励员工。当公司规模增大时，许多岗位不能简单划分等级。

②岗位分类法。岗位等级法是纵向分级，岗位分类法是横向分类。如分成管理类、技术类、操作类或生产类、财务类、行政类、营销类等。岗位分级与分类结合起来的适用性就更广，见表6–2。

表6–2　岗位分级分类工资表

分类 工资额（元） 等级	管理类岗位	技术类岗位	操作类岗位
第一级			
第二级			
第三级			
第四级			
第五级			

③因素比较法。因素比较法是运用可以比较的因素来打乱工作岗位的界线，并以这些因素来决定岗位的价值。其特点是将与工作有关的因素作为制定工资的标准。因素比较法的操作步骤如下。

a. 选择可比较的因素。如心理素质、技能知识、生理状态、工作条件、受教育程度等。

b. 联系工作分析。选定比较因素后，与工作指导书联系在一起进行评估。

c. 找出基准岗位。基准岗位就如参照物，较稳定，而且大家都熟悉，在公司外部的工资市场上有可比性，可参照性强。

d. 根据可比较因素确定基准岗位各因素工资及相关工资范围。

e. 确定非基准岗位工资。以基准岗位工资为参照，确定非基准岗位的因素工资，在其基础上做上下调整。

f. 编制因素比较表。将各种岗位的因素工资排列在表上，就可找出相关的工资状况（表 6-3）。

表 6–3　因素比较表

因素时薪（元 / 时）	技能知识	生理状态	工作条件	心理素质	工作岗位
2	搬运工	程序员 / 品质工程师	程序员 / 品质工程师	搬运工	搬运工
4		车床工	搬运工	车床工	
6			车床工		车床工
8		搬运工			
10	车床工			程序员 / 品质工程师	
12					
14	程序员				程序员
15	品质工程师				
18					
20					
22					品质工程师

由表可知：程序员每小时工资为 14 + 2 + 2 + 10 + 14 = 42（元）

品质工程师每小时工资为 15 + 2 + 2 + 10 + 22 = 51（元）

车床工每小时工资为 10 + 4 + 6 + 4 + 6 = 30（元）

搬运工每小时工资为 2 + 8 + 4 + 2 + 2 = 18（元）

④点排列法。点排列法是将各种因素都以点数来量化，然后根据每个工作岗位上获得的点数来确定其工资。其运作步骤如下。

a. 确定关键因素。如技能、责任、工作条件、个人素质等。

b. 确定关键因素的子因素。如把技能分成受教育程度、外语水平、计算机操作水平、工作经验等子因素。

c. 确定每个子因素的等级。如把每个子因素分为五级。

d. 规定每一等级的标准。如规定工作经验一级为 1 年以下，二级为 3 年以下，三级为5年以下，四级为8年以下，五级为8年以上；又如规定教育程度一级为初中，二级为高中，三级为大专，四级为本科，五级为硕士。

e. 规定每一子因素的权重，在计算时以加权计算。如表6-4所示为一点数计算表，其中有4种关键因素、11种子因素，每一子因素分五级，权重为5～15，最少点数为100点，最高点数为500点。

f. 根据以上步骤，计算出每一岗位的点数（表6-4）。

表6-4　岗位点数计算表

关键因素	子因素	权重	一级	二级	三级	四级	五级
技能	受教育程度						
	工作经验						
	外语水平						
	计算机操作水平						
个人素质	心理素质						
	生理素质						
工作责任	设备维护责任						
	材料产品责任						
	他人安全责任						
	工作影响责任						
工作条件	危险性						
总点数							

g. 确定点距、级距、级范围和最低工资。如点距为25%，级距为20%，级范围为25%，最低工资为600元。

h. 画出工资结构图。结构图可以用表格方式画出，也可以用坐标轴方式画出。表6-5所示为薪资计算表。

表6-5　薪资计算表

职等	管理职	技能职	底薪	交通	伙食	工种	住房	职位	全勤	绩效	合计
12	总经理										
11	副总经理	总工									

续表

职等	管理职	技能职	底薪	交通	伙食	工种	住房	职位	全勤	绩效	合计
10	经理	高工									
9	副经理	高工									
8	科长	工程师									
7	副科长	助工									
6	组长	中技									
5	副组长	初技									
4		一等作业员									
3		二等作业员									
2		三等作业员									
1		学徒工									

二、薪酬系统设计的原则与取向

（一）薪酬系统设计原则

一个科学合理的薪酬系统是如何设计出来的呢？设计薪酬系统需要遵循哪些基本准则呢？为什么一些企业的薪酬系统让人无可挑剔，而另一些企业的薪酬系统却让人抱怨不止呢？表 6-6 展示了一个科学合理的薪酬系统在设计时必须要遵循的基本准则。

表 6-6 薪酬系统设计的基本原则

公平原则					竞争原则			激励原则			经济原则			合法原则	
外部公平	内部公平	个人公平	过程公平	结果公平	薪资结构多元	薪资水平领先	薪酬价值取向	个人能力激励	团队责任激励	企业业绩激励	薪酬总额控制	利润合理积累	劳动力价值平衡	法律法规	企业制度

1. 公平原则

公平是薪酬系统的基础，只有在员工认为薪酬系统是公平的前提下，才可能产生认同感和满意度，才可能产生薪酬的激励作用。公平原则是制定薪酬系统首要考虑的一个重要原则，因为这是一个心理原则，也是一个感受原则。

员工对公平的感受通常包括五个方面的内容：第一是与外部其他类似企业（或类似岗位）相比较所产生的感受；第二是员工对本企业薪酬系统分配机制和人才价值取向的感受；第三是将个人薪酬与公司其他类似职位（或类似工作量的人）的薪酬相比较所产生的感受；第四是对企业薪酬制度执行过程的严格性、公正性和公开性所产生的感受；第五是对最终获得的薪酬的感受。

当员工对薪酬系统感觉公平时，会受到良好的激励并保持旺盛的斗志和工作积极性；当员工对薪酬系统感觉不公平时，通常会采取一些消极的应对措施，比如，降低对工作的投入感和责任心；不再珍惜这份工作；对企业的印象变差；寻找低层次的比较对象以求暂时的心理平衡；辞职等。

2. 竞争原则

企业想要获得具有真正竞争力的优秀人才，必须要制定出一套对人才具有吸引力并在行业中具有竞争力的薪酬系统。如果企业制定的薪资水平太低，那么必然在与其他企业的人才竞争中处于劣势，甚至连本企业的优秀人才也会流失。

那么，什么样的薪酬系统才具有竞争力呢？除较高的薪资水平和正确的薪酬价值取向外，灵活多元化的薪酬结构也越来越引起人们的兴趣。单一的工资制是没有前途的，令人神往并能让人超水平发挥潜能的是多元化的分配机制。因为人们不是在为一个人的工作岗位付钱，而是在为一个人的工作价值付钱。

3. 激励原则

对一般企业来说，通过薪酬系统来激励员工的责任心和工作积极性是最常见和最常运用的方法。一个科学合理的薪酬系统对员工的激励是最持久也是最根本的，因为科学合理的薪酬系统解决了人力资源所有问题中最根本的分配问题。

简单的高薪并不能有效地激励员工，一个能让员工（或团队）有效发挥自身能力和责任的机制，一个能让企业活力在员工努力之下变得欣欣向荣的机制，一个努力得越多则回报就越多的机制，一个按“绩效”分配而不是按“劳动”分配的机制，才能有效地激励员工。也只有建立在这种机制之上的薪酬系统，才能真正解决企业的激励问题。

4. 经济原则

经济原则在表面上与竞争原则和激励原则是相互对立和矛盾的——竞争原则和激励原则提倡较高的薪资水平，而经济原则提倡较低的薪资水平，但实际上三者并不对立也不矛盾，而是统一的。当三个原则同时作用于企业的薪酬系统时，竞争原则和激励原则就受到经济原则的制约。这时企业管理者所考虑的因素就不仅仅是薪酬系统的吸引力和激励性了，还会考虑企业承受能力的大小、利润的合理积累等问题。

经济原则的另一方面是要合理配置劳动力资源，当劳动力资源数量过剩或配置过高，都会导致企业薪酬的浪费。

5. 合法原则

薪酬系统的合法性是必不可少的，合法是建立在遵守国家相关政策、法律法规和企业一系列管理制度基础之上的。如果企业的薪酬系统与现行的国家政策和法律规则、企业管理制度不相符合，则企业应该迅速地进行改进使其具有合法性。

（二）薪酬设计的政策取向

每家企业中薪酬管理的政策都不相同，这些政策涉及以下一些方面。

1. 业绩优先与表现优先

业绩优先是指企业主要根据员工业绩的优劣来支付薪酬；而表现优先是指企业主要根据员工努力与否来支付薪酬。

2. 工龄优先与能力优先

在企业中，如果工龄在薪酬系统中的权重比能力大，则称之为工龄优先，反之则称为能力优先。相似的还有学历优先与能力优先、性别优先与能力优先等。

3. 工资优先与福利优先

如果一个企业的工资很优厚，而福利较差则称作工资优先；而福利相当好，但工资一般的称作福利优先。

4. 需要优先与成本优先

在企业制定薪酬系统时，主要考虑企业的需要，而忽视成本控制的称作需要优先。反之，如果主要考虑成本控制，而忽视企业需要的称作成本优先。

5. 物质优先与精神优先

在薪酬系统中强调金钱薪酬，而忽视非金钱奖励的称作物质优先；在薪酬系统中较重视非金钱奖励，不强调金钱薪酬称作精神优先。

6. 公开化与隐蔽化

员工之间相互知道薪酬多少的称作公开化；反之，员工之间相互不了解薪酬多少的称作隐蔽化。

◎怎么进行工作分析

工作分析是确定完成各项工作所需技能、责任和知识的系统过程。它是一项重要的人力资源管理技术，工作分析是薪酬设计的基础。

进行工作分析时，应当按照以下 6 个步骤来进行。

（1）确定工作分析信息的用途。

（2）搜集与工作有关的背景信息，设计组织图和工作流程图。组织图不仅确定了每一职位的名称，而且用相互联结的直线明确表明了谁应当向谁汇报工作，以及工作的承担者将同谁进行信息交流等。工作流程图则提供了与工作有关的更为详细的信息。

（3）选择有代表性的工作进行分析。

（4）搜集工作分析的信息。

（5）同承担工作的人共同审查所搜集到的工作信息。

（6）编写工作说明书和工作规范。

大多数情况下，在完成了工作分析之后都要编写工作说明书和工作规范。工作说明书就是对有关工作职责、工作活动、工作条件以及工作对人身安全

危害程度等工作特性方面的信息所进行的书面描述。工作规范则是全面反映工作对从业人员的品质、特点、技能以及工作背景或经历等方面要求的书面文件。

◎怎么进行职位评价

职位评价是确保薪酬系统达成公平性的重要手段，职位评价有两个目的：一是比较企业内部各个职位的相对重要性，得出职位等级序列；二是为外部薪酬调查建立统一的职位评估标准。

职位评价的方法有许多种，最常用的是计分比较法。计分比较法首先需确定与薪酬分配有关的评价要素，然后再给这些要素定义不同的权重和分数。

大多数企业在进行职位评价的过程中都习惯采用 HAY 模式或 CRG 模式评价法，这两种模式都是采用对职位价值进行量化评估的办法，从几个主要要素、若干个子因素方面对职位进行全面的价值评估。

完成职位评价后，企业可以根据需要设计职位等级序列（即层级关系图），一些员工多、规模大、组织结构复杂的企业，职位等级可能会达 20 ～ 30 级之多，一般中小型企业为 15 ～ 20 级。

◎怎么进行薪酬调查

薪酬调查重在解决薪酬的对外竞争力问题。企业在确定薪酬水平时，需要参考劳动力市场的平均薪酬水平。

薪酬调查的对象，最好是选择与本企业有竞争关系的公司或同行业的类似公司，重点考虑员工的流失去向和招聘来源。薪酬调查的数据，要有上年度的薪酬增长状况、不同薪酬结构对比、不同职位和不同级别的职位薪酬数据、奖金和福利状况、长期激励措施以及未来薪酬走势分析等。

只有采用相同的标准进行职位评估，并各自提供真实的薪酬数据，才能保证薪酬调查的准确性。

可以根据薪酬调查的结果绘制薪酬曲线（图 6-4）。在职位等级—工资等级坐标图上，首末标出所有被调查公司的员工所处的点，然后整理出各公司的薪酬曲线。这个图可以直观地反映某家公司的薪酬水平与同行业相比所处的位置。

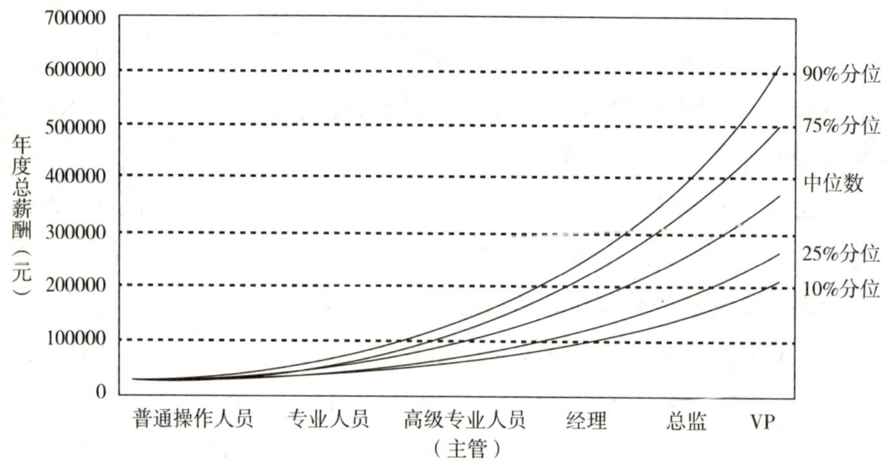

图 6-4 薪酬曲线

薪酬调查就是通过各种正常的手段获取相关企业各职务的薪资水平及相关信息。对薪酬调查的结果进行统计和分析，以此作为企业薪酬管理决策的有效依据。

薪酬调查应掌握的原则如下。

（1）在对被调查企业资源不知情的情况下获取薪酬信息。由于薪酬管理政策及数据在许多企业属于企业的商业机密，均不愿意让其他企业了解。所以在进行薪酬调查时，要由企业人力资源部与对方对应部门或总经理联系或利用其他方式获取信息。

（2）调查的资料要准确。由于很多企业对本企业的薪酬情况守口如瓶，所以有些信息很可能是道听途说得来的，不全面，准确率低。另外，在取得

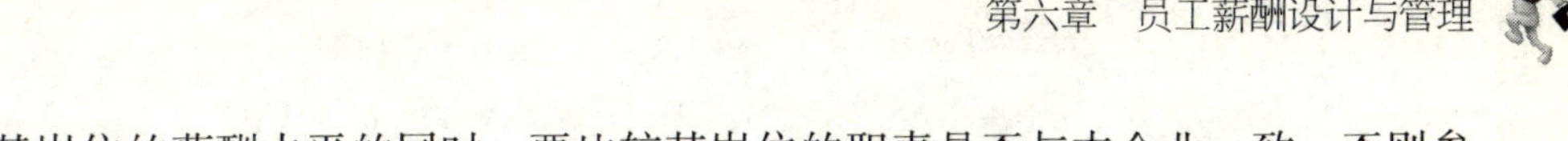

某岗位的薪酬水平的同时，要比较其岗位的职责是否与本企业一致，否则参考价值不高。

（3）调查的资料要随时更新。随着市场经济的发展和人力资源市场的完善，企业的薪酬情况经常变化，调查的资料要及时更新才有参考价值。

薪酬调查的渠道通常有三种：企业之间的相互调查；委托专业机构进行调查；从公开的信息中了解。

◎怎么进行薪酬定位

在分析同行业的薪酬数据后，需要做的是根据企业状况确定不同的薪酬水平。

影响公司薪酬水平的因素有多种。从公司外部看，国家的宏观经济状况、通货膨胀率、行业特点和行业竞争、人才供需情况等都对薪酬定位和工资增长水平有不同程度的影响。在公司内部，盈利能力和支付能力、人员的素质要求是决定薪酬水平的关键因素。企业发展阶段、人才稀缺度、招聘难度、公司的市场品牌和综合实力，也是重要的影响因素。

在薪酬水平的定位上，企业可以选择薪酬领先策略或跟随策略。薪酬上的领头羊未必是最有名气的公司，因为名气大的公司可以依靠其综合优势，不必花费最高的工资也可能招到最好的人才。往往是那些财大气粗的后起之秀最易采用高薪策略。它们多处在创业初期或快速上升期，投资者愿意用金钱买时间，希望通过高薪酬挖到一流人才来快速拉近与巨头公司的差距。

在薪酬系统设计中有个专用术语叫25P、50P，75P，意思是说，假如有100家公司参与薪酬调查的话，薪酬水平按照由低到高排名，它们分别代表着第25位排名（低位值）、第50位排名（中位值）、第75位排名（高位值）。一个采用75P策略的公司，需要有雄厚的财力、完善的管理、过硬的产品相支撑。因为薪酬是刚性的，降薪几乎不可能，一旦企业的市场前景不妙，将会使企业的留人措施变得困难。

◎怎么进行薪酬结构设计

薪酬价值观和薪酬思想反映了企业的分配哲学，即依据什么原则确定员工的薪酬。不同的企业有不同的薪酬价值观，不同的价值观决定了不同的薪酬结构。企业在设计薪酬结构时，往往要综合考虑五个方面的因素：一是其职位等级；二是个人的技能和资历；三是工作时间；四是个人绩效；五是福利待遇。在工资结构上分别设计为基本工资、绩效工资、加班工资和薪酬福利。

基本工资由职位等级决定，它是一个人工资高低的主要决定因素。基本工资是一个区间，而不是一个点。相同职位的不同员工由于在技能、经验、资源占有、工作效率、历史贡献等方面存在差异，导致他们对公司的贡献并不相同，因此，在基本工资的设置上应保持差异，即职位相同，基本工资未必相同。这就增加了工资变动的灵活性，使员工在不变动职位的情况下，随着技能的提升、经验的增加而在同一职位等级内逐步提升工资等级。

绩效工资是对员工完成业务目标而进行的奖励，即薪酬必须与员工为企业所创造的经济价值相联系。绩效工资可以是短期性的，如销售奖金、项目浮动奖金、年度奖励，也可以是长期性的，如股份期权等。此部分薪酬的确定与公司的绩效评估制度密切相关。

由于国家在加班工资和福利待遇的计算和设置方面颁布了相关的规定，本处不再进行重复阐述。

综合来说，确定基本工资，需要对职位进行分析和评估；确定绩效工资，需要对工作表现做评估；确定公司的整体薪酬水平，需要对公司盈利能力、支付能力做评估。每一种评估都需要一套程序和办法。所以说，薪酬结构设计是一个系统工程。

◎怎么建立年薪模型

年薪模型一般由以下 4 个部分组成，如图 6-5 所示。

1. 基本工资

基本工资是劳动者的基本收入，是保证他和家人日常生活的基本生活费用。

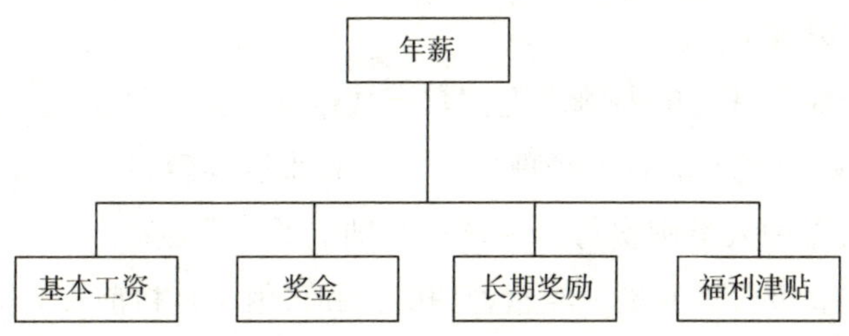

图 6-5　年薪工资模型

2. 奖金

奖金业绩的短期奖励，是不固定的收入。

3. 长期奖励

长期奖励通常以股票期权的形式支付。好的年薪制，会把这一部分设计得相当精彩，经理人的绩效与之紧密挂钩，如果获得了好的成就，就能够得到很高的回报。

4. 福利津贴

福利津贴主要是提供休假和各种保险福利待遇。经理人员的福利待遇一般高于普通员工，有免费小车和私人司机，豪华办公场所和俱乐部会员金卡等。

表 6-7 是某企业 2016 年年薪构成比例。

表 6-7 年薪构成比例

薪酬	基本工资	年功工资	涨幅工资	绩效工资	加班工资	福利津贴
构成比例	41%	2%	0	53%	0	4%

◎怎么建立管理者的薪酬模型

设计一个对管理人员具有吸引力的薪酬模型，是企业积聚优秀人力资源和激励员工的第一步。

大多数企业管理者的薪酬模型都具有战略性和挑战性。通常高级管理者（决策者、职业经理人、高级经理等）实行高难度经营目标基础上的高额年薪制，而一般管理人员则实行业绩评价基础上的月薪制。与月薪制相比，年薪制更能体现高级管理人员的经营管理能力和价值，是目前人力资源商品化、管理人才凸显价值的一种发展趋势。

企业高级管理干部实行目标管理基础上的年薪制，管理者根据个人能力申报未来一年的工作目标及年薪，董事会对个人工作目标及年薪方案进行批核。工作方案获得批准后，管理人员平时按月领取一定的固定工资，年薪的其余部分根据年终目标考评的成绩进行发放。

年薪的65%作为基本工资发放，即月薪 =（年薪 ×65%）/12，年薪的35%作为年度绩效考评，按目标完成的实际状况按等级发放。

表6-8是某企业中高层管理人员2016年年度薪酬构成比例。

表 6-8 管理者薪酬构成比例

薪酬	基本工资	年功工资	涨幅工资	绩效工资	加班工资	福利津贴
构成比例	71%	3%	8%	8%	1%	9%

◎怎么建立项目经理的薪酬模型

项目负责制是基于一些比较独立的工作课题、工程、项目而形成的一种由责任人（或责任团队）负责的工作制度。项目负责制在我国推广应用的时间较晚，也不是很成熟，但目前越来越多的科研企业、建筑、监理公司、咨询企业和其他服务企业都在充分探索并积极应用项目负责制的管理手法。

由于项目负责制的工作模式比较特殊，单纯以职务高低或工作时间长短来确定薪酬，显然很困难，因此为项目经理设计一种适用的薪酬模型已成为必然。

图 6-6 是最常见的项目经理的薪酬模型。

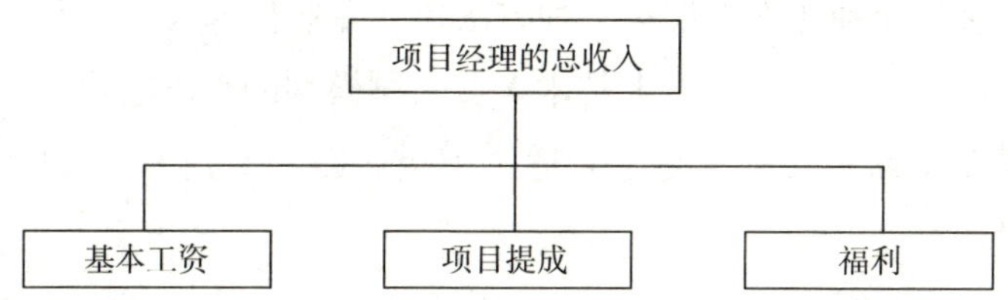

图 6-6　项目经理薪酬模型

项目经理的薪酬模型与其他薪酬模型的不同在于增加了项目提成这个部分，这也是区别其他模型的特征。项目提成通常是以课题、工程或项目的标的额为基础，按标的额的一定百分比例提取作为工作的回报。目前，我国在建筑监理、审计等行业对项目提成的百分比例做出了一定的规定，而其他行业对项目提成大多采用双方商讨约定的方法加以解决。

表 6-9 是某企业项目经理 2016 年年度薪酬构成比例。

表 6-9　项目经理薪酬构成比例

薪酬	基本工资	年功工资	项目工资	加班工资	福利津贴
构成比例	55%	3%	32%	0%	10%

◎怎么建立科技人员的薪酬模型

专业人员是指组织中那些通过国家职称评定机构获得了一定技术职称或技术资质等级的人员（如工程师、高级工程师、经济师、会计师、律师、技师或其他专业职称）。技术人员是指组织内部根据工作需要选择那些有资质有能力并安排他们到特定技术岗位工作的人员（如生产工程师、品质工程师、网络工程师等）。

通常对专业技术人员的薪酬模型设计有两种方式：一种是以职称高低为主要依据的“职称评定法”；另一种是以内部层级为主要依据的“评聘分离法”。这两种方法在大多数企业都存在，但第一种“职称评定法”的缺陷较多，越来越多的企业正在按照第二种方法建立专业技术人员的薪酬模型。

按“评聘分离法”建立专业技术人员薪酬模型的基础包含以下两个条件：一是打破职称等级制度；二是建立适合于企业需要的技术人员层级关系并实行聘用制度。

表6-10是某企业技术人员的层级关系表，该企业包括通讯产品的研发、生产、销售并提供售后技术支持服务，因此在一些非技术部门（生产部、工程服务部等）也安排了大量技术人员。

表6-10　企业技术人员层级关系表

层级	技术部		生产部		工程服务部	
	管理线	技术线	管理线	技术线	管理线	技术线
B1						
B2						
B3	经理				经理	
B4			经理			
B5						

续表

层级	技术部		生产部		工程服务部	
	管理线	技术线	管理线	技术线	管理线	技术线
B6						
C1						
C2						
C3		高工				高工
C4						
C5						
C6	管理员	技术员	管理员	技术员	管理员	技术员
D1						
D2						
D3		技术工程师				客服工程师
D4						
D5						
D6	管理员	技术员	管理员	技术员	管理员	技术员
E1						
E2						
E3	文员		文员		文员	
E4						
E5						
E6	员工		员工		员工	

表 6-11 是某企业技术研发人员 2016 年年度薪酬构成比例。

表 6-11　企业研发人员薪酬构成比例

薪酬	基本工资	年功工资	涨幅工资	绩效工资	加班工资	福利津贴
构成比例	73%	5%	10%	0%	3%	9%

◎怎么建立特殊人员的薪酬模型

越来越多的大型集团企业、跨国企业和外资企业，聘用外籍雇员或具有特殊才能的专业人才，已经是司空见惯的事情了。这些特殊人才有些是从事技术的，有些是从事营销的，有些是从事管理的。那么他们的薪酬模型如何设计呢？

通常在解决外籍雇员或专家型人才的薪酬待遇时，需要先回答清楚以下几个问题。

（1）他们在国外或中国人力资源市场上的薪资“价位”如何？

（2）企业能承受他们的高额薪酬吗？

（3）福利计划需要调整吗？要增加或删减哪些项目？

（4）他们的薪酬结构及薪酬管理有什么特殊性？

（5）如何处理与现有薪酬系统的关系？

大多数企业在聘用外籍雇员或专家型人才时，一般都把重点放在薪酬结构和薪资水平的调查和分析上，找出管理中需要解决的特殊性，然后再设计他们的薪酬模型。

图6-7是某外籍雇员在中国某电子厂的薪酬构成。Meek，男，38岁，美国人，工程师，毕业于麻省理工学院，受雇于一家中资企业，任技术总工程师。

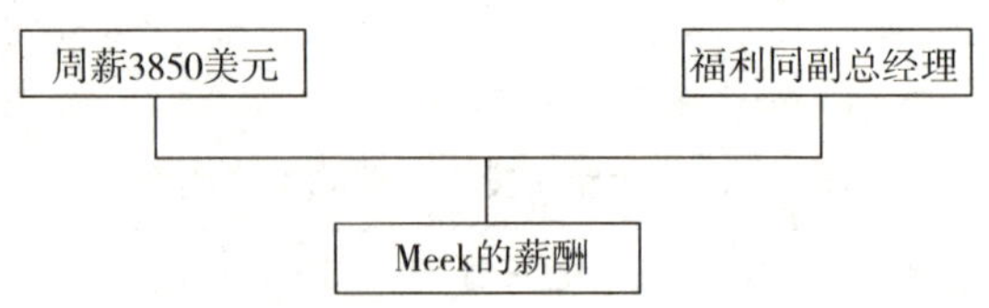

图6-7　外籍雇员的薪酬构成

目前，我国大多数中资企业、外资企业、集团企业在聘用外籍人员时，

都采取了“薪酬参考”的做法，即以该外籍人员在外国企业获得的工资水平作为最主要的参考依据，在此基础上结合地区差别、消费水平、个人所得税进行一定幅度的上下调整，融合到企业现有的薪酬制度中，就基本可以操作了。

企业聘用专家型人才，一般都是短期的，而且人数很少，所以大多数企业都采取简单原则，不会专门去设计薪酬模型。一般企业实行高薪打包制，付给对方的薪酬总额包括工资、福利津贴等全部内容，这也是比较容易操作的一种方法。

表 6-12 是某企业技术专家 2016 年年度薪酬构成比例。

表 6-12　技术专家薪酬构成比例

薪酬	基本工资	年功工资	涨幅工资	绩效工资	加班工资	福利津贴
构成比例	91%	0%	0%	0%	0%	9%

◎怎么建立钟点工的薪酬模型

钟点工的岗位，其本身的技术含量较低，对工作技能的要求较简单，因此这些岗位通常按钟点工资来计薪。钟点工资是以时薪为基础的一种薪酬计算方法，员工获得薪酬的多少按工作时间的长短来计算。大多数临时或兼职的员工，他们的薪酬计算通常都采用钟点工资的薪酬模型。

表 6-13 是某大型商场钟点工的薪酬模型。该公司根据不同岗位的工作特点设计了不同等级的时薪，如总办和送货部钟点工的时薪最高，为 1.30A，商场部钟点工的时薪最低，为 1.00A。

表 6-13　某大型商场钟点工的薪酬模型

层级	总办	仓务部	客服部	人力资源部	送货部	商场部	时薪比例
F1	√				√		1.30
F2		√					1.25
F3			√				1.20
F4							1.10
F5				√			1.05
F6						√	1.00

公司按照劳动力市场的参考价格确定钟点工资，在销售旺季招聘具有高中以上学历的钟点工，各部门按时薪比例系数确定不同岗位的钟点工资。

表 6-14 是某企业钟点工 2016 年年度薪酬构成比例。

表 6-14　钟点工薪酬构成比例

薪酬	基本工资	年功工资	涨幅工资	绩效工资	加班工资	福利津贴
构成比例	100%	0%	0%	0%	0%	0%

◎怎么建立绩效奖金制

建立合理的绩效奖金制度需要遵循以下原则。

1. 明确制定动机

通常单位要推行绩效奖金必定有其原因。比如，内部作业人员待遇不平衡，需一套制度来调和；材料损耗太大，需由绩效奖金来管制，以期减少浪费等。否则问题点未找出就仓促制定，不仅徒劳无益，反而会引起负面效应。

2. 实施对象的确定

通常实施对象的级别，以科长级（含）以下人员较切合；对于科长级（不含）以上人员，如厂长、经理等经营层，可以经营提成或每月给予固定的经营津贴较恰当。

3. 合理制定职位基数

绩效奖金制度，主要目的除了发挥员工的潜力及使员工产生对公司的归属感外，还有平衡工作结构、减少人员不平衡心态的作用，使责任轻重与所得之间建立良好的关联性。对不同职位应有不同的基数，见表 6-15。

表 6-15 职位奖金基数

级别	部门经理	科长	科员	助理科员
基数	4.0	3.5	2.5	2.0

◎怎么建立红利管理制

一、以企业整体为基础的红利制度

推行以企业整体为基础的红利制度应重点解决两方面的问题。

（1）红利总额的确定。在决定总额度时应注意下列各点。

①决定一个企业应分配给工作人员的红利总额度的方式很多，一般是在经营良好的年度中，以工资的百分比为准。

②管理层对红利数额大小的决定应慎重，一般来说，若红利总额低于拟定的标准，必须以加薪来补偿。

③由于任何红利计划制订后，产生的激励作用都可使报酬递增，因而在制订一个新的红利计划开始时，红利数额都有过低的倾向，这是自然的保守性动机。当红利水准相对较低时，该企业只有以加薪的方式作为酬劳。

④对红利的改变，可以缓增的方式按期递增红利水准。

（2）掌握红利的计算方法及步骤。

①在红利总数被估算后，接下来的问题是决定红利如何计算。最简单的办法是使红利等占利润的一定百分比，但一般以利润极低的比例支付红利。这样不但无法促成新投资，同时也造成工作人员的表现停滞。为避免上述缺

点，企业一般在获得某特定的投资报酬率后才支付红利。

②决定红利基金的计算方法后，接着决定支付个人实际红利额。这有赖管理层决定每位员工红利支付的计算标准及建立个人红利报酬的说明和支付方法。

③常用的个人红利支付计算方法是以红利基金总额与适当给付的工资总额比例来计算。这种方法的缺陷在于：工资水准可能使每一位工作人员对利润的潜在贡献评价不够客观。

另一个计算个人红利的方法是利用工资水准的不同百分比计算。高薪阶级，可获较高百分比的红利。这种方法的优点在于：使每一位工作人员红利的合理或不合理的差距缩小；给予对企业利润的贡献较高者以较高的奖励酬劳。

还有一种方法，其红利报酬是以红利点数为基础，对每一项工作给予若干红利点数，每年总红利金额，用总红利点数来除，产生每一红利点数的标准红利定数。这种方法的特点是比以工资为基础的红利有弹性，因为红利点数能按其对企业获利能力的潜在贡献来记录。

二、部门利润基础的红利制度

这种红利制度是以部门的利润为衡量标准的制度。根据不同性质的企业又可分为两种类型：分权制的企业组织的红利制度和集权制的企业组织的红利制度。

（1）分权制的企业组织，是指组织庞大，各部门自行其是，各部门间极少交流，仅有一小型的管理中心幕僚机构，及简单中心政策与作业程序相联系的组织。

基于各部门的所获利润来制定红利制度，一般是给予各部门经理以“全权”。采用这种方式的好处有以下3点。

①各部门的红利计算，以达到某一定百分比的投资报酬率来给予一定百分比的红利额。

②在红利计划开始时，公司在部门的投资额将再被部门及高级管理层重新决定，这个标准经常是重置价值。

③假若部门的重估价值少于重置成本，则投资额应被减少。假若部门的

重估价值高于重置成本，则投资额应被提增。

（2）集权制的企业组织，是指组织的营业项目或产品种类有限，各部门间有明显的联系，有一个极大的中心幕僚机构及高级的决策单位和作业中心。

采取这种方式遇到的困难及其原因有以下几个方面。

一是不恰当的红利基础。主要原因在于红利的给付应基于每年所定经营目标的利润，但对集权型的企业是极不可靠的衡量。因为一个部门的获利可能与其营业的性质有关，而与经理及其工作能力无关。企业的红利虽基于各部门所达成其利润预算的程度，但一般企业对部门经理的报酬是以其经营成效而定，而忽略其预测经济及竞争情况的能力。虽然无法控制的因素可修正其经营绩效，但这并非易事，而且可控与不可控的经营因素之间的区分本就不清晰。

二是目标的不调和。原因在于，在集权制的企业里，很难有一种制度能使各部门间的目标与企业目标相一致。自然，各部门经理都希望为企业的利益行事，就是部门的利益受不利的影响也在所不惜。但若红利因此受影响，则部门经理是否愿采取这种行动，就大有商榷的余地了。

三是短期报酬。许多部门的成绩并不在短期利润中显现，若部门经理经常改变，且其长期性的行动的直接影响似乎也不在短期红利中显示。这样，每年企业利润经常不受各部门的业绩的直接影响。所以基于分部获利能力的红利，不仅导致报酬金额的不平均，而且产生对短期行动强有力的反激励。

三、综合红利制度

有些企业主要部门的红利具有双重性，即兼具部门及企业的利润，建立综合性红利制度的目的在于酬劳部门经理及工作人员的成就，同时也奖励他们达成最高的企业利润。

在部门利润制度条件下，可使红利达到满意的基数，而综合红利制度可使部门利润在决定红利时，变得不重要。通常，综合制度在推动经营上，放弃部门利润以求公司利润而达到最大的效果值得怀疑，只有当企业对利用部门利润来计算红利的合理性存在严重疑问时，采用综合制度才是适宜的。

总之，决定采用何种红利制度取决于高层管理者的决策，但其成效要视企业的组织形态和管理技术而定。红利计划以各部门利润为基础，适用于分权制企业组织，而以整个企业利润为基础的则适用于集权制企业组织。但目前许多企业介于这两种组织形态之间，对于选择何种制度面临极大困难，不过一般仍以整个企业利润为基础值。总之，各种红利制度均有其优点，而这些优点是否适合每一企业的特殊性，或另有其他的考虑因素则根据具体情况而论。

◎怎么建立股票期权制

股票期权是一种特殊的期权，它可以在市场上流通，也可以作为企业资产所有者对员工实行的一种长期激励的报酬制度。

1. 激励性股票期权

激励性股票期权的操作与其他种类的期权相似，公司给予员工在未来某一时间以某一特定价格购买股票的权利。在激励性股票期权中，包括对期权的结构以及股票何时能够转让的限制。员工将会选择在公司股票的市场价值高于行权价格时履行期权，这时若股票价格上升，员工就能获得股票市价与行权价之间的差额收益。在员工被授予期权或行权时，其收益不会被确认为普通收入（虽然行权价与股票市价之间的差额是影响税负的重要项目之一），公司也无须在发放现金薪酬时进行会计处理；也就是说，股票期权在授予时，不会给公司带来费用。在股票被转让时，员工需要纳税。此时，采取法定转让方式转让所得的收入将被确认为资本利得；采取非法定转让方式转让所得的收入将部分被确认为资本利得，部分被确认为普通收入。

因此，确认什么样的行为属于激励性股票期权标的股票的转让行为是非常重要的。通常"转让"指任意形式的出售、交换、赠与或法定所有权的转移，一些不会被确认为转让行为的例外情况包括：该转让的股票是某死者所有并已成为某项财产的抵押时；或者该股票是作为遗产或遗赠转让时；或者转让行为属于如公司股票结构的重组之类的非认定性转让行为时；或者是由于离异导致的股票在配偶之间的转移时；或者股票由个人所有转变为合伙所

有时；或者某一无偿债能力的个人由于破产将股票转移给托管人时。

2. 非法定股票期权

当股票期权由于某种原因不能满足相关法规对激励性股票期权的要求时，它们可以被统称为非法定股票期权。大多数种类的股票期权都可归于这一范畴。

在授予员工非法定股票期权时，如果该期权有一个易于确定的公平市场价值，则此时员工就需要缴纳税收。如果非法定股票期权在被授予时不能确定其公平市场价值，那么只有在员工行权时才会被要求纳税。此时，企业也能得到相应的税基扣减。

与激励性股票期权类似，大多数非法定股票期权给予其受益人以预先确定的价格购买一定数量的股票的权利；不同的是，非法定股票期权可以立即或在某一时间段之后，或在某一事件发生时行权。

许多企业都实施了非法定股票期权，希望能够在不受国内税收法则约束的情况下获得与运用激励性股票期权同样的收益，即帮助企业能够给予核心员工以实在的激励，以保证企业的长久、持续发展，同时，却无须使用任何现金流资源。对于员工来说，他们则得到了分享企业未来利润增长的机会。可见，非法定股期权与激励性股票期权相比的最大优点，就是少受诸多的法规限制，企业在设计其内容时有较大的自由度。

3. 其他类型的股票期权

在所有的长期激励机制中，股票期权计划发展较快而且规模较大。与此同时，其他的长期激励机制也迅速发展，其中有一部分是股票期权计划的衍生产品。

例如，经理股票期权。全球前 500 家大工业企业中有 90% 的企业已向其经营者或高级管理人员实行了股票的报酬制度。

所谓经理股票期权，是指授予经理人未来以一定的价格购买股票的选择权，即在签订合同时向经理人提供一种在一定期限内按照某一既定价格购买一定数量本公司股份的权利。

在股票期权计划中，一般包含受益人、有效期、购买额、期权实施等几个基本要素。股票期权是用来激励公司的高层领导者或核心人员的一种制度安排。因此，受益人一般是董事会的董事长、公司总裁及一些高层管理人员，再加上那些具有特殊作用的技术科研人员。有效期一般定为3～10年。购买额是指期权受益人根据契约可以购买股份的多少。根据企业规模大小，期权的数量也有所不同，一般而言，占总股本较小的比例，在1%～10%之间。

◎怎么建立利益共享制

利润分享则是转变传统分配观念的最佳途径，在共同获利的基础上达到老板与员工利益的一致，是老板与员工思想融通的桥梁，是双赢理念的体现。

现代市场经济是一种利润分享的经济形式。分享制就是经济主体通过一定的分配形式而享有一部分利润的制度。它也是协调企业与员工的一种最佳的分配方式。现代企业运营中，利润分享制不仅适应企业和员工的利益要求，也符合企业运行的基本规律，从而使企业内部的各要素协调适当，企业达到良性运行的目的，也为它的长久发展奠定了良好的基础。

双赢的目的是互惠互利，这种互利不仅仅表现在金钱上，而且表现在其他的各个方面。企业与员工的分享制要求他们不仅要适当分配利润，而且要分配在利润基础上的其他权利。这种现代分享制的表现如下。

1. 利润共享制

实行共享经济制度，使员工的劳动收入由固定的基本工资和利润共享两部分组成，这样对公司或商号来说，只要增加的收益大于劳动实际成本，它们就对劳动力有需求，就会继续招聘员工。当总需求受到冲击时，公司或商号可以通过调整利润共享数额或比例来降低价格，扩大产量和就业。共享经济制——以利润共事制取代固定工资制。具体内容是：工商业主不再把雇员的原固定工资全部支付给雇员，而是将其中的2/3确定为固定工资，余下的1/3则同该企业的利润挂起钩来，由企业利润的多少来确定。

2. 员工持股

员工持股制度作为一种体现新的改革思路的企业制度，其核心在于通过员工持股运营，将员工利益与企业前途紧紧联系在一起，形成一种按劳分配

与按资分配相结合的新型利益制衡机制。同时，员工持股后便承担了一定的投资风险，这就有助于唤起员工的风险意识，激发员工的长期投资行为。由于员工持股不仅使员工对企业运营有了充分的发言权和监督权，而且使员工更关注企业的长期发展，这就为建立科学的决策、经营、管理、监督和分配机制奠定了良好的基础。

（1）标准的员工持股制的主要内容。

①工作一年以上和年龄在 21 岁以上的员工均可参加。

②股份或股票分配以工资为依据，兼顾工龄和工作业绩。

③员工持有的股份或股票托管机构负责管理。托管机构可以是公共托管机构，也可以是公司内部自己组织的托管机构。

④到了规定的时间和条件，员工持有的股份或股票有权出售，公司有责任收购。

⑤上市公司持股的员工享有与其他股东相同的股票权；非上市公司的持股员工对公司的重大决策享有发言权。

⑥政府给实行员工持股的公司以税收优惠。

（2）员工持股具体实施办法。

①公司直接将股票交给员工持股计委员会，委员会为每个员工建立账户，员工由此分得的红利逐年偿还股票价值，全部偿还以后，股票就属于员工个人了。

②成立员工持股计划信托基金组织，该组织向银行贷款购买企业股票，购买的股票由该组织保管，随着贷款的偿还，再按事先约定的比例逐步将股票转入员工账户，贷款全部偿清后，员工则可以得到红利。

3. 产权分享制

只要存在完全竞争，生产者和消费者就能根据价格信号做出决策，并能实现最有利的结果，资源能被有效地运用，个人追求利益最大化的过程也使整个社会的利益最大化。一种产权结构是否有效率，主要看它能否为在它支配下的人们提供较大的内在化的激励，共有产权和国有产权都不能解决这个问题，而私有产权却能产生更为有效地利用资源的激励，换言之，私有产权在实现资源的优化配置，调动生产者的积极性、主动性和创造性等方面所起的激励作用是一切传统手段无法与之相比的。能真正有效、持久、充分地激励员工创造出理想的工作局面来。

◎怎么进行奖金制度的设计

一、奖金的类别

（1）全勤奖。根据每月出勤率和每年出勤率，分有月度全勤奖和年度全勤奖。

（2）绩效奖。根据各部门所产生的绩效量化指标确定。

（3）年终奖。根据年终公司经济效益给予的年终个人奖。

（4）优秀员工奖。根据年度考评评选出来的优秀员工的奖励。

（5）创汇奖。根据营业额度，达到核定指标的100%给予奖励，超过指标的按比例给予奖励。

（6）超产奖。根据各生产部门每月或每季度产量的超产额度确定超产奖。

二、奖金制度设计的一般原则

1. 量化原则

量化原则即可以量化的奖金最好以量化指标执行，并有明确的计算方法，制定成公司的制度，让公司所有员工有所了解，不至于模糊不清，以致产生不当情绪。

2. 标准原则

每一年度，针对每一工作项目制定标准工时、标准产量、标准不良率等指标核定，作为以实绩成果衡量绩效的一个基准。

3. 激励原则

不能量化作业的奖金，在整个奖金制度当中应该占的比例不大，能量化作业的奖金，所产生的激励效果较大，所以应注意这个比例分配。

三、工资与奖金混合制度

1. 计件制

（1）计件工资制方式一。

工资＝生产良品数量 × 单件工资

（2）计件工资制方式二。

①工作在标准产量以上。工资＝生产良品数量 × 单件工资（较高）

②工作在标准产量以下。工资＝生产良品数量 × 单件工资（较低）

（3）计件工资制方式三（集体计件）。

①工作在标准产量以上。工资＝生产良品数量 × 单件工资

②工作在标准产量以下。工资＝实际工时 × 单件工资

2. 计时制

（1）计时工资制方式一。

①工作在标准产量以下。工资＝实际工时 × 每小时工资率

②工作在标准产量以上。工资＝实际工时 × 每小时工资率＋奖金率 ×（标准工时－实际工时）× 每小时工资率

该方式的特点：以基本薪保证最低工资；效率奖金比例约为基本薪的 1/4 ～ 3/4。

（2）计时工资制方式二。

工资＝实际工时 × 每小时工资率＋（标准工时－实际工时）× 每小时工资率 ×100%

（3）计时工资制方式三。

工资＝实际工时 × 每小时工资率＋（标准工时－实际工时）÷ 标准工时 × 每小时工资率 × 实际工时

该方式的特点:（标准工时－实际工时）÷ 标准工时的结果恒小于 1，则其奖金随其节省时间的多少而跟着变动；以日给薪资（实际工时 × 每小时工资率）保障最低薪资。

（4）计时工资制方式四。

工资＝实际工时 × 每小时工资率＋（标准工时－实际工时）× 每小时工资率 ×75%

该方式的特点：保障基本薪；其奖金率为基本工资率的 75%。

（5）计时工资制方式五。

①工作在标准产量以下。工资＝实际工时 × 每小时工资率

②工作在标准产量以上。工资＝标准工时 × 每小时工资率＋标准工时 ×

每小时工资率 ×1/3

该方式的特点:对计件制方式二进行修订缓和;奖金大约为基本工资的 1/3,有保障工资。

(6)计时工资制方式六。

①工作在标准产量以下。工资=实际工时 × 标准工时 × 每小时工资率

②工作在标准产量以上。工资= 4/3 × 标准工时 × 每小时工资率

该方式的特点:无保障工资;为计时制方式一和方式三的改进;对于超过工作标准的人,则依甘特图计算。

(7)计时工资制方式七。

①工作在 67%标准以下。工资=实际工时 × 每小时工资率

②工作在 67%标准以上。工资=实际工时 × 每小时工资率+(奖金率 × 实际工时 × 每小时工资率)

该方式的特点:保障最低工资;效率 67%以下只付给保障工资,超过 67%随着超出大小而增加。

3. 效率奖金比率

见表 6-16。

表 6-16 效率奖金比率(%)

效率	67	68	69	70	71	72	73	74	75
奖金率	0.01	0.04	0.11	0.22	0.37	0.55	0.76	10.2	1.37
效率	76	77	78	79	80	81	82	83	84
奖金率	1.64	1.99	2.38	2.80	3.27	3.78	4.33	4.92	5.53
效率	85	86	87	88	89	90	91	92	93
奖金率	6.17	6.84	7.56	8.32	9.11	9.91	10.74	11.62	12.56
效率	94	95	96	97	98	99	100	101	102
奖金率	14.53	15.53	15.57	16.62	17.70	18.81	20.00	21.0	22.0

◎怎么设计佣金制度

严格来说，佣金（又称作提成），是指由于员工完成某项任务而获得的一定比例的金钱，但因为和奖金有些相似。因此可以作为奖金的一种特殊类型。

佣金用得较多的岗位是业务人员，根据业务人员在一定时间内的业务量提取一定比例的金额给予业务人员作为奖励。

在制定佣金时应注意以下几个问题。

（1）比例要适当，要符合成本原则。比例太低，员工没有积极性；比例太高，企业又很难负担。因此如何设定一个适当的比例尤为重要。

（2）不要轻易改变比例。在决定比例时要很慎重，要进行调查研究，对现有业务量及将来可能的业务量要进行预估，除非有重大原因，否则不要改变佣金比例，切忌看到员工拿得多就想把比例降下来。遇重大原因需要改变比例时，应做好员工的思想工作。

（3）兑付要及时。可以每个月结一次账，也可以按回款期兑付，兑付方式灵活多样，但应该被员工接受，拖欠容易影响员工积极性。

◎怎么设计员工建议奖

建议奖是指由于员工对公司的管理、技术以及其他方面提出了合理化建议（如降低成本、提高效率、改善流程、改进技术等），企业为了鼓励员工多提合理化建议而支付的奖金。

在制定建议奖时要注意以下事项。

（1）只要是出于达成公司目标的动机，有利于企业的发展（不管是短期还是长期），均应该奖励。

（2）奖金的额度不宜太高，但获奖励的面要宽。

（3）如果建议重复，原则上只奖励第一个提此建议者。

（4）如果建议被采纳了，除了建议奖之外，还可以给予建议成效奖。

（5）采纳的建议予以公布，以激发更多员工的参与感。

◎怎么设计特殊贡献奖

特殊贡献奖是指由于员工为企业做出了特殊贡献，企业为了表彰员工这种行为而支付的奖金。

特殊贡献奖的金额一般较高，特殊贡献奖有很多种，如提了一项合理化建议，为公司节约了大量成本；改善某项工作流程，大大提高了工作效率；提供某项信息，为公司增加了许多销量；设计一项新技术项目，为企业减少了许多的设备投资等。

在制定特殊贡献奖时要注意以下事项。

（1）制定奖励标准时要有可操作性，即可以测量内容，也就是可以量化的原则。如增加利润多少？增加销量多少？提高效率多少？节约成本多少？挽回损失多少？

（2）为企业增加的金额要大，按每个档次给予不同比例的奖励。

如：50万～100万元为一档，奖励1万元；100万～500万元为一档，奖励5万元；500万～1000万元为一档奖励10万元等，以此类推。

（3）要明确规定只有在公司其他人或在平时无法完成的情况下，而该员工却完成时才能获奖。

（4）奖励面窄，奖励人数少，奖励金额较大。

（5）奖励时要大力宣传，使受奖人和大家均受到鼓励，激励员工都参与竞争。

◎怎么设计节约奖

节约奖又称作降低成本奖，如果降低成本的金额很大时，可获特殊贡献奖，降低成本金额较少时，可获节约奖，一般以一线的操作人员为奖励的主要对象，在制定节约奖时要注意以下事项。

（1）要奖励真节约，防止假节约。两者的区别在于是否保证品质，即在保证品质的前提下的节约才是真节约。假节约不但无奖，还要受罚。

（2）将节约的标准量化。明确规定指标来确定是否降低了成本。

（3）奖励方式可多样。降低的成本可以一次性，也可以通过某个时段的累计而进行奖励。

◎怎么设计效率奖

一、制定效率奖金的意义

效率有公司整体的效率、各部门的效率、个人的效率，有生产效率、品质效率等不同种类。

效率一词代表了活力与成果，效率奖金除能满足工作人员的生理需求外，效率奖金的高低更是衡量一个人工作表现与工作成就的一个重要指标。

有效率，企业才有活力，有效率企业才有生命力。因此，一个企业如何实施效率奖金，并制定一套完整的实施办法，适用于每一个部门，并随着企业不断的成长而进行不断的改进，是一件非常重要的事。

二、效率奖金的计算

效率奖金＝产量系数 × 品质系数 × 奖金标准额度

1. 产量系数

（1）公司生产效率。

人均产量系数＝实际人均产量 ÷ 标准人均产量

假如每日100人标准产量为20000件，则

标准人均产量＝20000÷100＝200（件/人）

若实际完成21000件，则

实际人均产量＝21000÷100＝210（件/人）

人均产量系数＝210÷200＝1.05

（2）部门和个人生产效率。部门和个人生产效率的计算方法同公司生产效率计算方法一样。

2. 品质系数

品质成本通常占了总体成本相当大的比例，它是为一般较不正规的公司管理层容易忽视的一个环节，如果绩效评估光考虑材料成本和产量，而不考虑品质因素是不完整的。

设定一个基准品质系数值＝1.0，它有一个对应的不良率，假设对应的不良率为1.0%，则不良率每增加0.1%，品质系数值就减少0.1，品质系数值的大小与不良率的高低成反比关系，以此类推。

表6-17为品质系数与不良率对照。

表6-17 品质系数与不良率对照表（%）

不良率	0.6	0.7	0.8	0.9	1.0	1.1	1.2	1.3	1.4	以此类推
品质系数	1.4	1.3	1.2	1.1	1.0	0.9	0.8	0.7	0.6	

◎怎么推行岗位技能薪酬制

岗位技能薪酬制是以劳动技能、劳动责任、劳动强度和劳动条件等基本劳动要素评价为基础，以岗位薪酬、技能薪酬为主要内容的一种薪酬制度。

其中，岗位薪酬是根据员工所在岗位或所任职务及所在职位的责任轻重、努力程度（包括劳动强度）和工作环境而确定的薪酬。技能薪酬则是根据不同岗位、职位、职务对知识与技能的要求和员工所具备的知识与技能水平而确定的薪酬。

岗位技能薪酬制的关键是工作评价。如果企业做不到对员工劳动量进行科学评估，缺乏一系列扎实的基础工作，就无法真正有效地实施这种制度。

工作评价是岗位技能薪酬制的关键与核心内容。它要求对企业所设的岗位的难易程度，责任大小，及相对价值的多少进行评价。工作评价涉及分类与评价两个方面。在工作与工作之间存在的差异中，将其种类、属性与关系分别组合起来，就是分类。同一类别的工作，虽然大部分相似，但完成工作所需的知识却有所不同，必须区分其程度的高低，这就是评价。工作评价是对工作价值的判断，进而纳入薪酬结构，并提供薪酬结构的标准程序。

1. 工作评价的主要功能

（1）在一个企业内建立一般的薪酬标准，使之与邻近企业保持同等待遇，并使其具有预期的相对性，从而符合所在地区的平均水准。

（2）在一个企业内建立工作间的正确差距及相对价值。

（3）新增的机构能与原有的工作保持适当的相对性。

2. 工作评价的方法

（1）排列法。这是一种简单的工作评价的方法。小型企业由于工作不多，运用这种方法比较有效，但不太精确。排列法也有多种，可分为以下 3 种。

①定限排列法。将一个企业相对价值中最高与最低的工作选择出来，作为高低界限的标准，然后在此限度内，将所有的工作，按其性质与难易程度

逐一排列，显示工作与工作之间的高低差异。

②成对排列法。将企业中所有工作，成对地加以比较，见表6-18。

表6-18 成对排列法比较

工作	甲	乙	丙	丁	分类
甲	—	1	1	1	3
乙	0	—	0	0	0
丙	0	1	—	0	1
丁	0	1	1	—	2

如表6-18所示，甲与乙比校，若甲优于乙，则在甲的横栏内记1，在乙的横栏内记0。同理，乙比丙差，则在丙的横栏内记1，在乙的横栏内记0，以此类推。最后分数汇总，得出各工作的分数，甲等级最优，乙等级最差，丁与丙工作等级依次排在中间。

③委员会排列法。在企业内组成一个委员会，所有工作等级的高低均由这个委员会评估。将评估的原则、目的、方法等向各委员解释明白，达成一致认识。然后，由委员们评估工作，将结果予以平均。此法简单易行，但主观因素起的作用较大。

（2）分类法。分类法是按一个假设的量表把工作划分为几个类别，每个类别常有明确的界限，有时用例子加以说明。根据所判断的整个价值和与几种分类描述的关系，把一种工作划入特定类别。

此方法需要有工作说明书和等级说明。每个工作都需要有一份详细的工作说明书，对有关工作进行明确的说明。

工作等级说明的撰写方法一般采用间距排列法。将所有工作的高低间距，图解出来，如图6-8所示。

其中，X、Y可合为一组，A、N、M合为一组，参考各组的工作说明书，可写出两个等级说明。如果间距排列工作数目足够多，而被排列的工作又有足够的代表性，等级说明就较容易撰写。

分类法较为简单，但等级说明过于一般化，容易引起员工与管理者的争论。

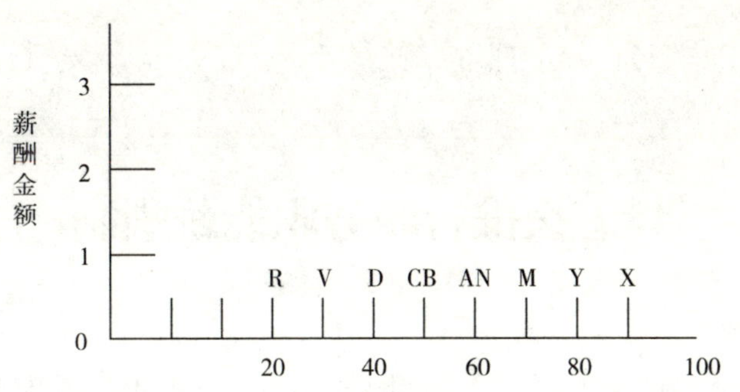

图 6-8 间距排列法

（3）计分法。计分法是最为广泛采用的工作评价方法，它比排列法和分类法要复杂得多。计分法首先确定与职务有关的报酬要素，并给予这些要素以不同的权数或分数。报酬要素用来确定多种职务所共有的工作价值。这些要素是根据职务分析而确定的。比如，对仓库和制造场所的职务来说，体力要求、可能遇到的风险以及工作环境就可以作为报酬要素，并给予较大的权数。而对大多数办公室和文书性的职务来说，上述因素就无足轻重。因此，在确定报酬要素和权数时，必须以职务的性质和特点为依据。

某事务咨询公司设计了一种独特的计分方法。这个方法被许多企业所采用，不过，该方法多用于那些无加班费的职务。该方法选用了三个报酬要素，并用数字来计量每项职务对三个要素中各个子要素所需要的程度。这三个要素及其子要素见表 6-19。

表 6-19 三要素计分法

所需技术和技能	所需解决的问题	所负责任
职业专长	产生问题的环境	决策的自由度
管理技能	挑战和难题	最终结果的影响力
处理人际关系的能力	—	责任的重要性

（4）要素比较法。要素比较法是一种综合性的数量方法。该方法是通过将排列法和计分法组合一体而成。要素比较不仅确定了哪项职务对企业更加重要，而且还确定了重要程度，从而使得更容易将报酬要素的价值转化成货币工资。

◎怎么推行职务职能薪酬制

职务职能薪酬制以职务的类别和履行程度为标准来决定薪酬，其流程见图 6-9。

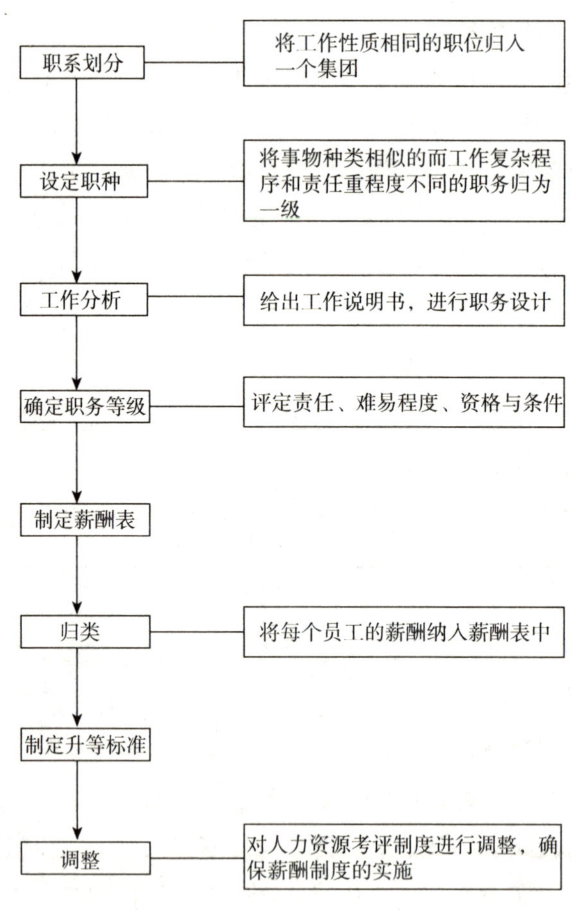

图 6-9　职务职能制流程

划分与评定的主要方法见表 6-20。

表 6-20 公司职种范围的设定及定义

职系	职种	职系	职种
营业职系	油脂销售职 油量销售职 成品销售职 玉米粉销售职 饲料销售职 销售计划职 食品开发职	事务职系	经营计划职 总务职 人事管理职 会计职 物流职 电脑职 原料职 物料职
技能职系	制造技能职 包装进出货职 保养职 环境保护职	技术研究职系	生产技术职 设备技术职 研究开发职 试验检查职

第七章　员工劳保福利管理

◎怎么设计员工福利制度

企业为什么要提供各种福利呢？企业用于支付福利的花费无疑可以以现金的方式付给员工，而员工可以将这笔钱用于任何他们想要的福利。如员工可以自己购买健康保险，也可以自己为自己储蓄养老金。

福利必须被视为全部报酬的一部分，而报酬是人力资源战略决策的重要方面之一。从管理层的角度看，福利可对以下若干战略目标做出贡献：协助吸引员工；协助保持员工；提高企业在员工和其他企业心目中的形象；提高员工对职务的满意度。

与员工的收入不同，福利一般不须纳税。由于这一原因，相对于等量的现金支付，福利在某种意义上来说，对员工就具有更大的价值。

一、福利制度应符合的原则

企业提供的福利反映了企业的目标、企业的文化，因此，福利制度对企业的发展至关重要。

1. 福利目标原则

（1）必须符合企业的长远战略发展目标。

（2）必须满足员工的正常生理及心理需求。

（3）符合企业的报酬政策及制度。

（4）要考虑员工眼前需要和长远需要。

（5）能激励大部分员工，使企业对员工产生凝聚力。

（6）符合成本原则，企业能担负得起。

（7）符合当地的政策法律法规。

2. 福利成本原则

（1）根据利润计算出公司最高的可能支出福利费用。

（2）与外部福利标准进行比较，尤其是与竞争对手的福利标准进行比较，尽量不低于同行平均福利水平的原则。

（3）做出主要福利项目的核算以及占总成本的比重。

（4）确定每一个员工的福利项目成本。

（5）制订相应的福利项目成本计划。

（6）尽可能在满足福利目标的前提下降低成本。

二、福利制度的标准

（1）恰当的（appropriate）。

（2）可支付的（affordable）。

（3）容易理解的（understandable）。

（4）可管理操作的（administrable）。

（5）灵活的（flexible）。

三、福利的主要类型

每个企业除了法律规定的福利以外，还有很多有利于企业发展和员工成长的福利项目。

1. 公共福利

（1）医疗保险。

（2）失业保险。

（3）养老保险。

（4）伤残保险。

2. 个人福利

（1）养老金。

（2）救助金。

（3）辞退金。

（4）住房津贴。

（5）交通补贴。

（6）工作餐。

（7）海外津贴。

（8）人寿保险。

3. 生活福利

（1）结婚礼金。

（2）丧事补助。

（3）员工法律顾问。

（4）员工心理咨询。

（5）员工贷款担保。

（6）托儿所。

（7）养老院。

（8）独生子女教育费。

4. 其他福利

（1）脱产培训。

（2）病假补助。

（3）事假。

（4）公休。

（5）节日假。

（6）工作间休息。

（7）旅游。

◎怎么确定员工保险的险种

一、社会保险

社会保险是劳动者（或公民）由于年老、患病、生育、伤残、失业、死亡等原因而暂时中断劳动、暂时或者永久丧失劳动能力不能获得劳动报酬，本人和供养的家属失去生活收入时，由国家和社会按规定提供物质帮助和社会服务的一种社会保障制度，是一种社会政策性保险。它是将危险集中而转移给政府服务机构的一种措施。

在保险中，并非公司员工所遇到的一切可以引起经济损失的不幸事件都

能成为保险的对象，都可用社会保险方式处理。只有在下列情况下发生的不幸事件才能获得社会保险。

第一，不幸事件的发生必须是与个人意识无关的因素或纯属疏忽过失而造成的，必须排除任何主观上的故意行为。

第二，不幸及由此引起的经济损失对劳动者整体而言具有必然性，在劳动者整体中是普遍存在的。

第三，不幸事件何时发生于何人必须是偶然的，即对劳动者个体而言具有随机性。

第四，不幸事件的发生应有比较明确的规律性可供利用，如危险的范围、频率、损失等都可能进行一定的预测。

第五，保险所承认的不幸事件仅限于由丧失劳动和失去劳动机会范围内，如失业；保险所确认补偿的经济损失仅限于与劳动者第一职业相关的主要收入损失。

第六，不幸事件所引起的损失必须是可以确切计算的。

第七，保险的保障水平只供维持遭受经济损失的劳动者的基本生活需要。

二、与企业相关的保险项目

企业保险主要是员工保险，一般称为劳动保险。其目的是为了保障员工应付各种意外事故损害。保险的客体，都是员工。

企业保险及与企业相关的主要险种有如下几种。

1. 失业保险

失业保险是指在保险者失业的情况下，支付其待业保险金，以安定其生活，并致力于改善员工的就业和开发能力，使失业者不致造成将来就业后不正当的工资下降，并促使其尽快就业。

2. 养老保险

养老保险是指企业员工在达到一定年龄退休后，由于他们的年龄和身体状况所限不能再从事某一职业，故为保证老年人不因工业化社会生活水准提高而发生生活困难所设置的保险。

3. 医疗保险

医疗保险的保险内容包括：当被保险者由于工作及非工作上的原因发生

患病、负伤、妊娠、生育、死亡等情况时，提供其医疗费并分别支付伤病、育儿、埋葬费用；有时当被保险者的被抚养者发生上述情况时，也支付一定的家属医疗费、家属埋葬费、配偶分娩费等。

4. 工伤保险

工伤保险是企业为保障企业员工在遭受生产、工伤事故和职业病伤害后获得医疗保障、生活保障、经济补偿和职业康复等物质帮助权利的社会保险制度。工伤保险待遇主要包括医疗待遇、医疗期间工资待遇、伤残待遇和死亡丧葬、抚恤待遇项目。

三、工伤保险必须遵循的原则

1. 无责任补偿原则，又称无过失补偿原则

其一，无论职业伤害责任主要属于用人单位还是第三者或者受伤者自己个人，受伤者都得到一定的经济补偿；其二是用人单位不承担直接补偿责任，由工伤社会保险机构统一组织工伤补偿。

2. 个人不缴费原则

工伤保险费用由用人单位缴纳，员工个人不缴费，这是工伤保险区别于其他社会保险项目的标志。

3. 补偿与预防、康复相结合的原则

工伤保险的根本任务是保障员工的生活，保护员工健康，促进社会安定和生产力发展。基于此，工伤保险就应当与事故预防、医疗康复、职业康复相结合。

4. 征集基金、共担风险的原则

这是各项社会保险的共同原则，通过强制征收保险费，建立统一的工伤保险基金，实行统一管理。

5. 区别因工和非因工的原则

职业伤害与工作和职业有直接关系，工伤保险待遇具有补偿性质。因此，确定工伤保险范围的依据就是把握因工和非因工的界限。

6. 补偿工资损失原则

就是工伤保险待遇与受伤害员工既往的工资收入之间保持适当的比例。

◎怎么办理社会保险

我国《劳动法》第70条规定，国家发展社会保险事业，建立社会保险制度，设立社会保险基金，使劳动者在年老、失业、工伤、生育、患病等情况下获得帮助和补偿。关于社会保险费的缴纳问题，根据国务院令第259号《社会保险费征缴暂行条例》之规定，社会保险费应当缴纳到社会保险经办机构（隶属于劳动保障局的事业单位）。也就是说，HR要接触的部门主要是社会保险经办机构。

在缴费前，用人企业应当向社会保险经办机构办理社会保险登记。登记内容包括单位名称、经营地点、单位类型、法定代表人或者负责人、开户银行账号等，办理登记时应当带上营业执照。

登记后，企业要按月向社会保险经办机构申报缴纳的社会保险费数额，经社会保险经办机构核定后，在规定的期限内缴纳社会保险费。

1. 具体程序

（1）先签订劳动合同。

（2）带企业营业执照、公章到劳动局登记。

（3）确定申报基数。

（4）缴费。

2. 注意事项

（1）进行社会保险登记，要带企业营业执照及代码证、公章到社保部门填报《社保登记表》，取得企业的社保号后，去地税部门办理缴费手续。

（2）带上员工的身份证复印件去填写《社会保险增员表》。

（3）到地税部门取“银行代扣社会保险费协议”，填好后送有关银行。

（4）次月起地税局即开始扣社会保险费。

（5）以后有员工增减时，填“增员表”“减员表”盖公章后，送社保即可。

（6）资料需用钢笔或签字笔填写，并妥善保管，因为这些资料关系到员工一生的保障。

3. 公司申请办理社保需要准备的证件

（1）企业营业执照副本原件。

（2）组织机构统一代码证书原件。

（3）开户银行印鉴卡原件或开户许可证原件或开户银行证明原件。

（4）企业法人身份证复印件（盖单位公章）。

（5）企业经办人的身份证原件。

（6）企业法人身份证原件和复印件（加盖单位公章）或社保经办人企业法人身份证原件和复印件（加盖单位公章）。

如是港澳台外籍人员需提供有效的证件（永久性）和入中国境内的证件原件且提供复印件（加盖单位公章）。

（7）《企业参加社会保险登记表》（盖单位公章）。

◎怎么办理失业保险公司账户

办理《失业保险单位缴费手册》需要提供的资料如下。

（1）营业执照（事业单位批文）复印件。

（2）“社会保险登记表”（含社会保险费缴费登记表）原件。

（3）“职工参加社会保险花名册”原件。

（4）每月社会保险费申报表及申报明细表。

（5）每月缴纳失业保险的税单。

（6）参保单位增、减名单原件。

（7）缴纳失业保险基金年审定表一份并盖公章。

（8）参加失业保险人员准备一寸照片一张。

◎怎么办理一般保险的公司账户

第一步：准备相应证件。

（1）复印企业营业执照副本，并携带原件。

（2）携带组织机构统一代码证书原件。

（3）开户银行印鉴卡原件或开户许可证原件或开户银行证明原件。

（4）企业法人身份证复印件（盖单位公章）；企业经办人的身份证原件。

（5）企业法人或社保经办人如是港澳台或外籍人员的，需提供有效的证件（永久性）和入中国境内的证件原件且提供复印件（加盖单位公章）。《企业参加社会保险登记表》（盖单位公章）。

第二步：携带相关证件到当地社保局，申请办理公司保险账户。

第三步：等待审核通过。

◎怎么查询企业缴纳的社保

社会保险的主要项目包括养老保险、医疗保险、失业保险、工伤保险、生育保险。且必须有个人缴纳部分和企业缴纳的部分，那么如何才能查询公司是否给缴纳了社保？很多员工会来人力资源部进行咨询。

查询企业缴纳社保的方法如下。

1. 网络查询

登录当地社保网之后，在对话框中输入本人身份证号码（或社保编号）、密码之后就可以查询本人的相关社保信息。

2. 热线电话查询

拨打全国统一的社保热线，当地区号+12333查询。

3. 官方机构查询

可以到当地的社保中心工作大厅，请工作人员帮忙查询。

◎怎么确定办理保险的公司

首先，应该选择具有合法资格、信誉较好和产品性价比好的保险公司。通过了解各公司提供服务的内容及保险责任大小程度，保险营业机构或服务网络覆盖区域大小，选择一款适合本企业的保险产品。选择保险产品前要了解自身的风险和特征，根据实际情况选择个人所需的风险保障。

其次，要询问所购买的保险条款是否经保监会批准。保险公司是否对于除外责任做出说明，是否提供附加险对除外责任进行承保等。关注费率是否与保监会批准的费率一致，了解保险公司的费率优惠规定和无赔款优待的规定。通常保险责任比较全面的产品，保险费比较高；保险责任少的产品，保险费较低。

再次，关注保险公司与客户沟通的渠道是否畅通、简便，是否能提供增值服务。保险公司对客户的服务承诺，既是自身实力的体现，又是对客户的回报。

对企业来说，发生保险事故能够顺利得到理赔，保险公司能够持续稳定经营，这是选择保险公司时首先要考虑的。

目前，我国保险公司的形态有国有控股保险公司、企业参股的保险公司、也有中外合资的保险公司。

如果从险种上看，各家保险公司都各有特点。但如果从安全方面考虑，规模大的保险公司肯定会更稳妥些，万一保险公司经营出现问题，国家可能会优先扶持规模大、客户多、影响大的保险公司，毕竟大的保险公司如果破产会直接关系到社会的稳定。而小公司的影响则要小得多，很容易被大保险公司兼并，所以，最好还是选择规模大的保险公司。

按照销售额上看，排名居前的中资保险公司为中国平安、新华保险、中国人寿、泰康保险、太平洋保险、太平人寿；排名居前的合资保险公司为中意人寿、光大永明、美国友邦、中美大都会、中英人寿、信诚人寿。

人寿保险公司在风险管理、人身保障、养老金计划等方面有着不可替代的专业优势，成为大多数知名企业的员工福利管理服务商。

◎怎么计算医疗保险保费

医疗保险的保费每年都会重新计算。保费的多少由一系列因素而定，包括承保的医疗、疾病范围；被保险人年龄；被保险人的健康状况以及保单的征税程度。

医疗保险的缴费标准分为两个部分:一般用人单位按工资总额的 6% ～ 8% 缴费，职工个人按本人工资收入的 2% 缴费。

自由职业者按照本市上一年职工月平均工资的 9.5% 缴费。

退休人员本人不缴费，单位按退休人员基本养老金的 4%缴费。

需要注意的是两点。

（1）基本医疗保险的保费必须连续、足额上缴。

（2）城镇个体工商户和自由职业者，如果已达到法定退休年龄但累计缴费年限不足 15 年，应继续按年缴足 15 年；也可以一次性缴足 15 年，缴费标准为：缴费时上一年本市职工平均工资 ×9.5%× 缴费年限 ×（1 ＋ 7%）缴费年限。

住院费报销公式 [一次性住院医疗费 -（起付标准＋个人应负担的自付费用＋不属于基本医疗报销范围内的费用）]×[（75 ＋年龄 ×0.2）÷100]

在这个计算公式中，起付标准是以本市上一年职工平均工资为基数，住一级医院为 5%；住二级医院为 8%；住三级医院为 12%。

重要提示：由于在一个自然年度内，基本医疗保险有一个报销限额，就是累计最高不能超过本市上一年职工平均工资的 4 倍。

◎怎么计算养老保险保费

一、国家相关政策

（1）一般地区个人缴纳养老保险金，按照当地上年度在职职工月平均工资为基数，缴费比例是20%，其中8%记入个人账户。

（2）最新的养老保险政策是：国务院2005年12月3日发布的《国务院关于完善企业职工基本养老保险制度的决定》（国发〔2005〕38号）文件规定：城镇各类企业职工、个体工商户和灵活就业人员都要参加企业职工基本养老保险。城镇个体工商户和灵活就业人员参加基本养老保险的缴费基数为当地上年度在岗职工平均工资，缴费比例为20%，其中8%记入个人账户，退休后按企业职工基本养老金计发办法计发基本养老金。改革基本养老金计发办法。为与做实个人账户相衔接，从2006年1月1日起，个人账户的规模统一由本人缴费工资的11%调整为8%，全部由个人缴费形成，单位缴费不再划入个人账户。同时，进一步完善鼓励职工参保缴费的激励约束机制，相应调整基本养老金计发办法。

《国务院关于建立统一的企业职工基本养老保险制度的决定》（国发〔1997〕26号）实施后参加工作、缴费年限（含视同缴费年限，下同）累计满15年的人员，退休后按月发给基本养老金。基本养老金由基础养老金和个人账户养老金组成。退休时的基础养老金月标准以当地上年度在岗职工月平均工资和本人指数化月平均缴费工资的平均值为基数，缴费每满1年发给1%。个人账户养老金月标准为个人账户储存额除以计发月数，计发月数根据职工退休时城镇人口平均预期寿命、本人退休年龄、利息等因素确定。

国发〔1997〕26号文件实施前参加工作，本决定实施后退休且缴费年限累计满15年的人员，在发给基础养老金和个人账户养老金的基础上，再发给过渡性养老金。各省、自治区、直辖市人民政府要按照待遇水平合理衔接、新老政策平稳过渡的原则，在认真测算的基础上，制定具体的过渡办法，并报劳动保障部、财政部备案。

本决定实施后到达退休年龄但缴费年限累计不满15年的人员，不发给基础养老金；个人账户储存额一次性支付给本人，终止基本养老保险关系。这是目前计算养老待遇的最新规定。

二、养老保险的注意事项

（1）一般要缴满15年，到退休的时候才能终生享受养老金，所以想拿养老金的人请务必在自己退休前15年就开始缴费。如果到退休年龄缴纳养老保险不满15年，那退休的时候，国家会把个人账户上存的8%的养老金全部退给缴费人。国家把单位为其缴纳的21%的部分全部划到国家的养老统筹基金里。

（2）基本养老保险缴费基数是有上下限幅度的，一般上限为月平均工资的300%，下限为月平均工资的60%。在计算数额前必须知道本企业确定的缴纳比例。

三、每月养老保险缴费金额计算

（1）单位每月应该缴费数额＝本地区社会平均工资数×100%（或者60%）×20%。

（2）个人每月应该缴纳的数额＝本地区社会平均工资数×100%（或者60%）×8%。

◎怎么计算失业保险保费

一、国家政策

《失业保险条例》规定：城镇企业事业单位按照本单位工资总额的2%缴纳失业保险费。城镇企业事业单位职工按照本人工资的1%缴纳失业保险费。城镇企业事业单位招用的农民合同制工人本人不缴纳失业保险费。

计算应缴纳的失业保险费数额，要考虑两个因素。一是缴费基数，即明确缴费的范围。如企业所得税的基数是企业所得额。从国外有关规定看，失业保险费的缴费基数一般为工资，单位为工资总额，个人为本人工资。二是费率，即缴费义务人按照规定的缴费基数缴纳失业保险费的比例。

定率征收失业保险费是我国失业保险制度建立以来一直采用的做法，也是国际通行做法。《失业保险条例》规定，城镇企业事业单位的缴费基数为本单位工资总额，个人缴费基数为本人工资额。单位工资总额按照国家有关工资政策予以认定其构成和计算方式。它是指单位在一定时期内直接支付给本单位全部职工的劳动报酬总额。包括计时工资、计件工资、奖金、津贴和补贴、加班加点工资以及特殊情况下支付的工资。本人工资是指由单位支付的劳动报酬，包括计时工资或计件工资、奖金、津贴和补贴、加班加点工资等，不包括其他来源的收入。

在确定缴费基数时，各地可以根据情况统一规定各单位以哪一个时期的工资总额和工资额为缴费基数。如可以上一年度单位工资总额为基数，平摊到本年度各个月份，每月按相同数额征收；可以上月单位工资总额为基数，按实际发生数确定征收数额；对工资总额不易认定的，可由负责征缴的机构参照当地工资水平和该单位生产经营状况核定缴费基数。个人缴费基数的确定方法应与单位相一致。

上述工资总额，包括了单位招用的农民合同制工人的工资部分，但农民合同制工人个人不缴费，合同期满不再续订或提前解除劳动合同的，支付给一次性生活补助。这样规定，主要考虑农民合同制工人流动性较强，且离开原单位后可以回乡务农，有一定生活保障，应与城镇失业人员有所区别，采取支付一次性生活补助的办法较为可行。对农民合同制工人采取不同办法，既维护了他们的合法权益，也与目前尚不具备城乡一体、待遇统一的现实相适应，这是失业保险制度的一项重要政策。

二、计算公式

（1）单位缴费标准＝本单位工资总额 ×2%。

（2）个人缴费标准＝本人工资额 ×2%。

◎怎么计算工伤保险保费

一、国家政策

1.《社会保险法》规定

第三十四条　国家根据不同行业的工伤风险程度确定行业的差别费率，并根据使用工伤保险基金、工伤发生率等情况在每个行业内确定费率档次。行业差别费率和行业内费率档次由国务院社会保险行政部门制定，报国务院批准后公布施行。

社会保险经办机构根据用人单位使用工伤保险基金、工伤发生率和所属行业费率档次等情况，确定用人单位缴费费率。

第三十五条　用人单位应当按照本单位职工工资总额，根据社会保险经办机构确定的费率缴纳工伤保险费。

2.《工伤保险条例》规定

第三十五条　职工因工致残被鉴定为一级至四级伤残的，保留劳动关系，退出工作岗位，享受以下待遇：

（一）从工伤保险基金按伤残等级支付一次性伤残补助金，标准为：一级伤残为27个月的本人工资，二级伤残为25个月的本人工资，三级伤残为23个月的本人工资，四级伤残为21个月的本人工资；

（二）从工伤保险基金按月支付伤残津贴，标准为：一级伤残为本人工资的90%，二级伤残为本人工资的85%，三级伤残为本人工资的80%，四级伤残为本人工资的75%。伤残津贴实际金额低于当地最低工资标准的，由工伤保险基金补足差额；

（三）工伤职工达到退休年龄并办理退休手续后，停发伤残津贴，按照国家有关规定享受基本养老保险待遇。基本养老保险待遇低于伤残津贴的，由工伤保险基金补足差额。

职工因工致残被鉴定为一级至四级伤残的，由用人单位和职工个人以伤残津贴为基数，缴纳基本医疗保险费。

第三十六条　职工因工致残被鉴定为五级、六级伤残的，享受以下待遇：

（一）从工伤保险基金按伤残等级支付一次性伤残补助金，标准为：五级伤残为18个月的本人工资，六级伤残为16个月的本人工资；

（二）保留与用人单位的劳动关系，由用人单位安排适当工作。难以安排工作的，由用人单位按月发给伤残津贴，标准为：五级伤残为本人工资的70%，六级伤残为本人工资的60%，并由用人单位按照规定为其缴纳应缴纳的各项社会保险费。伤残津贴实际金额低于当地最低工资标准的，由用人单位补足差额。

经工伤职工本人提出，该职工可以与用人单位解除或者终止劳动关系，由工伤保险基金支付一次性工伤医疗补助金，由用人单位支付一次性伤残就业补助金。一次性工伤医疗补助金和一次性伤残就业补助金的具体标准由省、自治区、直辖市人民政府规定。

第三十七条　职工因工致残被鉴定为七级至十级伤残的，享受以下待遇：

（一）从工伤保险基金按伤残等级支付一次性伤残补助金，标准为：七级伤残为13个月的本人工资，八级伤残为11个月的本人工资，九级伤残为9个月的本人工资，十级伤残为7个月的本人工资；

（二）劳动、聘用合同期满终止，或者职工本人提出解除劳动、聘用合同的，由工伤保险基金支付一次性工伤医疗补助金，由用人单位支付一次性伤残就业补助金。一次性工伤医疗补助金和一次性伤残就业补助金的具体标准由省、自治区、直辖市人民政府规定。

二、缴费计算

1. 工伤保险的缴费标准

工伤保险缴费比例是按照用人单位所在行业、使用工伤保险基金、工伤发生率和所属行业费率档次等情况，确定用人单位缴费费率，拨打12333咨询补偿金标准后自行计算。一般为0.3%～1.5%。

2. 工伤保险待遇

根据伤者职工个人工资、伤残等级以及所在地的工伤保险政策才能计算，所以伤者在领取到伤残鉴定结论后，拨打12333咨询补偿金标准后自行计算。

◎怎么计算生育保险保费

1. 生育保险的缴纳对象和主体

（1）缴纳对象。凡是与用人单位建立了劳动关系的职工，包括男职工，都应当参加生育保险。

（2）缴纳主体。用人单位按照国家规定缴纳生育保险费，职工不缴纳生育保险费。

北京生育保险缴费比例为：企业按照职工缴费基数的0.8%缴纳生育保险费。

2. 生育保险的构成

生育保险分两部分：一是生育津贴；二是生育医疗待遇。其宗旨在于通过向职业妇女提供生育津贴、医疗服务和产假，帮助他们恢复劳动能力，重返工作岗位。

（1）生育津贴。按本企业上年度职工月平均工资计发。

（2）生育医疗费。包括女职工生育期间的检查费、接生费、手术费、住院费和药费等。

3. 生育津贴的具体计算

通俗来说，生育津贴就相当于生育保险基金给职工支付的生育期间的工资。计算方法如下。

（1）女职工。生育津贴＝（单位上年度职工月平均工资）÷30×规定的假期天数

（2）男职工。看护假津贴＝当月本单位人平均缴费工资÷30（天）×假期天数

举例来说，一名女职工所在的单位上一年月缴费平均工资是5000元，她生育前后休了128天产假。她的爱人在其生产期间陪产共计休了15天看护假，其爱人所在的单位上一年月缴费平均工资是8000元。

那么这位女职工享受的生育津贴的标准就是5000元除以30，再乘以128，得出她的生育津贴约为2.13万元。她的爱人享受的生育津贴的标准就是8000元除以30，再乘以15，得出其生育津贴为4000元。

4. 生育津贴申报需要的材料

生育津贴的申领由用人单位的人事专员跟社保部门对接，所以准妈妈或爸爸们不用自己去跑，但还有一些材料是要自己准备的，并交给人力资源部请为代办。生育医疗费申报需要的材料如下。

（1）住院生产费。对于即将住院生产的住院等费用，准妈妈们不用担心。因为医院会在产妇办理住院手续的时候，留下产妇的社保卡、生育服务证，会自动在结账时划走报销费用部分。

（2）门诊产检费。门诊产检费实行实报实销，所以准妈妈们在产检时，需留好收费单据。

目前北京市门诊产检费用最高报销额度为1400元，需要在生产后由女方单位提交到社保中心。

◎怎么计算公积金的缴纳数额

一、国家政策

《住房公积金管理条例》第十八条规定：职工和单位住房公积金的缴存比例均不得低于职工上一年度月平均工资的5%；有条件的城市，可以适当提高缴存比例。具体缴存比例由住房公积金管理委员会拟订，经本级人民政府审核后，报省、自治区、直辖市人民政府批准。

第二十四条规定：单位内部提前离岗的职工，住房公积金应当缴存到国家法定退休年龄，已办理离休、退休、退职手续的不再缴存。

职工按当地最低工资标准领取工资的，职工个人可以免缴住房公积金，但职工所在单位应当按规定缴存比例为职工缴存住房公积金。

二、缴纳数额的计算

1. 工资总额的确定

工资总额计算口径以国家统计局发布的《关于工资总额组成的规定》为依据，包括：计时工资、计件工资、奖金、津贴和补贴、加班工资、特殊情况下支付的工资，新参加工作或新调入职工当年缴存基数为职工本人首月工资总额。

2. 缴存计算

（1）职工住房公积金月缴存额＝职工个人住房公积金月缴存额＋单位资助住房公积金月缴存额。

（2）职工个人住房公积金月缴存额＝职工住房公积金月缴存基数 × 职工住房公积金缴存比例。

（3）单位资助住房公积金月缴存额＝职工住房公积金月缴存基数 × 单位住房公积金缴存比例。

◎怎么进行福利沟通

发放员工福利不要越俎代庖，而是要充分尊重员工的意见。要做到这一点就需要进行福利沟通。

所谓薪酬福利沟通是指为了实现组织的战略目标，管理者与员工在互动过程中通过某种途径或方式将薪酬福利信息、思想情感相互传达交流，并获取理解的过程。也就是说，薪酬福利沟通主要指组织在薪酬福利战略体系的设计、决策中就各种薪酬福利信息（主要指组织薪酬战略、薪酬体系、薪酬水平、薪酬结构、薪酬价值取向等内容以及员工满意度调查和员工合理化建议）与员工全面沟通，让员工充分参与，并对薪酬福利体系执行情况予以反馈，再进一步完善体系；同时，员工的情感、思想与组织对员工的期望形成交流互动，相互理解，达成共识，共同努力推动组织战略目标的实现。

与员工进行薪酬方面的沟通，是 HR 的重要职责。随着经济的发展，众多企业已逐步建立起完善的薪酬福利体系，与员工进行有效的薪酬福利沟通也逐渐成为HR管理者关注的焦点。实际上，薪酬沟通并不是简单随意的聊天就可以解决的问题，薪酬沟通是有技巧的，也是有章法的。当员工因为薪酬没有达到预期而准备离职的时候，你的简单空洞的说辞很难让员工信服，也很难给员工继续留下的信心。

有效的薪酬福利沟通所起到的作用，一是对员工过去业绩的肯定；二是借助有效的薪资福利体系促进员工不断提高业绩。对员工过去工作业绩的肯定会让员工获得成就感，对未来薪酬福利的承诺会激发员工不断提升业绩的热情。

一、福利沟通的工作原则

那么关于薪酬这个问题，到底应该如何进行有效沟通呢？要注意哪些方面的内容？

1. 换位思考

因为人们如何看待事物取决于看问题的角度，而且习惯于用既定的观点来看待事物，对于与自己相悖的观点往往加以排斥。因此，最基本的方法就是将自己置身于对方的立场去了解对方的观点，通过询问来理解对方每一个要求背后的可能利益。因此，HR在没有收集到完善的考核数据的时候，不要轻易对员工的绩效表现进行评价。

2. 注意对方的基本需要

根据马斯洛的需求层次理论，人的需求可分成生理需求、安全需求、社交需求、尊重需求和自我实现需求。生理需求和安全需求是低层次的需求，往往以经济利益的方式予以满足。而社交需求、尊重需求和自我实现的需求促使人们重视与对方的关系、被尊重和取得成就，这些都不是用物质手段能够满足的。

3. 设计多套互利解决方案

员工因公司的薪酬调整没有达到预期而离职，一般也不是马上就表现出来的反应，通常都是在薪酬政策公布之后一段时间才做出决定，实际上员工很好地应用了坊间广泛流传的说法，即所谓的“骑驴找马”。在正式提出离职之前，聪明的员工早已经通过各种渠道找到了新“东家”，而员工选择新“东家”的最常见的理由就是薪酬水平比现在的要高。

因此，在谈判中，人们往往容易坚持自己的立场不放，双方如果设计多种互利解决方案，就会为谈判提供较大的选择余地。

4. 正确提出看法，保持适当情绪

可以尝试以下方法：相互讨论彼此的见解和看法；不要用自己的担心推断对方的意图；不要因为自己的问题去责怪对方；找寻让对方惊喜的一些化解冲突的机会；在协议达成时，一定要给对方留面子，尊重对方的人格。

但是当面临激烈的争执的时候，人们往往认为事关重大而有受到威胁的恐惧感，这种恐惧感会产生愤怒。所以，当双方认识出现偏差时，要允许对方发泄怨气，千万不能针锋相对，否则只会导致激烈的争吵，要学会控制自己的情绪，静静地倾听。

5. 进行清晰的沟通

沟通出现障碍有多种可能，双方意见出现分歧未必一定是由于利益冲突。可能一方说了，而对方没听见，听见了却没听懂，听懂了可能不同意。所以，要明白发生分歧的原因出在哪一个环节，对症下药才有效。

6. 用客观标准代替个人意愿

在谈判过程中，双方在了解了彼此利益所在之后，双方都在努力寻求各种互利的解决方案，也非常重视与对方发展关系，但是棘手的利益冲突问题依然不是那么容易解决的。这种情况下，双方就某一个利益问题争执不下，互不让步，谈判往往演变成一场意愿的较量。

一般遵循的客观标准有市场价值、行业标准、成本、先例、公证人、法律政策、对等原则等。最好能够利用对方提出的客观标准，这样更有说服力。如果有两种标准，而双方又都认为成立的话，可以谋求折中的方式。

二、福利沟通的具体方法

（1）用问卷法了解和调查员工对福利的需求。

（2）用视频录像介绍有关的福利项目。

（3）找一些有代表性的员工面谈，了解某一层次或某一类型员工的福利需求。

（4）公布一些福利项目让员工自己挑选。

（5）利用各种内部刊物或其他场合宣传介绍有关福利项目。

（6）收集员工对各种福利项目的反馈。

◎怎么进行福利调查

1. 制定福利项目前的调查

调查员工对某一福利项目的看法、态度与需求。

2. 员工年度福利调查

了解员工在一年内享受了哪些福利项目，各占比例多少，满意程度如何，如下表所示。

员工年度福利调查表

员工福利是企业薪酬福利体系的重要组成部分，它直接影响到员工的生活质量和对企业的满意度。因此，企业更需要制订科学合理的福利计划，建立符合自身条件的员工福利制度，使有限的成本投入得到最大程度的回报，更好地保留和激励优秀员工，从而提升企业核心竞争力。因此，我们开展此次“最受员工欢迎的福利调查”，期待您的热情参与！ 1. 您的性别是：□男 □女 2. 您的年龄层次是：□20岁以下 □20～25岁 □25～30岁 □30～35岁 □35～40岁 □40岁以上 3. 您在企业的现任职务是：□一线基层员工 □一般职员 □基层管理人员 □中层管理人员 □高层管理人员 4. 您公司现在提供哪些福利政策呢？（多项选择）□住房补贴 □晋升机会 □休假及旅游补贴 □学历教育 □企业年终奖或分红 □节假日、生日等重大事件庆祝类补贴 □商业补充养老保险 □各类专业技能培训 □购车或交通补贴 □电话补贴 5. 你对目前的福利待遇满意吗？ □不满意 □还可以 □比较满意 6. 公司的福利在保留和激励员工上的效果是否明显？ □明显 □一般 □不明显 7. 期待公司提供哪种类型的福利呢？（多项选择）□社会福利 □医疗保障福利 □补贴型福利 □员工职业发展福利 □投资储蓄型福利 □员工生活福利

3. 福利反馈调查

调查员工对某一福利项目实施的反应如何，是否需要进一步改进，是否要取消。

◎怎么实施福利计划

员工福利计划一般是指企业为员工提供的非工资收入福利的综合计划。所包含的项目内容可由各企业根据其自身实际情况加以选择和实施。

一、员工福利计划

员工福利计划是现代企业人力资源管理的重要组成部分。它涵盖保险保障、退休计划、带薪假期、教育津贴等各种各样的津贴和福利。

对企业来说，一个完善的员工福利计划，不仅可以作为企业吸引并留住人才的重要手段，同时还能获得专业的人力资源风险管理和经济的公司财务安排。对于员工来说，则可以得到周到全面的保障和长远的财务规划、投资和管理，免除后顾之忧，全心投入工作、享受生活。

弹性福利计划是目前比较流行一种。弹性福利计划就是员工可以从企业所提供的各种福利项目菜单中选择其所需要的一套福利方案的福利管理模式。它有别于传统的固定福利，具有一定的灵活性，使员工更有自主权。最著名的是 HP 方案，因为可执行性变数太多，这种制度在中国实施得比较少。

员工福利计划，一般可以包括以下几类。

（1）法定计划。指国家立法强制实施的社会保障制度。包括基本养老保险、医疗保险、失业保险、工伤保险等。

（2）自主计划。包括员工补充养老保险、人寿保险、健康保险、意外保险等。

（3）股权、期权计划。

（4）其他。包括培训、休假、集体活动、运动等。

二、员工福利计划的实施步骤

（1）根据目标和各个福利项目的计划有步骤地实施。

（2）预算要落实。

（3）有一定的灵活性。

（4）防止漏洞产生。

（5）定时检查实施情况。

三、员工福利计划的实施创新

通常，员工福利计划主要由以下组成：国家规定实施的各类基本的社会保障，企业年金（补充养老金计划）及其他商业团体保险计划，股权、期权计划，其他福利计划等。

由于企业经营环境的多样化和企业内部的特殊性，弹性福利制在实际的操作过程中逐渐演化为以下几种有代表性的类型，企业可以根据自己的不同需要加以选择和比较。

1. 附加型弹性福利计划

它是最普遍的弹性福利制，就是在现有的福利计划之外，再提供其他不同的福利措施或扩大原有福利项目的水准，让员工去选择。如某家公司原先的福利计划包括房租津贴、交通补助费、意外险、带薪休假等，如果该公司实施此类型的弹性福利制，它可以将现有的福利项目及其给付水准全部保留下来当作核心福利，然后再根据员工的需求，额外提供不同的福利措施，如国外休假补助、人寿保险等，但通常都会标上一个“金额”作为“售价”。每一个员工则根据他的薪资水准、服务年资、职务高低或家眷数等因素，发给数目不等的福利限额，员工再以分配到的限额去认购所需要的额外福利，有些公司甚至还规定，员工如未用完自己的限额，余额可折成现金，不过现金的部分于年终必须合并其他所得交税，此外，如果员工购买的额外福利超过了限额，也可以从自己的税前薪资中抵扣。

2. 福利套餐型福利计划

它是由企业同时推出不同的“福利组合”，每一个组合所包含的福利项目或优惠水准都不一样，员工只能选择其中一个的弹性福利制。就好像西餐厅所推出来的 A 套餐、B 套餐一样，食客只能选其中一个套餐，而不能要求更换套餐里面的内容。在规划此种弹性福利制时，企业可依据员工群体的背景（如婚姻状况、年龄、有无眷属、住宅需求等）来设计。

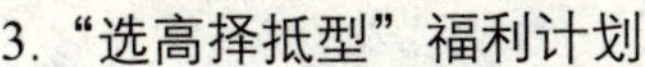

3.“选高择抵型”福利计划

它一般会提供几种项目不等、程度不一的“福利组合”给员工做选择，以组织现有的固定福利计划为基础，再据以规划数种不同的福利组合。这些组合的价值和原有的固定福利相比，有的高，有的低。如果员工看中了一个价值较原有福利措施还高的福利组合，那么他就需要从薪水中扣除一定的金额来支付其间的差价。如果他挑选了一个价值较低的福利组合，他就可以要求雇主发给其之间的差额。

人力资源部只要去挖掘，的确可找出既少花钱，又能提高员工福利的方案来，比如以下方案都可以起到这种效果。

一是利用国家政策合理安排弹性福利。如有薪假期的安排，在业务淡季安排员工享受带薪假期，既不影响公司运转又让员工享受了福利。

二是在礼物中多加一点人情味。如生日礼物，单送个蛋糕或礼品可能普通些，如果加上一个贺卡，上面有老总的亲笔签名的贺词，那激励作用就有不同的效果。

三是通过一些集体项目节约成本。如现在保险公司中有一些集体保险项目，参加了集体保险后，即使有个别员工流失了，但后面补充进来的员工仍可享受这份保险，达到节约成本的目的。又如集体租用运动设施，比个人的运动花费的成本要节约，而员工在运动后身体更好、精力更充沛地投入工作，则可使公司产生更好的效益。

四是福利创新。将一个沿用数年的福利方案进行一些创新和改进，则可能焕发出新的激励效果。如把人人有份但不多的每年旅游补贴改成分等级，在总成本不变的前提下分成境外游、国内游、短线游，把旅游与绩效挂钩，激发员工争取更好的业绩以赢得最佳的旅游福利。

五是针对性的福利方案。如某民营企业做出规定，凡进入核心骨干层的员工可享受一笔按揭购房首期资助，此后，企业还帮助这些骨干制订供房和还款计划，通过还款计划稳定军心，激励他们更努力工作，另外还激励其他员工努力进入核心骨干层以获得这笔资助。

总之，企业在设计弹性福利的过程中，一定要充分认识到弹性福利的利弊。根据企业自身的特点灵活运用。

◎怎么进行员工劳动保护

劳动保护是国家和企业对劳动者在生产过程中安全和健康的保护，是企业在生产经营过程中消除伤亡事故、职业病、火灾等采取的综合措施以保护企业人力资源，从而提高企业经济效益，发展生产的重要工作。

劳动保护是人力资源保护中最核心的保护，也是满足员工的安全需要，激发其劳动热情的必要方面。

广义的劳动保护概念，有三个层次的含义。

一是劳动者的生理保护。国家通过立法形式和强制方式保护劳动者在劳动过程中的安全与健康，以防止和消除工伤事故和职业病的发生。

二是劳动者的经济条件的保护。主要是对劳动者的劳动报酬和福利的保护。

三是劳动者的社会条件的保护。包括对劳动者素质、劳动者职业稳定和职业提升、劳动中良好的人际关系以及劳动者参与企业管理的权益的保护。

狭义的劳动保护是为了保护劳动者在劳动过程中的安全和健康所采取的各种技术措施和组织措施的总称。

一、劳动保护的基本任务

1. 保证安全生产

采取各种有效措施，减少和消除劳动中的不安全、不卫生因素，改善员工的劳动条件，满足其安全需要。

2. 实现劳逸结合

采取各种必要措施，使员工有劳有逸，有张有弛，既紧张地工作、生产，又保证劳动者的休息和娱乐，这是劳动者维持再生产的需要，也是提高员工生活质量的需要。

3. 对女工实行特殊保护

女员工由于其生理特点，比男员工的受毒敏感性高，患病率也高，特别是在经期、孕期、产期、哺乳期，受毒敏感性和患病率比平时更高，而且女员工的健康关系到下一代的人口素质，因此，对女员工的保护意义更大。

4. 工作时间限制

规定员工的工作时间和休假制度，限制加班加点，保证劳动者有适当的休息时间和休假日数，使他们能保持旺盛的精力。

5. 组织工伤救护

保证劳动者一旦发生工伤事故，可立即受到良好的治疗。做好职业中毒和职业病的预防工作和救治工作。

二、劳动保护的内容

1. 安全生产技术

安全生产技术是指生产过程中，为了预防伤亡事故，保障员工人身安全和改善劳动条件所采取的各项技术措施的总称。

现代科学技术、机器设备、生产原料、化工原料在生产中的使用，比以往有了极大的发展，但是在实际生产过程中往往表现出高速、高压、高温、有害、有毒、操作复杂等特点。如果设计不合理，使用者对其操作规程认识不足或操作不当，就容易发生事故，导致设备损坏和人身伤害。再则，各种不同的行业也有不同的生产特点，不同的企业也有不同的生产要求。因此，就产生了各种安全技术，如电气技术、起重技术、锅炉压力容器安全技术、防火防爆技术、焊接技术、化工原料运输技术、地下施工技术等。这些技术是针对各种具体问题的，如机械性作用、电的作用、爆炸作用、化学物质作用、温度作用、与地面位置差的作用，此外，还有照明不足、噪声、震动、作业场所条件不良等因素，都会危害人体健康或造成伤亡事故。

预防伤害事故的技术措施如下。

（1）加强生产设备的安全防护。生产设备是劳动者的主要接触物，对其进行安全防护是预防和消除工伤事故的主要措施。

①隔离装置。对各种带有危险性的机器设备采用屏护的办法，使人体与生产过程正在运转的设备隔离，如金属防护网、挡板等。

②保护装置。使设备在出现危险状况时自动启动从而消除危险，保证安全生产。如电力系统中的继电保护装置，化工企业中的各种安全阀、限制器等。

③警告装置。当危险状况可能发生时，该装置便自动发出警告信号，提醒操作人员预防或及时消除危险。如发出音响信号、颜色信号、仪表指示等。

④在生产现场容易发生事故处设置标志牌。用安全色、图形、符号传递特定的安全或危险信息，引起工作人员对不安全因素的注意。

⑤改善劳动的环境与条件。劳动环境与条件，指劳动场所的建筑、采光、照明、温度、湿度、通风条件、噪声、整洁度、粉尘含量等，改善这些因素有助于提高劳动生产率，也是确保安全的必要条件。如，建筑物必须符合机器设备生产时的要求；照明需符合视力卫生；工作中产生的噪声必须控制在安全的范围内，或对劳动者采取特殊的隔音保护等。如果不能给员工创造一个良好的劳动环境，员工便很容易疲劳、烦躁，就不能保证工作质量，同时更加容易发生各种意想不到的事故，给个人、企业、国家造成损失。

⑥劳动者要采取个人防护措施。坚持使用个人防护用品，如电焊工的面罩、在有毒场所作业使用的防毒面具、防电离辐射的防护服装等，作用相当重要。

（2）改进生产工艺，使操作简易化，减少操作人员的紧张，防止疲劳。对于机器设备运转中存在的危险作业，应加强技术改造力度，进行工艺改革，谋求机器设备性能上的提高，提高自动化程度，从而达到降低危险性的目的。

同时，要注意工作场所的合理布局和整洁。合理的标准是符合操作顺序、工艺流程；搬运路线要短，通道要畅，距离适当；物质摆放要整齐、稳固、清洁。

（3）加强设备管理。机器设备在使用过程中应按照有关安全标准的要求和规定进预防性试用，合格后才准予使用，同时应做好机器设备的维护保养与计划检修，防止设备老化而发生意外事故。

在安全生产技术的改进过程中，应从整个工作的所有方面加以考察，不断发现薄弱环节，以消除，提高工作整体的安全性。

2. 劳动卫生

劳动卫生指在劳动中为了改善劳动条件，保护劳动者健康，避免有毒、

有害物质的危害，防止发生职业病和职业中毒而采取措施的总称。

（1）职业危害因素，分为如下几类。

①化学因素。这是引起职业危害最为常见的有害因素。如有机化合物（苯、汽油等），化学农药（如杀虫剂、杀菌剂），高分子化合物，（如合成橡胶、塑料等）以及刺激性及窒息性气体。

②物理因素。如生产过程中的高温、高压、高湿，各种强烈的辐射、震动，生产性噪声，各种电磁波，如X射线、微波。

③生物因素。主要是医疗、生物等行业中出现的职业危害，如各种病毒的侵袭、感染等。

④劳动组织和劳动制度因素。如工作时间安排过长、劳动强度过大导致劳动者疲劳无法恢复。由于长时间重复一不良动作，导致劳动者个别器官或人体系统的失调，造成慢性病。

⑤劳动环境因素。如噪声过大、粉尘含量过高、照明不足、防暑降温设施不良都会造成长期处于此环境下工作的劳动者受到慢性伤害。

（2）职业病，指劳动者长期从事有职业危害因素的工作而引起的疾病。列入劳动保护的有18种职业病：职业中毒、尘肺、热射病和热痉挛、日射病、职业性皮肤病、电光性眼炎、职业性白内障、职业性难听、振动性疾病、潜涵病、高山病和航空病、职业性炭疽、放射性疾病、职业性森林脑炎、煤矿井下滑囊炎、布氏杆菌、煤肺、炭黑尘肺。

对上述职业病患者实行劳动保险，但更重要的是加强对职业病的预防。

（3）防止职业病和职业毒害的措施，主要有以下几种。

①组织措施。各级政府职能部门和生产部门应组织安全、卫生监督网，强化监察，保障劳动者的生产环境符合安全标准和卫生标准。

②技术措施。改革旧工艺，采用新技术，将有毒有害因素与操作者隔离，尽量采用仪表控、远距离操作，采用通风、回收、净化的方法防尘防毒，采用合理的厂区规划与恰当的照明等。

③医疗措施。按期普查，以预防为主，对患职业病的员工及时治疗。

此外，还应改进劳动制度，有的岗位可以实行轮换制。

3. 劳动时间的规定

对劳动时间的限定是维护劳动者的休息权利，保障劳动者身心健康的重要手段，劳动时间的规定主要有以下几个方面。

（1）工作时间的长度。

（2）工作时间的安排。

（3）工作时间的中断，使员工得到必要的休息和休养时间。现行的关于员工工作时间和规定主要有以下内容。

①员工每日工作8小时，每周工作40小时。实行这一工时制度，应保证完成生产和工作任务，不减少员工的收入。

②因工作性质或者生产特点的限制，不能实行每日工作8小时，每周工作40小时标准工时制的，按照国家有关规定，可实行其他工作和休息办法。

③任何单位和个人不得擅自延长员工工作时间，因特殊情况和紧急任务确需延长工作时间的按照国家有关规定执行。

④国家机关、事业单位实行统一的工作时间，周六和周日为周休息日。企业和不能实行前款规定的统一工作时间的事业单位，可以根据实际情况灵活安排周休息日。

⑤用人单位由于生产经营需要，经与工会和劳动者协商后可以延长工作时间，一般每日不得超过1小时，因特殊原因需要延长工作时间的，在保障劳动者身体健康的条件下延长工作时间每日不得超过3小时，但是每月不得超过36小时。

这些规定是企业必须遵守的，也是劳动者当工作时间被无理延长时可拒绝工作的法律依据，以此保障员工的安全与身体健康。

三、劳动保护管理制度

劳动安全是生产过程中伤亡事故的防止和消除，包括劳动者生命安全的保障，繁重体力劳动的减轻以及生产设备的保护。

1. 安全生产责任制

安全生产责任制是企业各级领导、职能部门、有关工程技术人员和生产工人在生产中应负的安全责任的一种制度。通过这一制度，把安全生产工作从组织领导上统一起来，把“管生产的必须管安全”的原则从制度上固定下来。

2. 劳动保护措施计划

它是企业生产财务计划的一个组成部分，将改善劳动条件与发展生产结合起来，把劳动保护措施所需经费、物资以及设计、施工等落在实处。所需经费按国家规定，在企业更新改造资金中予以安排，一般占 10% ～ 20%，不得挪用。利改税后，在税后利润的生产发展基金中支付。

3. 安全生产教育制度

安全生产教育制度旨在帮助员工正确地认识和掌握自然规律，提高生产技术水平，使员工能够自觉地贯彻执行安全生产的方针和各项劳动保护政策、法令，认真遵守企业有关安全生产的规章制度，保证实现安全生产。

4. 安全生产检查制度

在企业中进行安全检查，是宣传安全生产方针，消除事故隐患，交流安全生产经验，落实劳动保护措施的一项重要工作。它包括企业本身对生产中的安全卫生工作进行的经常性检查，也包括由地方劳动部门或产业主管部门组织的定期或不定期的安全生产大检查。这种检查，可以是普遍检查，也可以是专业检查和季节性检查。安全检查的内容可分为查思想、查隐患、查管理、查制度等方面。

5. 伤亡事故处理报告制度

为了及时了解和研究员工伤亡事故发生的情况、原因和规律，以便采取预防措施，防止事故重复发生，企业必须对员工伤亡事故进行报告、登记、调查、处理和统计分析，总结和汲取安全生产的经验教训，为改善劳动条件，减少伤亡事故和正确地执行劳动保护政策、法令提供可靠的依据。通过对事故责任的追查和处理，提高广大员工安全生产的责任感。同时，还可以从中发现和解决生产管理上的问题，进一步加强企业管理。

6. 防护用品和保健食品管理制度

防护用品和保健食品是保护员工在生产过程中安全健康的一种辅助措施，是根据工种、劳动条件、有毒有害物质危害程度，发给不同防护用品和不同等级保健食品的原则确定的。它不是一般的生活福利待遇，必须严格按照规定的发放范围、原则和标准执行。

第八章　劳动合同与劳动争议处理

◎怎么履行劳动合同

一、劳动合同的含义

劳动合同又称劳动契约或劳动协议，是指劳动者与用人单位之间确立劳动关系明确双方权利和义务的协议。劳动合同是生产资料与劳动力相结合的一种法律形式。通过劳动合同的签订、履行、终止以及变更、解除，调节劳动力的供求关系，既能使劳动者有一定的择业和流动自由，又能制约劳动者在合同期履行劳动义务和完成应尽职责，从而使劳动力有相对的稳定性和合理的流动性。

二、劳动合同的订立

1. 劳动合同订立的原则

①合法原则。

②平等自愿原则。

③协商一致原则。

2. 劳动合同的形式与内容

（1）劳动合同的形式。劳动合同形式有口头形式和书面形式之分。劳动合同形式还有主件和附件之分。主件一般是指在确立劳动关系时所订立的书面劳动合同。附件一般是指法定或约定作为劳动合同主件的补充而明确当事人双方相互权利义务的书面文件。

（2）劳动合同的内容。劳动合同的内容，即劳动合同条款。分一般法定必备条款、特殊法定必备条款、约定必备条款。

一般法定必备条款，是法律要求各种劳动合同都必须具备的条款。劳动合同应当具备以下条款。

①合同期限。除依法允许订立不定期合同的情况以外，都应当规定合同有效期限，其中应包括合同的生效日期和终止日期，或者决定合同有效期限

的工作（工程）项目。

②工作内容。即关于劳动者的劳动岗位、劳动任务条款。

③劳动保护和劳动条件。即关于用人单位应当为劳动者提供劳动安全卫生条件和生产资料条件的条款。

④劳动报酬。即关于劳动报酬的形式、构成、标准等条款。

⑤劳动纪律。即关于劳动者应当遵守劳动纪律的条款，它一般不尽列劳动纪律的内容，只是表明劳动者同意接受用人单位依法制定的劳动纪律。

⑥合同终止条件。即关于劳动合同在法定终止条件之外的哪些情况下可以或应当终止的条款。

⑦违约责任。即关于违反劳动合同的劳动者和用人单位各应如何承担责任的条款，不仅包括关于依法承担违约责任的抽象规定，而且含有关于在合法范围内承担或免除违约责任的具体约定。

特殊法定必备条款，是法律要求某种或某几种劳动合同必须具备的条款。有的劳动合同由于自身的特殊性，立法特别要求其除一般法定必备条款外，还必须规定一定的特有条款。例如，外商投资企业劳动合同和私营企业劳动合同中应包括工时和休假条款；学徒培训合同中应当有培训目标、学习期限、生活待遇等条款。

约定必备条款，即劳动关系当事人或其代表约定劳动合同必须具备的条款。它是法定必备条款的必要补充，其具备与否，对劳动合同可否依法成立，在一定程度上有决定性意义。此类条款通常有试用期条款、保密条款和禁止同业竞争条款等。

3. 劳动合同的订立程序

（1）提出劳动合同草案。用人单位向劳动者提出拟订的劳动合同草案，并说明各条款的具体内容和依据。

（2）介绍内部劳动规则。在提出合同草案的同时，用人单位还必须向劳动者详细介绍本单位内部劳动规则。

（3）商定劳动合同内容。用人单位与劳动者在劳动合同草案和内部劳动规则的基础上，对合同条款逐条协商一致后以书面形式确定其具体内容。对劳动合同草案，劳动者可提出修改和补充意见，并就此与用人单位协商确定。对内部劳动规则，劳动者一般只需表示接受与否即可，而不能与用人单位协商修改或补充其内容；不过，双方可以在劳动合同中做出不同于内部劳动规则某项内容或者指明不受内部劳动规则某项内容约束而对劳动者更有利的约定。

（4）签名盖章。劳动者和用人单位应当在经协商一致所形成的劳动合同文本中签名盖章，以此标志双方意思表示一致的完成。凡属不需要鉴证的劳动合同，在双方当事人签名盖章后即告成立。

（5）鉴证。按照国家规定或当事人要求而需要鉴证的劳动合同，应当将其文本送交合同签订地或履行地的合同鉴证机构进行鉴证。凡需要鉴证的劳动合同，经鉴证后才可生效。

上述各阶段是紧密相联、不可分割的连续过程，招工单位招用合同制员工，必须依次确定合同当事人，确定合同内容，才能在当事人之间，确立劳动法律关系。

三、劳动合同的法律效力

1. 劳动合同的有效

劳动合同依法成立，从合同成立之日或者合同约定生效之日起就具有法律效力。其具体表现主要有以下几项。

①当事人双方必须亲自全面履行合同所规定的义务。

②合同的变更和解除都必须遵循法定的条件和程序，任何一方当事人都不得擅自变更和解除合同。

③当事人违反合同必须依法承担违约责任。

④当事人双方在合同履行过程中发生争议，必须以法定方式处理。

劳动合同具有法律效力，必须以完全具备法定有效要件为前提。劳动合同有效要件，一般包括以下几项。

一是合同主体必须合格。双方当事人都必须具备法定的主体资格，即一方必须是具有劳动权利能力和劳动行为能力的公民；另一方必须是具有用人权利能力和用人行为能力的单位。

二是合同内容必须合法。即劳动合同必须完全具备法定必备条款，并且所载各项条款的内容，都必须符合劳动法规、劳动政策和集体合同的要求。

三是意思表示必须真实。即双方当事人的意思表示都出于本人自愿，并

且与本人内在意志相符。

四是合同形式必须合法。要式劳动合同，必须采用法定的书面合同或标准合同形式；非要式劳动合同应当采用当事人所要求的书面或口头合同形式。

五是订立程序必须合法。劳动合同的订立，必须完成各项法定必要程序，并且，在订立程序中必须严格遵循法定规则，尤其应当遵循平等自愿和协商一致的原则。

2. 劳动合同的无效

劳动合同无效，是指劳动合同由于缺少有效要件而全部或部分不具有法律效力。其中，全部无效的劳动合同，它所确立的劳动关系应予以消灭；部分无效的劳动合同，它所确立的劳动关系可依法存续，只是部分合同条款无效，如果不影响其余部分的效力，其余部分仍然有效。

“违反法律、行政法规的劳动合同”“采取欺诈、威胁等手段订立的劳动合同”一般确定为无效合同。无效的劳动合同，从订立的时候起就没有法律约束力。按劳动部的解释:“员工被迫签订的劳动合同或未经协商一致签订的劳动合同为无效劳动合同”。所谓“员工被迫签订的劳动合同”，是指有证据表明员工在受到胁迫或对方乘己之危的情况下，违背自己真实意思而签订的劳动合同；所谓“未经协商一致签订的劳动合同”，是指有证据表明用人单位和劳动者不是在双方充分表达自己意思的基础上，经平等协商、取得一致的情况下签订的劳动合同。劳动合同的无效由劳动争议仲裁委员会或者法院确认。

对无效劳动合同的法律后果有必要按照下述两个阶段认定和处理。

一是自合同订立时起至合同被确认无效时止，合同全部无效的当事人之间仅存在事实劳动关系，合同部分无效的当事人之间并存着部分劳动法律关系和部分事实劳动关系，事实劳动关系中当事人的权利和义务应当以劳动法规、劳动政策、集体合同和内部劳动规则的有关规定为依据重新确定，其中，劳动者如果未得到或者未全部得到劳动法规、劳动政策、集体合同、内部劳动规则所规定标准的物质待遇，用人单位应当按照该标准予以补偿。

二是自合同被确认无效时起，全部无效的合同所引起的事实劳动关系应予终止；部分无效的合同中，无效条款应当由劳动法规、劳动政策、集体合同和内部劳动规则中的有关规定所取代，或者由当事人依法重新商定的合同条款所取代。

劳动合同被依法确认无效，还会导致特殊的法律后果。其中主要包括以下三种。

一是用人单位对劳动者收取保证金或扣押证件等物品的，应当返还给劳动者。

二是劳动合同全部无效而用人单位对此有过错的，如果当事人双方都具备主体资格而劳动者要求订立劳动合同的，在终止事实劳动关系的同时，用人单位应当与劳动者依法订立劳动合同。因为，在这种情况下确认劳动合同无效，并未否定劳动合同订立程序的第一阶段（即确定合同当事人阶段）双方所做的同意与对方订立劳动合同的意思表示，所以，可重新开始劳动合同订立程序的第二阶段（即确定合同内容阶段）；并且，这样做可避免劳动者因劳动合同无效而失业。

三是用人单位对劳动合同无效有过错，如果给劳动者造成损害，应当承担赔偿责任。

四、劳动合同订立时的注意事项

1. 当事人双方首先应衡量本身是否具备招工和应招的条件

即用人单位要衡量是否具备对新招人员提供生产或工作以及生活等方面的物质条件，培养新的能力等；而被招用人员则要对照企业的招工简章，衡量自己是否符合招工单位招工的条件。其次，双方在确认自己具备招工和应招条件的基础上，再了解对方是否确有招工或应招的条件。即招工单位要了解应招人员的基本状况，包括验看应招人员提供的户籍、学历、技术级别等证明。应招人员也要了解招工单位的基本状况，可以通过招工简章、劳动服务公司或主管机关等途径去了解。

2. 订立劳动合同时，既要根据法律，又要结合实际

如果双方当事人在订立劳动合同时，抛开国家的法律政策，完全由当事人双方商定，那么有可能产生无效合同。但是如果不结合实际做出具体规定，也会给履行合同带来困难，所以劳动合同不能千篇一律。

3. 劳动合同的内容要繁简得当

对国家法律政策规定较细致、具体的内容，可写明按照某项规定执行即

可（当然，必须把这些规定作为劳动合同的附件与劳动合同文本一并提交给合同制员工）；对于国家法律政策未做具体规定的内容，特别是容易产生劳动争议之处，则应该尽量做出详细的规定。比如，劳动合同的具体条款，像工种、岗位或者报酬等，就需要制订得比较详细。此外，对具有行业特点的涉及双方切身利益的事项应做出明确规定，有些易误解的事项更要做详细说明或解释，否则，容易产生劳动纠纷。

4. 劳动合同的条款要简明

劳动合同中的条款说明要力求准确、明白，避免使用易产生误解或歧义的词句。也就是说劳动合同书面记载的条款一定要与当事人的愿望相一致，否则，容易产生劳动纠纷。

5. 劳动合同责任规定要明确

责任是合同的核心，也是劳动合同法律效力的集中体现。如果责任规定得不明确，一旦发生争议追究责任时，可能互相推诿，使争议迟迟不能得到妥善解决。

6. 劳动合同签订日期和生效日期要明确

合同的日期是劳动合同的法定内容之一，如果在合同中不注明起止日期，也容易产生争议。在实践中就出现了这样的情况，有的合同已经履行了一段时间，而合同的一方还没有正式签字，由此，又影响到合同的终止问题。所以，合同中可以约定履行合同的具体起止日期即签订日期与履行日期不是必须一致的。

五、劳动合同的履行原则

劳动合同的履行，是指合同当事人双方履行劳动合同所规定义务的法律行为，也即劳动者和用人单位按照劳动合同的要求，共同实现劳动过程和各自合法权益。劳动合同依法订立就必须履行。

1. 劳动合同亲自履行原则

劳动合同的履行也只能在签订合同的特定主体之间进行。劳动者一方的主体变更一般视为合同解除，用人单位一方对劳动者提供劳动义务的请求权也不应转让给第三人。劳动法律关系确立后，劳动者不允许请他人代为劳动，用人单位未经劳动者同意不能擅自将劳动者调动转移到其他单位。

2. 劳动合同全面履行原则

合同当事人双方，都必须履行合同的全部条款和各自承担的全部义务，既要按照合同约定的标准及其种类、数量和质量履行，又要按照合同约定的时间、地点和方式履行。

3. 劳动合同协作履行原则

（1）当事人双方首先应按照劳动合同和劳动纪律的规定，履行自己应尽的义务，并为对方履行义务创造条件。

（2）当事人双方应互相关心，通过生产经营管理和民主管理，互相督促，发现问题及时协商解决。

（3）无论是企业还是员工遇到困难时，双方应在法律允许的范围内尽力给予帮助。

（4）员工违纪，企业应依法进行教育，帮助员工改正，企业违约，员工要及时反映问题，尽快协助纠正，并设法防止和减少损失。

（5）在履行过程中发生了劳动争议，当事人双方都应从大局出发，根据劳动法和劳动合同的有关规定，结合实际情况，及时协商解决，从而建立起和谐的劳动关系。

4. 劳动合同特殊规则

（1）履行不明确条款的规则。对于劳动合同中内容不明确的条款，应当先依法确定其具体内容，然后予以履行。一般认为，用人单位内部劳动规则有明确规定的，就按照该规定履行；用人单位内部劳动规则未做明确规定的，就按照集体合同的规定履行；集体合同未做明确规定的就按照有关劳动法规和政策的规定履行；劳动法规和政策未做明确规定的，就按照通行的习惯履行；没有可供遵循的习惯的，就由当事人双方协商确定如何履行，其中，劳动给付义务也可按照用人单位的指示履行。

（2）向第三人履行的规则。劳动合同的任何一方当事人，一般都只向对方当事人履行义务，并且，要求对方当事人履行义务的请求权一般不得转让给第三人。换言之，只有在法律允许的特殊情况下，劳动者或用人单位才应当向第三人履行义务。

（3）履行约定之外劳动给付的规则。劳动者履行劳动给付义务原则上以劳动合同约定的范围为限，在劳动合同未变更时，用人单位一般不得指示劳

动者从事劳动合同约定之外的劳动。但是遇有紧急情况时，为了避免发生危险事故或者进行事故抢救和善后工作，用人单位可指派劳动者临时从事劳动合同约定之外的劳动，劳动者应当服从这种指派。劳动者于其约定之劳动给付外，无给付其他附带劳动之义务，但有紧急情形或其职业上有特别习惯时，不得拒绝其所能给付的劳动。

◎怎么变更劳动合同

劳动合同的变更，是指合同当事人双方或单方依法修改或补充劳动合同内容的法律行为。它发生于劳动合同生效后尚未履行或尚未完全履行期间，是对劳动合同所约定的权利和义务的完善和发展，是确保劳动合同全面履行和劳动过程顺利实现的重要手段。

劳动合同变更，一般为协议变更。

劳动合同的自愿变更是指劳动合同订立以后，由于订立合同时所依据的情况发生变化，经劳动合同双方当事人协商同意，变更原订合同。变更劳动合同确定了与劳动合同订立完全一致的原则，即“遵循平等自愿、协商一致的原则，不得违反法律、行政法规的规定”。

劳动合同变更的对象，只限于劳动合同中的部分条款。它应当符合下述要求。

一是尚未履行或者尚未完全履行的有效条款。已履行完毕的条款再无变更的必要和可能；而无效的条款应予取消，不应适用变更。

二是依法可予变更的条款。换言之，依法不应作为变更对象的条款，如合同当事人条款、合同期限条款等，不得进行变更。

三是引起合同变更的原因所指向的条款。合同变更由于法定或约定的原因不同，所应变更的条款也就有所差异。凡是与合同变更的原因无关的条款，就不必予以变更。即是说，只有在订立劳动合同所依据的主客观条件发生变化，致使劳动合同中一定条款的履行成为不可能或不必要的情况下，劳动合同才可变更。

1. 变更原因

实践中，引起劳动合同变更的原因，按照其来源不同可大致归纳为如下3个方面。

（1）用人单位方面的原因。如转产、调整生产任务或生产经营项目、重新进行劳动组合、修订劳动定额、调整劳动报酬或员工福利分配方案、发生严重亏损、防止泄露商业秘密等。

（2）劳动者方面的原因。如身体健康状况发生变化、劳动能力部分丧失、所在岗位与其职业技能不相适应、职业技能提高到一定等级等。

（3）客观方面的原因。如法规和政策发生变化、物价水平大幅度变化、国民经济调整、社会动乱、自然灾害等。

2. 变更条件

根据规定，劳动合同的变更应具备如下3个条件。

（1）双方当事人原来已经存在着劳动合同关系。所谓“变更”是对原订合同的修改和增删，没有一个已经生效的劳动合同，就谈不上合同的变更。这是劳动合同变更的前提条件。

（2）订立合同时所依据的情况发生变化。劳动合同依法订立后，就具有法律的约束力，当事人双方都必须严格按照劳动合同规定的条款履行自己应尽的义务。只有出现情况变化，才允许对劳动合同进行变更。这是劳动合同变更的客观条件。

（3）劳动合同变更必须经双方当事人同意。劳动合同在签订时要贯彻平等自愿、协商一致的原则。这种当事人之间通过协商一致形成的法律关系，一般也通过协商一致才予以变更。这是劳动合同变更的主观条件。

3. 变更程序

（1）预告变更要求。需要变更合同的一方当事人，应当按照规定时间提前向对方当事人提出变更合同的要求，说明变更理由、条款、条件，以及请求对方当事人答复的期限。

（2）按期做出答复。得知对方当事人提出的变更合同的要求后，通常应当在对方当事人要求的期限内做出答复，可以表示同意，也可以提出不同意见而要求另行协商，如果不属于法定应当变更合同的情况，还可以表示不同意。

（3）签订书面协议。当事人双方均同意变更合同的，应当就合同变更达成书面协议，并签名盖章。协议书中应当指明变更的条款，并约定所变更条款的生效日期。

（4）鉴证或备案。凡在订立时经过鉴证或备案的合同，变更合同的协议签订后也要办理鉴证或备案手续。

◎怎么解除劳动合同

一、劳动合同解除的含义和种类

劳动合同解除是指劳动合同生效以后，尚未全部履行以前，当事人一方或双方依法提前消灭劳动关系的法律行为。

劳动合同的解除，主要分为下述几种类型。

（1）以解除方式为标准的分类。

①协议解除。即劳动合同经当事人双方协商一致而解除。

②单方解除。即享有单方解除权的当事人以单方意愿表示解除劳动合同。劳动者可以无条件地预告辞职，但即时辞职则要受一定条件的限制。就辞退而言，用人单位在符合法定或约定条件的情况下方可辞退劳动者。

（2）以解除条件的依据为标准的分类。

①法定解除。即劳动者或用人单位在符合劳动法规定的合同解除条件的情况下，单方解除劳动合同。

②约定解除。即劳动者或用人单位在符合集体合同或劳动合同依法约定的合同解除条件的情况下，单方解除劳动合同。

（3）以解除原因中有无过错为标准的分类。

①有过错解除。即由于对方当事人的过错行为而导致劳动合同解除。它包括劳动者因用人单位有过错而辞职和用人单位因劳动者有过错而辞退。这里的过错，只限于已严重到足以导致辞退或辞职的程度为准，轻微过错不在其内。在这里，解除合同的主动权在无过错方，由其提出的解除要求对有过

错方具有强制性，并可不经预告就行使单方解除权；用人单位如果是有过错方，就应当赔偿劳动者因辞职所受损失；劳动者如果是有过错方，就无权要求用人单位因辞退而给予经济补偿。

②无过错解除。即在对方当事人无过错行为或者其过错行为轻微的情况下单方解除劳动合同。为了避免或减少合同解除可能给对方当事人造成的损失，劳动者或用人单位在解除合同前向对方当事人预告。尤其是用人单位辞退员工要严格按照规定的条件执行，并且还应对辞退或辞职的劳动者都给予一定经济补偿。

二、劳动合同的解除条件

劳动合同的解除条件分为双方协商解除和单方依法解除两种。

双方协商解除是指劳动合同的双方当事人经协商达成一致，从而解除劳动合同。作为一种双方行为，即无论是劳动者首先提出解除还是用人单位首先提出解除，只有对方同意，双方达成一致意见，才可解除劳动合同。法律将双方当事人的合意规定为解除劳动合同的条件。由于解除条件较严格，解除程序上没有限制性规定。

单方依法解除是指劳动合同的一方当事人，不须对方同意，单方面行使劳动合同解除权。这是劳动合同的当事人依法以单方的意愿表示解除劳动合同。按权利主体分类，可以分为用人单位解除劳动合同和劳动者解除劳动合同。

1. 用人单位解除劳动合同

用人单位单方行使劳动合同解除权，又可分为因劳动者的原因行使解除权以及因用人单位的原因行使解除权。

因劳动者的原因解除劳动合同时，用人单位还必须根据劳动者的情况区别为主观过错和客观原因，相应地分为解除合同前不需提前预告和需提前预告两种情况。

劳动者主观过错，包括以下几种。

①在试用期间被证明不符合录用条件（简称试用不合格）。是否合格，应当以法定的最低就业年龄等基本录用条件和招用时规定的文化、技术、身体、品质等条件为准，在具体录用条件不明确时，还应以是否胜任商定的工作为准。不合格，既包括完全不具备录用条件，也包括部分不具备录用条件，但

都必须由用人单位对此提出合法有效的证明。是否在试用期间，应当以劳动合同的约定为准；若劳动合同约定的试用期间超出法定最长时间，则以法定最长期限为准；若试用期届满后仍未办理劳动者转正手续，则不能认为还处在试用期间，即不能再以试用不合格为由辞退劳动者。

②严重违反劳动纪律或者用人单位规章制度（简称严重违纪）。是否违纪，应当以劳动者本人有义务遵循的劳动纪律及用人规章制度为准，其范围既包括全体劳动者都有义务遵循者，也包括劳动者本人依其职务、岗位有义务遵循者。违纪是否严重，一般应当以劳动法规所规定的限度和用人单位内部劳动规则依此限度所规定的具体界限为准。

③严重失职，徇私舞弊，对用人单位利益造成重大损害。此即劳动者在履行劳动合同期间，违反其忠于职守、维护和增进用人单位利益的义务，有未尽职责的严重过失行为或者利用职务之便谋取私利的故意行为，使用人单位的有形财产、无形财产或人员遭受重大损害，例如，因玩忽职守而造成事故；因工作不负责任而经常产生废品、损坏设备工具、浪费原材料或能源；贪污受贿；泄露或出卖商业秘密等。

“重大损害”应由企业内部规章来规定。若用人单位以此为由解除劳动合同，与劳动者发生劳动争议，劳动争议仲裁委员会一般根据企业的类型、规模和损害程度等情况，对企业规章中的规定进行认定。

④被依法追究刑事责任。即劳动者在劳动合同存续期间，因严重违法，构成犯罪，被法院依法判处刑罚或者裁定免予刑事处分。但是，对依照刑法处以管制者、宣告缓刑者，以及被免予刑事处罚者，虽然立法规定可予辞退，而在实践中，一般可不予辞退。因为在这些情况下，劳动者仍有履行劳动合同的行为自由，并且，保留其劳动关系更有利于本人的改造。

从解除合同的程序看，符合四类情况之一的，用人单位一经证实后，就可以解除劳动合同，无须提前通知，也不必给予经济补偿。

劳动者客观原因，包括以下几种。

①劳动者患病或非因工负伤，医疗期满后，不能从事原工作也不能从事由用人单位另行安排的工作。这里的医疗期，是指劳动者根据其工龄等条件，依法可以享受的停工医疗并发给病假工资的期间，而不是劳动者病伤治愈所实际需要的医疗期。劳动者在规定的医疗期届满后，其病伤尚未医疗终结或

者医疗终结但其劳动能力受损，经劳动鉴定机构证明，缺乏或丧失从事原工作或者用人单位在现有条件下为其所安排新工作的劳动能力，而无法继续履行劳动合同。

②劳动者不能胜任工作，经过培训或者调整工作岗位，仍不能胜任工作。这里的“不能胜任工作”，是指不能按要求完成劳动合同中约定的任务或者同工种、同岗位人员的工作量。劳动者在试用期满后不能胜任劳动合同所约定的工作，用人单位应对其进行培训或者为其调整工作岗位，如果劳动者经过一定时间的培训仍不能胜任原约定的工作，或者对重新安排的工作也不胜任，就意味着劳动者缺乏履行劳动合同的劳动能力。

③劳动合同订立时所依据的客观情况发生重大变化，致使原劳动合同无法履行，经当事人协商不能就变更劳动合同达成协议。这里的客观情况，是指履行原劳动合同所必要的客观条件，如自然条件、原材料或能源供给条件、生产设备条件、产品销售条件、劳动安全卫生条件等。如果这类客观条件由于发生不可抗力或者出现其他情况，而发生了足以使原劳动合同不能履行或不必要履行的变化，用人单位应当就劳动合同变更问题与劳动者协商；如果劳动者不同意变更劳动合同，原劳动合同所确立的劳动关系就没有存续的必要。

从解除合同的程序上看，符合三类情况之一的，用人单位必须履行“预告义务”，即应当提前30日以书面形式通知劳动者本人方可解除劳动合同，同时还应依法给予经济补偿。

因用人单位的原因解除劳动合同，除“劳动合同订立时所依据的客观情况发生重大变化，致使原劳动合同无法履行，经当事人协商不能就变更合同达成协议”的情况外，主要是指经济性裁减人员，即用人单位由于生产经营状况发生变化而出现劳动力过剩现象，因而被称为经济性裁员。其表现形式是批量辞退（或称集体辞退），而非单个辞退。

用人单位在因劳动者的客观原因或用人单位的原因解除合同时，还受“不得解除合同”条款的限制。

劳动法关于辞退的禁止性条件规定，一般为下列情形之一。

①患职业病或者因工负伤并被确认为丧失或者部分丧失劳动能力。职业病和工伤都是由劳动过程中的职业危害因素所致，用人单位对由此而丧失或部分丧失劳动能力的劳动者，负有保障其生活和劳动权的义务，不得将其辞

退。在这里，劳动能力丧失的程度，须由法定机构（劳动鉴定委员会）鉴定和证明。

②患病或负伤并在规定的医疗期内。劳动者患普通疾病或者非因工负伤，用人单位应依法给予一定的医疗期，并在此期限内负有保障其医疗和生活的义务。所以，此期限未满，不得将病伤者辞退。

③女员工在孕期、产期、哺乳期内。以此作为禁止性条件，旨在保护妇女和儿童的特殊权益。孕期与产期和哺乳期，或者孕期与产期为一个连续的过程，其中，产期长度应当以生育正产、难产或小产的法定产假期为准，哺乳期长度也应当与法定界限相符，一般限于婴儿周岁。处在孕期、产期和哺乳期的女员工，用人单位不得将其辞退，除非提供证据证明引起辞退的事由在法定禁止性条件的适用范围之外，并且与怀孕、分娩或哺乳毫无关系。

④法律、行政法规规定的其他情形，用人单位均不得解除劳动合同。例如，在法定年休假、法定节假日和其他合法假期间，在劳动争议处理期间，不得辞退员工。员工因实施工会行为或员工代表行为，也受特别保护，不得被辞退。

需要指出的是，“不得解除合同”的条款对用人单位因劳动者主观原因而解除劳动合同是没有约束力的。例如，某女工在怀孕期间严重违反劳动纪律，用人单位仍可解除劳动合同。

用人单位解除劳动合同，工会认为不适当的，有权提出意见。如果用人单位违反法律、法规或者劳动合同，工会有权要求重新处理，劳动者申请仲裁或者提起诉讼的，工会应当依法给予支持和帮助。

2. 劳动者解除劳动合同

劳动者单方行使劳动合同解除权，也可以用人单位是否有过错为主要依据，分为需提前预告和不需提前预告两种情况。

三、劳动合同解除的程序

劳动合同解除的程序，因解除的方式、条件等差异而有所不同，一般包括下述各项。

1. 辞退通知前的环节

用人单位在发出辞退通知以前，必须经过特定的环节。

①批评教育、纪律处分或辞退警告无效。用人单位对于因违纪（违章）违法应予辞退的员工，必须针对其违纪（违章）违法行为进行批评教育或纪律处分，经此仍然无效的，才可辞退。

②报经主管机关审核或批准。裁员应当事先向劳动行政部门报告裁员方案以及工会或全体员工意见，并听取劳动行政部门的意见。

2. 解约的协议或通知

劳动合同的协议解除，应当由合同当事人双方就合同解除的日期和法律后果，依法签订书面协议。

劳动合同的单方解除，应当由用人单位或劳动者提前或即时以书面形式将解除劳动合同的决定通知对方，在裁员时，这种通知的形式为正式公布裁员方案。其中，提前通知的期间（即预告期间）一般依照法律规定。

就预告辞退而言，立法规定预告期的意图在于让被辞退者在失业来临前有一段预先求职的时间。因而，在实践中允许用人单位以向被辞退者支付与预告期间劳动报酬额相等的补偿的方式取代预告期，即用人单位在支付此项补偿费的前提下即可辞退劳动者。用人单位之所以愿意如此，其动机在于尽可能避免预告期间被辞退者在劳动过程中实施不利于用人单位的行为。

3. 解约协议或通知后的环节

在劳动合同当事人就劳动合同解除签订协议或发出通知以后，依法还必须或可能经过特定环节。

①工会干预。工会认为辞退不适当的，有权提出意见，用人单位对工会意见应当认真研究；如果辞退违法或违约，工会有权要求用人单位重新处理。

②争议处理。因劳动合同解除发生争议的，应当依法遵循调解、仲裁、诉讼的程序处理。

③备案。

四、员工聘用合同

员工聘用合同

订立合同双方：

招聘方：　　　简称甲方；

受聘方： 简称乙方。

甲方招聘合同制员工，按有关规定，已报请有关部门批准（或同意）。甲方已向乙方如实介绍涉及合同的有关情况；乙方已向甲方提交劳动手册。甲乙双方本着自愿、平等的原则，经协商一致，特签订本合同，以便共同遵守。

第一条合同期限

合同期限为 年（或 个月），即从 年 月 日起至 年 月 日止。

（没有一定期限的合同或以完成一项工作的时间为期限的合同，应注明“本合同无一定期限”或“本合同以某一工作完成为届满期限”。）

第二条试用期限

试用期限为 个月（或 年），即从 年 月 日起至 年 月 日止。

（试用期限的长短，有关部门有规定的，按规定执行；有关部门无规定的，由招聘方根据受聘方的工作能力和实际水平确定。）

第三条职务（或工种）：

甲方聘请乙方担任职务（或从事某工种的工作）。

第四条工作时间：

每周工作5天，周六、周日休息。每天工作时间为8小时。上下班时间按甲方规定执行（以完成一定工作量为期限的合同，工作时间由双方商定）。

第五条劳动报酬：

（一）乙方在试用期间，月薪为 元。试用期满后，按乙方的技术水平、劳动态度和工作效率评定，根据所评定的级别或职务确定月薪。

（以完成一定工作量的时间为合同期限的，亦可按工作量确定报酬。实行计件工资的，按件付酬。）

（二）乙方享受岗位津贴和奖金待遇。

第六条生活福利待遇：

（一）补贴待遇：乙方享受交通费补贴、取暖费补贴等。

（二）假日待遇：乙方享受节日假、婚假、产假、丧假，工作满一年以上需要探亲的，可享受 天（包括在路途中的时间）的探亲待遇，工资照发，路费报销。

（三）其他待遇：根据有关规定执行。

第七条劳动保护：

（乙方的劳动保护按国家的有关规定执行。）

第八条乙方患病、伤残、生育等待遇以及养老保险办法：

（本条国家有规定的，按规定执行；无规定的，由双方商定。）

第九条劳动纪律要求：

乙方应当严格遵守甲方单位各项规章制度，遵守劳动纪律，服从分配，坚持出勤，积极劳动，保证完成规定的各项任务。

第十条教育与培训：

甲方应加强对乙方进行思想政治教育、遵纪守法教育、安全生产教育，根据工作和生产的需要进行业务、职业技术培训。

第十一条劳动合同的变更：

（一）发生下列情况之一时，允许变更劳动合同：

1. 经甲乙双方协商同意，并不因此而损害国家和社会的利益；

2. 订立劳动合同所依据的法律规定已经修改；

3. 由于甲方单位严重亏损或关闭、停产、转产，确实无法履行劳动合同的规定，或由于上级主管机关决定改变了工作任务、性质；

4. 由于不可抗力或由于一方当事人虽无过失但无法防止的外因，致使原合同无法履行；

5. 法律规定的其他情况。

（二）在合同没有变更的情况下，甲方不得安排乙方从事合同规定以外的工作，但下列情况除外：

1. 发生事故或自然灾害，需要及时抢修或救灾；

2. 因工作需要而进行的临时调动（单位内工种之间、机构之间）；

3. 发生不超过一个月时间的短期停工；

4. 甲方依法重新任命、调动、调换订立没有一定期限劳动合同员工的工作。

第十二条劳动合同的解除

（解除劳动合同的条件，国家主管部门有规定的，按规定执行；没有规定的，由双方当事人商定。双方议定条款不得违反法律和政策的规定，不得损害国家利益和社会公共利益。）

解除劳动合同，除因乙方违法犯罪或乙方不履行合同给甲方造成损失，或者严重违反劳动纪律和本单位管理章程的规定被开除的，以及乙方擅自解除劳动合同的以外，甲方应按规定发给辞退补助费和支付路费。

解除劳动合同时，双方应按规定办理解除手续。甲方应按规定将解除合同的情况报告有关机关核准。

第十三条违约责任：

（一）甲方无故辞退乙方，除应发给辞退补助费和路费外，应偿付给乙方违约金　元。

（二）甲方违反劳动安全和劳保规定，以致发生事故，损害乙方利益的，应补偿乙方的损失。

（三）乙方擅自解除合同，应赔偿甲方为其支付的职业技术培训费，并偿付给甲方违约金　元。

（四）乙方违反劳动纪律或操作规程，给甲方造成经济损失的，甲方有权按规定予以处理。

第十四条本合同期满后，甲乙双方一致同意，可以续订合同。

第十五条其他事项：

本合同于　年　月　日起生效。甲乙双方不得擅自修改或解除合同。合同执行中如有未尽事宜，须经双方协商，做出补充规定。补充规定与本合同具有同等效力。合同执行中如发生纠纷，当事人应协商解决，协商不成时，任何一方均可向单位主管机关或劳动合同的管理机关请求处理，也可依法向人民法院起诉。

本合同正本一式两份，甲乙双方各执一份；合同副本一式　份，报主管机关、劳动合同管理机关（本合同如经公证，则应交公证处留存一份）等单位各留存一份。

甲方:（行政公章）　　　　　　　　乙方:（盖章）

代表人:（盖章）

年　月　日

◎怎么终止劳动合同

一、劳动合同终止的概念和事由

劳动合同的终止，是指劳动合同的法律效力依法被消灭，也即劳动合同所确立的劳动关系由于一定法律事实的出现而终结，劳动者与用人单位之间原有的权利和义务不复存在。

能够引起劳动合同终止的事由，主要有下述几种。

①合同期限届满。定期劳动合同在其有效期限届满时，除依法续订合同和其他依法可延期的情况外，即行终止。

②约定终止条件成立。劳动合同或集体合同约定的合同终止条件实际成立，劳动合同即行终止。

③合同目的实现。以完成一定工作（工程）为期的劳动合同在其约定工作（工程）完成之时，其他劳动合同在其约定的条款全面履行完毕之时，因合同目的已实现而当然终止。

④当事人死亡。劳动者死亡，其劳动合同即终止。作为用人主体的业主死亡，劳动合同可以终止；如死者的继承人依法继续从事死者生前之营业，劳动合同一般可继续存在。

⑤劳动者退休。劳动者因达到退休年龄或完全丧失劳动能力而办理退休手续，其劳动合同即告终止。

⑥用人单位消灭。用人单位依法被宣告破产、解散、关闭或撤销，其劳动合同随之终止。

⑦合同解除。劳动合同因依法解除而终止。

二、劳动合同终止的法律后果

劳动合同终止的法律后果，指在终止劳动关系并消灭当事人双方权利义务的同时，对当事人双方随之产生新的权利义务。

1. 用人单位的义务

（1）支付经济补偿。即在法定条件下，用人单位应当按照法定的项目和标准，向劳动者（或其亲属）一次性支付经济补偿。这种经济补偿称为离职费或遣散费。

用人单位因劳动合同终止所负的经济补偿义务，应当包括劳动贡献积累补偿、失业补偿和其他特殊补偿。劳动贡献积累补偿，是对劳动者在劳动关系存续期间为用人单位已做贡献的积累所给予的经济补偿，其数额一般应当与本单位工龄挂钩，除了劳动者因有过错行为而被辞退以外，在劳动合同终止时应当支付这种补偿。

失业补偿，是对劳动者因劳动合同解除而丧失原劳动合同所约定就业机会的经济补偿，其数额应当与劳动合同解除时所剩余的未履行期限挂钩，除了劳动者因有过错行为而被辞退和在试用期内解除劳动合同以外，合同解除时应当支付这种补偿。其他特殊补偿，是对劳动合同终止时有病伤未愈等特殊困难的劳动者所给予的经济补偿，除了劳动者因有过错行为而被辞退以外，在劳动合同终止时，应当支付这种补偿。

①经济补偿金。劳动合同经协议解除，或者由用人单位解除（因试用不合格或劳动者有过错行为而解除者除外）的，按劳动者在本单位工龄，每满一年给相当于一个月工资的经济补偿金，但是，经协议解除或者因劳动者不胜任工作被用人单位解除的，最多给予不超过 12 个月工资的金额。未按规定给予经济补偿金的，除全额发给应付经济补偿外，还须按其数额的 50% 支付额外经济补偿金。

②失业补偿费。私营企业因破产或歇业而解除劳动合同的，合同未满的时间每一年发给相当于一个月工资的失业补偿费，但最高不超过 12 个月工资。

③禁止同业竞争补偿费。约定劳动者为保守用人单位商业秘密而在劳动合同终止后一定期间不与该用人单位进行同业竞争的，用人单位应当给予该劳动者一定数额的经济补偿。

④医疗补助费。劳动合同因劳动者患病或非因工负伤而由用人单位解除的，在发给经济补偿金的同时，还发给不低于 6 个月工资的医疗补助费，对患重病或绝症者还增加医疗补助费，其中，患重病的增加部分不低于医疗补助费的 50%，患绝症的增加部分不低于医疗补助费的 100%。

⑤在上述各项经济补偿中，以月工资作为计算基准的企业和个体经济组织来说，月工资是指在正常生产经营情况下劳动合同解除前 12 个月劳动者本人的月平均工资。

⑥经济补偿金在企业成本中列支，不得占用企业按规定比例应提取的福利费用。

（2）其他义务。

①向社会保险经办机构缴纳有关费用。凡是依法应当由用人单位为劳动者缴纳的社会保险费用，在劳动合同终止时用人单位应当负责全部缴足。因患职业病或因工负伤部分致残的员工，若本人要求解除劳动合同，企业应当按当地政府规定，向社会保险经办机构缴纳因工致残就业安置费；企业按照有关规定宣布解散或经双方协议解除劳动合同时，对因工负伤或患职业病正在治疗或疗养以及医疗终结经鉴定确认完全或部分丧失劳动能力的员工，享受抚恤待遇的因工死亡员工遗属，在孕期、产期和哺乳期的女员工，以及未参加各项社会保险的员工，应当根据当地政府规定，一次性向社会保险经办机构支付所需的生活及社会保险费用。

②出具劳动关系终止证明书。用人单位应当在劳动合同终止的当时或者应劳动者事后请求，免费向劳动者出具终止劳动合同的证明书，以证实原劳动关系已经消灭。证明书的内容应当包括法定必备事项，并应客观公正。

③为被裁减人员提供一定就业保障。用人单位从裁员之日起 6 个月内需要新招人员的，必须优先从本单位裁减的人员中录用，并向当地劳动部门报告录用人员的数量、时间、条件以及优先录用人员的情况；用人单位有条件的，应当为被裁减人员提供培训或就业帮助。

④返还劳动者寄存财产。在劳动关系存续期，劳动者寄存于用人单位的各项财产，当劳动合同终止时用人单位应当返还给劳动者。

⑤继续提供住房。劳动关系存续期间由用人单位提供住房的劳动者，在劳动合同终止后一定期间内，用人单位应当让其继续居住该住房。

2. 劳动者的义务

劳动者因劳动合同终止对用人单位所负的义务，主要有以下几项。

①赔偿损失。劳动者对劳动合同解除有过错的，应当按照法定或约定的要求，向用人单位赔偿因此所受的损失。

②结束并移交事务。劳动合同终止后，劳动者应当依其忠实义务的要求，结束其正在进行中的事务，对紧急事务做应急处理；同时，向用人单位办理事务移交手续，对原归其保管的物品，在交接前负责继续保管。

③继续保守商业秘密。劳动者对其在劳动关系存续期间得知的商业秘密，在劳动合同终止后一定期限内应当继续保密。基于此项原因，有的国家和地区在立法中允许约定劳动者承担不为同业竞争的义务。

3. 与劳动合同终止相联系的两种情况

与劳动合同终止相联系，存在着两种情况：一是续订劳动合同；二是维持事实劳动关系。

（1）续订劳动合同。劳动合同的续订是指原订的劳动合同终止执行后，由于生产、工作需要，当事人双方通过协商一致，继续签订劳动合同。劳动合同的续订是劳动合同订立的一种特殊形式。它与一般劳动合同的签订相比，有如下 4 个显著特征。

①合同当事人有限制。劳动合同期满，一般是允许续订合同的，但是定期轮换工的续订合同受到限制。

②合同订立程序有区别。在合同续订时，劳动合同双方当事人已经确定，不需要通过“招收录用”程序重新确定当事人，但是当事人之间在续订合同时，仍然要对涉及双方权利义务的有关事项，平等协商，达成一致意见。如果劳动者一方仍从事原工作，不再规定试用期。

③合同期限有规定。

④合同形式有联系。续订合同与原订合同从联系方面看：续订合同的当事人双方曾经存在过一定时期的合同关系，彼此比较了解，可以吸取原合同的长处，从而使新订的合同更加切实可行。

（2）事实劳动关系。事实劳动关系是指用人单位与劳动者之间既无劳动合同又存在着劳动关系的一种状态，除当事人履行无效劳动合同而产生的劳动关系外，通常是由于合同期满后既没有续订合同，又没有终止合同，而形成事实劳动关系。这种状况不符合法律要求。实践中，出现事实劳动关系，劳动部门一般均要求企业与员工补办终止或续订合同的手续。

◎怎么处理员工劳动争议

一、劳动争议的概念

企业劳动争议，又称企业劳动纠纷，或称企业劳资争议和企业劳资纠纷，是指企业劳动关系的双方主体及其代表之间在实现劳动权利和履行劳动义务等方面产生的争议或纠纷。

企业劳动争议就其本质上来说主要是双方主体围绕经济利益产生的权利和义务的矛盾和争议。

二、劳动争议的主要内容

①涉及集体合同的执行、撤销和重新谈判等问题而发生的争议。这是与劳动相关的企业管理问题。

②涉及劳动合同的执行、解除、变更和终止等问题而发生的争议。这也是与劳动相关的企业管理问题。

③涉及员工的录用、辞退、辞职和工作变动等问题而发生的争议。这还是与劳动相关的企业管理问题。

④涉及工资、津贴和奖金等问题而发生的争议。

⑤有关就业培训和职业训练等方面问题而发生的争议。

⑥有关劳动保险、劳动福利以及女员工、未成年劳工特殊保护等方面问题而发生的争议。

⑦有关社会宏观因素和企业外部环境，如通货膨胀、失业、社会保障、外国投资、政治因素和税率等问题而发生的争议。

⑧有关工会的成立、运作、管理和代表权等问题而发生的争议。

⑨有关工作安全和劳动卫生等问题而发生的争议。

⑩有关工作时间和休息、休假等问题而发生的争议。

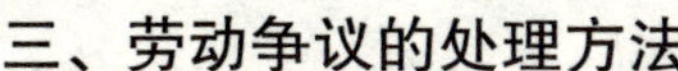

三、劳动争议的处理方法

1. 劳资双方自行解决

协商解决的办法，主要是指劳资双方在平等的地位上就彼此争议的问题和焦点进行协商，以求得问题的解决。集体谈判制度与劳资协商制度一样，也是市场经济国家一种重要的企业劳动争议的处理制度。

企业管理者主要通过劳资协商制来阻碍或缓和工会参与管理的要求；工会则在协商阶段将有关问题和信息集中起来，强化自己的斗争手段，为确立自己在集体谈判中的有利地位奠定基础。

2. 第三方参与解决

一般来说，企业劳动争议处理中的第三方参与主要有三种基本办法：调解、仲裁和诉讼。

四、劳动争议的处理原则

1. 合法原则

合法原则是指企业劳动争议的处理机构在处理争议案件时要以法律为准绳，并遵循有关法定程序。以法律为准绳，就是要求对企业劳动争议的处理要符合国家有关劳动法规的规定，严格依法裁决。遵循有关法定程序，就是要求对企业劳动争议的处理要严格按照程序法的有关规定办理，企业劳动争议处理的开始、进行和终结都要符合程序法的规定；同时，对双方当事人应该享受的请求解决争议、举证、辩解、陈述和要求回避等有关程序法的权利要给予平等的保护。

2. 公正和平等原则

公正和平等原则是指在企业劳动争议案件的处理过程中，应当公正、平等地对待双方当事人，处理程序和处理结果不得偏向任何一方。尽管企业管理者和劳动者双方当事人在企业劳动关系的实际运作过程中所处的地位是不一样的，前者处于领导者、支配者的地位，后者处于被领导者、被支配者的地位，而一旦企业劳动争议形成，并进入处理程序阶段，两者便是平等的争议主体，都受到法律的平等保护。公正和平等原则要求企业劳动争议的任何一方当事人都不得有超过法律和有关规定以上的特权。

3. 调解原则

调解原则是指调解这种手段贯穿于企业劳动争议第三方参与处理的全过程。不光企业调解委员会在处理企业劳动争议中的全部工作是调解工作，而且仲裁委员会和法院在处理企业劳动争议中也要先行调解，调解不成时，才会行使裁决或判决。同时，即使是仲裁委员会的裁决和法院的判决也要以调解的态度强制执行，否则其法律效力的发挥也会大打折扣。

4. 及时处理原则

及时处理原则是指企业劳动争议的处理机构在处理争议案件时，要在法律和有关规定要求的时间范围内对案件进行受理、审理和结案，无论是调解、仲裁还是诉讼，都不得违背在时限方面的要求，如企业劳动争议调解委员会对案件调解不力，要在规定的时限内结案，不要影响当事人申请仲裁的权利；企业劳动争议仲裁委员会在调解未果的情况下，要及时裁决，不得超过法定的处理时限；法院的处理也是这样，在调解未果的情况下，要及时判决。总之，及时处理原则就是要使双方当事人合法权益得到及时的保护。

处理劳动争议可遵循以下原则：一是自愿原则，二是强制原则。遵循不同的基本原则，就会形成不同的组织体制和办案体制。

5. 自愿原则

调解或仲裁机构独立于政府的特征较强，由双方当事人协议是否调解或仲裁；和解协议必须是双方自愿达成；仲裁人员应由当事人选择。这就形成了“裁审自择”“裁审分轨”的双轨体制。

6. 强制原则

调解或仲裁机构与政府的联系较多，政府常常从中起主要作用；劳动争议任何一方当事人或者政府无须协商均可依据法律规定交付仲裁解决争议；仲裁人员由仲裁机构指定。

五、劳动争议的处理程序

1. 调解

调解是最为常用的解决劳动关系冲突和减少员工罢工次数的办法，也是处理劳动争议的基本办法或途径之一。

调解分为劳动争议调解委员会的调解和劳动争议仲裁委员会的调解两类。

前者是自愿性的，即由当事人决定是否提请劳动争议调解委员会调解；后者是强制性的，即只要提请劳动争议仲裁委员会，就必须进行调解，这也是一项工作制度，一般经调解无效的，才进行裁决。

作为处理企业劳动争议的基本办法或途径之一，调解不是指企业劳动争议进入仲裁或诉讼以后由仲裁委员会或法院所做的调解工作，而是指企业调解委员会对企业劳动争议所做的调解活动。企业调解委员会所做的调解活动主要是指调解委员会在接受争议双方当事人调解申请后，首先要查清事实、明确责任；在此基础上，根据有关法规和集体合同或劳动合同的规定，通过自己的说服、诱导，最终促使双方当事人在相互让步的前提下自愿达成解决企业劳动争议的协议。

劳动争议调解委员会有的设于企业，由企业的员工代表、行政代表和工会委员会代表组成，主任由各成员共同推举，委员会的工作受员工代表大会的领导。劳动争议调解委员会的调解，必须有当事人一方提出申请，同时另一方表示愿意接受，才能进行。当事人任何一方不愿接受调解，或调解达不成协议，只能交付仲裁。应当注意的是，按规定因开除、除名、辞退违纪员工发生的争议必须直接提交劳动争议仲裁委员会，而不能向劳动争议调解委员会申请调解。另外，若发生劳动争议的员工一方人数为 10 名以上，并具有共同申请理由，可由当事人推举 1 ～ 3 名代表，参加调解或仲裁活动。

实施调解的结果有两种：一是调解达成协议，这时要依法制作调解协议书；二是调解不成或调解达不成协议，这时要做好记录，并制作调解处理意见书，提出对争议的有关处理意见，建议争议双方当事人依照有关法规的规定，向劳动仲裁委员会提出仲裁申请。

调解协议由调解协议书具体体现。只要达成协议，争议双方当事人要自觉执行调解协议；当然，双方当事人也有对调解协议反悔的权利。调解委员会对当事人的反悔只能说服、劝解，无权强制执行，但有建议仲裁的权利。只要一方当事人对协议反悔，或拒不执行协议，经调解委员会说服、劝解无效，就视为调解不成。

劳动争议调解委员会处理劳动争议，应当自当事人提出申诉之日起 30 日结案，到期未结案则视为调解不成。

以调解方式解决劳动争议，具有程序简易、费用低廉、有利于促进当事人之间的团结和维护正常生产秩序等优点。而且，由于调解协议完全出自双方自愿，一般都能严格执行。但是，由于调解完全依靠当事人的自愿，难以保证所有劳动争议都得到解决。因此，除了这种方式以外，还必须有更加具有权威的解决办法。

2. 仲裁

仲裁是另一种解决劳动关系冲突的办法。同时，仲裁也是处理劳动争议的另一种基本办法或途径。仲裁是指劳动争议仲裁机构依法对争议双方当事人的争议案件进行居中公断的执法行为，其中包括对案件的依法审理和对争议的调解、裁决等一系列活动或行为。

劳动争议仲裁委员会由劳动行政机关代表、工会代表和企业主管部门代表组成，三方代表应当人数相等，并且总数必须是单数，委员会主任由同级劳动行政机关负责人担任，其办事机构为劳动行政机关的劳动争议处理机构。劳动争议仲裁委员会对于劳动争议双方来说是第三者，它的决定无须经双方同意，并具有法律强制力，因而仲裁是比调解更为有效的解决方法。按规定，劳动争议的任何一方不愿调解、劳动争议经调解未达成协议时，均可向劳动争议仲裁委员会提出仲裁申请，并提交书面申请书。申请书应写明争议双方当事人的情况、申请仲裁的理由、要求解决的问题及有关的证明材料等。申请人应根据争议双方的人数提交申请书若干份。

当事人申请仲裁，因履行劳动合同而发生的争议，应自争议发生之日起60日内或从劳动争议调解委员会调解不成之日起30日内，向劳动争议仲裁委员会提出。因开除、除名、辞退违纪员工而发生的争议，当事人应于企业公布处理决定之日起15日内申请仲裁。因特殊原因，当事人可在其知道或应当知道权利被侵害之日起1年之内提起追诉。超过规定期限，仲裁机构不再受理。

仲裁委员会在收到仲裁申请后一段时间内（一般为7天）要做出受理或不受理的决定。决定受理的，仲裁委员会要及时通知申请人和被诉人，并组成仲裁庭；决定不受理的，要说明理由。

在受理申诉人的仲裁申请后，仲裁委员会就需要进行有针对性的调查取证工作，这其中包括拟定调查提纲，根据调查提纲进行有针对性的调查取证，核实调查结果和有关证据等。调查取证的主要目的是收集有关证据和材料，

查明争议事实，为下一步的调解或裁决做好准备工作。

劳动争议仲裁委员会在处理劳动争议时，应先行调解。调解成功，劳动争议仲裁委员会制作调解书，由双方当事人签字，劳动争议仲裁委员会成员署名，并加盖委员会印章，调解书一经送达当事人，即发生法律效力，当事人必须执行。一方不执行，另一方当事人可申请法院强制执行。如调解不成，则应及时仲裁，由劳动争议仲裁委员会召开会议，并根据少数服从多数的原则做仲裁决定。仲裁决定做出后，应制作仲裁决定书。由劳动争议仲裁委员会成员署名，并加盖委员会印章，送达双方当事人。

当事人一方或双方不服仲裁的，可以在收到仲裁决定书之日起 15 日内向人民法院起诉；一方当事人期满既不起诉也不执行的，另一方当事人可以申请人民法院强制执行。

与企业劳动争议的调解相比，企业劳动争议的仲裁具有这样一些明显的特点：仲裁申请可由任何一方当事人提出，而不必由双方当事人共同提出，或不必在双方当事人首肯的情况下由一方当事人提出；仲裁机构的仲裁调解或仲裁裁决依法生效后具有强制执行的法律效力，当事人必须执行；仲裁机构在调解无效的情况下，必须做出最终裁决。

劳动仲裁是世界各国解决劳动争议较普遍的方法，其基本精神是由一个中立的第三者对当事人之间的争议做出评判。仲裁和调解相比，最大的特点是其更具权威性和法律效力。从我国劳动争议仲裁来看，仲裁活动具有一定的行政性质，也有一定的群众性质，不是纯粹的司法活动。根据司法最终解决的法制原则，劳动争议的最终解决只能依靠国家司法机关。因此，我国劳动争议处理程序还包括人民法院的审判。

3. 审判

劳动争议当事人不服仲裁，可以在收到仲裁决定书之日起 15 日内向法院起诉，由法院依民事诉讼程序进行审理及判决。法院审判劳动争议的最大特点在于它的处理形式严肃性与权威性及其法律效力。但审判毕竟是解决劳动争议的最后阶段，由于有调解和仲裁程序在前，所以，真正通过审判解决的劳动争议并不多。

◎怎么进行劳资谈判

一、劳资谈判概述

1. 劳资谈判的概念

劳资谈判是针对工作报酬、工作时间及其他雇用条件，雇主和员工代表在适当时间以坦诚态度进行的谈判。双方可以对对方履行义务的情况、任一协议及该协议下产生的问题、在某项协议下签订的另一书面合同的执行情况提出质询，对方有义务回答质询，但任一方不可强迫对方同意或终止某项协议。

劳资谈判所生成的文件被称作“劳动协议”或“合同”。它规定了一定时期内员工和雇主的关系。通过劳资谈判，基本上可以确定劳资双方的关系。

2. 劳资谈判的类型

劳资谈判的类型有3种：约束性的、非约束性的和禁止性的。约束性谈判问题规定了工资、工作时间以及其他就业条件。对于非约束性谈判问题，一方可以提出来，但另一方有权在谈判中不讨论此问题。禁止性谈判问题是不合法的。

通过劳资谈判生成的文件叫做劳动协议或合同。它规定了一段时期内雇主与员工的关系。所有劳动协议都包含以下问题：认可、资方权利、工会保障、报酬和福利、申诉程序，员工保障以及与工作相关的因素。而工会保障通常是劳资谈判协议中的第一个条款。

有时，即使劳资双方都很想达成一个公平的协议，谈判也会出现破裂，为了使谈判继续进行下去，可以采用几种方法清除障碍，诸如：第三方的介入、工会策略与资方策略。

第三方介入的两种基本类型是调停与仲裁。工会为了避免谈判破裂，

经常采用罢工与抵制这两种基本方式。资方也可以利用各种方法来迫使工会继续谈判。关厂是方法之一，指的是资方不让员工继续工作，而是通过采用管理层人员和临时替代员工的方法使生产继续进行。在员工罢工期间，资方可利用管理人员和雇用非工会会员的员工来代替罢工者，保证生产正常进行。

3. 劳资谈判流程

劳资谈判流程如下图所示。

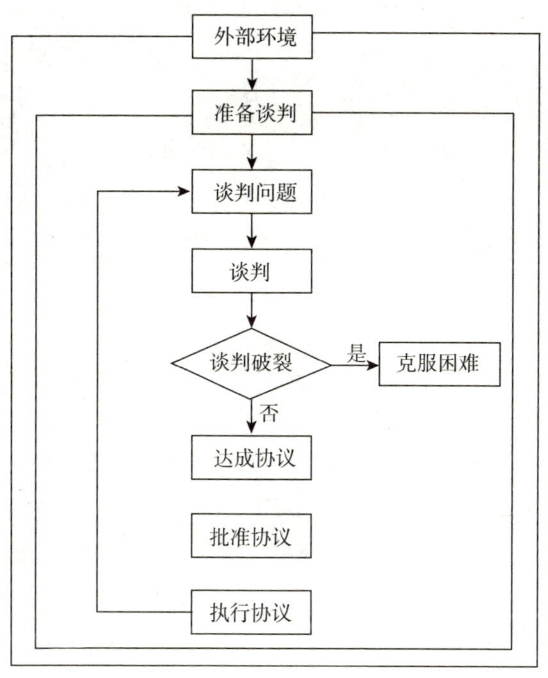

劳资谈判流程

二、劳资谈判技巧

（1）不要低估第一次准备性的、无敌意的劳资双方代表的会面，利用这次机会为将来的会谈制定好基本规则。

（2）如果员工对总裁评价高，可以考虑让他（她）参加会谈。

（3）在法律和礼节允许的范围内，仔细了解参加劳资谈判的每位成员的情况。

（4）将谈判者视为势均力敌的对手，不要轻视他们。

（5）仔细做好每次会议记录。因为详细的笔记对最初及以后的谈判会非常有用。

（6）与那些对受合同影响最大的群体和对所讨论的问题了解最深的人保持密切联系。

（7）如果谈判破裂，可以考虑由政府机构出面调停。

第九章　员工日常管理

◎怎么编制员工手册

《员工手册》，简单地说就是能够让员工快速了解公司并能规范员工日常行为的小册子，它有两项基本功能：一是使刚进入公司的员工能够快速了解公司的历史、文化、运作模式、员工管理政策、日常行为规范等，快速成长为公司的“合格员工”；二是规范员工的日常行为，强化行业或公司的特殊要求，提升公司整体的运作效率。

对于企业来说，如果能够有效地发挥“员工手册”的功效，一方面可以缩减培训成本与员工管理成本，另一方面还可以促使员工降低工作失误率与事故率，从而提高员工的工作效率与效果。

《员工手册》的编制往往需要以明晰的企业文化和规范的人力资源管理体系为基础，具体编制员工手册可以采用“四步法”。

第一步：定框架。

“定框架”，即确定《员工手册》内容的基本框架。一般来说，一套完整的员工手册，其基本框架应该包括五个部分：第一部分是“前言”；第二部分是“公司概况”；第三部分是“行为规范”和“特殊职业要求”；第四部分是“员工管理制度”；第五部分是“附则”。

1. 用好“写在前面的话”

这部分的内容通常是以公司的最高行政长官名义签发，其主要目的是“欢迎员工并激发员工学习手册的热情”，因而，其次级框架通常包括以下几个方面。

（1）欢迎词。

（2）员工可通过员工手册获得什么。

（3）祝语与希望。

（4）签名。

最近两年，中小企业在编制员工手册的时候，虽然在结构上都会包含这

一部分，但在次级框架确定时却经常出现偏差，往往把“总则”作为次级框架的一个项目。例如，一家有员工 800 多人的不锈钢架制造企业，其“写在前面的话”的次级框架的项目在包括“欢迎词”之外，还包含有“本手册的编写目的，本手册的指导思想、适应范围以及希望员工遵守手册”等栏目。以这样“写在前面的话”开篇的员工手册从形式上说不伦不类，从效果上看，会使员工产生反感，影响其对员工手册的学习效果和进一步的内化、执行。因此，建议中小企业在编写员工手册时，严格按照“欢迎词、学习员工手册的收获、祝语与希望及签名”的次级框架进行编写。

2. 灵活运用“公司概况”

“公司概况”部分的目的就是让员工快速了解公司、快速融入公司。这部分的次级框架通常包括以下几个内容。

（1）公司的价值观。

（2）公司的战略目标。

（3）公司业务概况介绍。

（4）公司的组织架构。

（5）公司的发展历史。

（6）公司的企业文化。

大型企业的员工手册都非常重视这部分的内容，然而，许多中小企业却往往忽视这一部分。中小企业务必将“公司概述”作为员工手册主框架的一项重要内容，但在确定这个主栏目的次级框架时，可以根据企业的实际情况灵活处理，如果公司目前尚没有明确的价值观或发展战略目标，也没有提炼出明确的企业文化，那么暂时可以将“公司业务介绍、发展历史及组织架构等”作为“公司概述”的次级框架，同时，要着手明确公司的价值观、战略目标等，适时地提炼出自己的企业文化。

3. 明确“行为规范”和“特殊职业要求”

通过对行为规范或特殊的职业要求的学习和理解，可以提升公司员工整体的职业素养，进而提升员工的工作效率与业绩。这部分的次级框架通常包括以下内容。

（1）公司日常行为规范。

（2）公司日常工作中的行为规范。

（3）对外业务交往中的行为规范。

（4）行业特殊职业要求（如食品行业对卫生行为的要求等）。

目前，部分行业的中小企业比较重视这部分内容，例如，酒店行业、连锁专卖行业、保险行业等，但许多制造企业对这部分内容重视不够。因此，建议中小企业在编制员工手册时，不要考虑自身属于什么样的行业、不管目前具备不具备相关的制度，都要将这部分作为员工手册主框架的一项主要内容，目前没有相关制度的公司务必马上组织相关人员进行编制，因为，缺少这部分的员工手册对员工行为的引导作用将大大减弱。

4. 重点制定“员工管理制度”

这部分是目前中小企业的员工手册中最重视的部分，通过这部分内容，企业可以让员工充分了解相关制度与要求，进一步规范员工行为，降低员工管理成本。因而，这部分内容应该涉及从员工聘用到离职的一系列员工管理制度，其次级框架应该包括以下主要内容。

（1）聘用与离职（入职培训、试用、人事关系、离职管理等）。

（2）工作时间（正常上班时间、出勤、加班等）。

（3）报酬与福利。

（4）休假。

（5）员工培训与发展。

（6）奖惩制度及其他。

5. 不容忽视的“附则”

这部分内容比较简单，主要是对一些未尽条款的补充说明，包括本手册的有效性、本手册的解释权、本手册的修订、未尽事宜的参照办法、保密原则、员工签收确认函等。

中小企业在确定这部分内容时，经常忽视“员工签收确认表”，然而，员工签收是保证员工手册合法及有效落实的一项重要措施，同时也是企业已经将相关政策告知员工的一项书面证明，因此，建议中小企业在确定“附则”的次级框架时务必将员工签收确认表作为一个子栏目。

《员工手册》框架体系见表9-1。

表 9-1 《员工手册》框架体系

一级结构体系	二级结构体系	三级结构体系
前言部分	写在前面的话	（1）欢迎词 （2）员工可通过员工手册获得什么 （3）祝语与希望 （4）签名
	公司概况	（1）董事长或总经理致辞 （2）企业简介 （3）发展历史 （4）发展愿景
	企业文化	（1）企业精神 （2）经营宗旨 （3）经营理念
	组织架构	（1）组织结构 （2）业务分工 （3）部门简介
正文部分	员工日常规范	（1）工作准则 （2）行为规范 （3）礼仪规范
	企业管理制度	（1）人事管理制度 （2）财务管理制度 （3）行政管理制度
	岗位职责描述	（1）部门职责描述 （2）主要岗位描述 （3）工作流程描述
附则部分	关于手册	（1）使用 （2）保管 （3）修订
	手册效力	（1）制定依据 （2）约束效力 （3）异议处理
	员工签收	（1）签收回执 （2）意见书

第二步：填内容。

在确定了员工手册的基本框架及次级框架后，下一步就是对照具体的框架，填写内容。完成这项工作时，企业人力资源部要通过与相关部门的充分沟通，来调动和发挥相关部门的专业性，与其共同完成员工手册内容的草拟。其中，“写在前面的话”的内容可以由人力资源部编写，然后交给总经理或董事长审批、签字，也可以由总裁办编写，然后交给总经理或董事长审批、签字，具体由公司的权限特征与董事长或总经理的管理风格确定；“公司概况”部分，通常交由负责对外形象宣传的部门负责，一般由市场部、企管部或行政部草拟；“行为规范”“特殊职业要求”和“员工管理制度”及“附则”，一般由人力资源部草拟，但人力资源部可以协调相关部门提供相应的制度文本与要求。填写完成整个员工手册后，人力资源部对整个手册的内容进行认真审核，有疑问或错误的地方，及时与相关部门或责任人沟通确认。

在这一环节中，中小企业最容易犯的错误就是“闭门造车”，人力资源部独自完成员工手册所有内容的编写工作，并直接交总经理或董事长审批后发行，结果往往出现相关部门拿着员工手册找总经理投诉的现象。因此，建议中小企业在完成“填内容”这项工作时，切忌闭门造车，一个部门独自完成所有工作，一定要与相关部门和人员进行充分的沟通。一方面是要发挥他们的积极性与专业性；另一方面，也要让他们获得参与感与共同完成这项任务的成就感。

第三步：审语言。

企业在编写员工手册时，在语言方面通常会遇到以下问题。

1. 语言风格过分苛刻

例如，一家制衣企业员工手册的“前言”中写道，“欢迎你成为我们的一员”“员工手册就是一部法律手册，你必须严格遵守手册的每项条款，否决将会收到对应的处罚，严重者直接辞退”。这样的言辞明显地暴露了对员工的不尊重，必定招致员工的反感甚至敌对，又何谈心甘情愿地遵照执行呢。有的表述拖沓，不易理解。例如，一家不锈钢网架制造企业员工手册中这样写道，“上班前酗酒影响工作、工作时间酗酒、妨碍公司正常工作秩序、妨碍公司正常生产秩序、妨碍正常生活秩序及其他有碍于公司保安工作的员工，将被禁止上班”

2. 项目之间缺乏条理性或逻辑性

例如，一家酒店员工手册的“行为规范”部分这样写道：

“3.1 员工必须恪尽职守，令行禁止，不谋私利，努力工作，勤奋上进，培养廉洁自律、友爱团结、互谅互助的团队精神。”

“3.2 员工应热爱公司，珍惜公司的形象和荣誉，不得……”

“3.3 员工应严格遵守公司制定的各项规章制度，如有违反将……”

“3.4 工作时间不准擅离岗位、串岗闲谈、戏耍、做私活、办私事、会亲友、打私人电话…… ”

“3.5 员工应该服从领导听指挥，不得……”

“3.6 提倡精神文明，讲礼貌……”

“3.7 员工应保持工作区域，设备、仪器和工具箱柜的整洁完好……”

这几条“行为规范”之间看不出任何的逻辑线索，而且有些条款还存在一定的重复。

因此，建议中小企业在完成“填内容”部分时，一定要从以下几个方面对员工手册进行语言的审核。

（1）从语言风格上，审核员工手册是否与公司倡导的企业文化相吻合，通常来说，“写在前面的话”的部分，应该保证语言风格的轻松并充满感情，“公司概况”部分，应保证语言风格的激昂与客观，对“行为规范”“特殊的职业要求”和“员工管理制度”及附则部分，应保证语言风格的客观、严谨。

（2）从用词与表述的方式上，审核员工手册的表述是否简洁流畅，是否易懂易记，去掉多余的表述，避免过多的长句。

（3）从整体的逻辑性与条理性上，审核员工手册每项内容之间的条理性，以及各项内容之间表述的逻辑性。

第四步：审合法。

在完成语言审核后，下一步的重要工作就是审核员工手册内容的合法性。审核员工手册的合法性通常从以下几个方面开展。

1. 内容上是否与国家的相关法律相冲突

《劳动合同法》明确规定：“用人单位应当依法建立和完善劳动规章制度，保障劳动者享有劳动权利，履行劳动义务。”然而，目前我国许多中小企业往往忽视对相关法律的重视，而是强制推行公司的相关规定，这样做会存在较大的法律风险。因此，中小企业在制订员工手册时，必须充分考虑相关法律条款，有条件的企业最好将员工手册交公司内部负责法务的人员或外部法律顾问审核。

2. 相关制度的制定程序是否合法

《劳动合同法》明确规定:“用人单位在制定、修改或者决定有关劳动报酬、工作时间、休息休假、劳动安全卫生、保险福利、职工培训、劳动纪律以及劳动定额管理等直接涉及劳动者切身利益的规章制度或者重大事项时,应当经职工代表大会或者全体职工讨论,提出方案和意见,与工会或者职工代表平等协商确定。”此前,我国的中小企业出台相关制度的程序大部分都不符合相关法律的规定,因此,建议中小企业以后在制定员工手册及相关制度时,必须按照相关程序执行,并在每个阶段做好相关的文本记录并保存,做到有据可查,避免因为程序的不合法而承担不必要的风险。

◎怎么制定企业的规章制度

在新的劳动政策的大环境下,国家法律赋予企业制度至高无上的权利——制度就是企业实施管理的内部“法律”。但是,国家法律对企业制定规章制度的流程也有约定,例如,在《劳动合同法》第四条规定“用人单位应当依法建立和完善劳动规章制度,保障劳动者享有劳动权利、履行劳动义务。用人单位在制定、修改或者决定直接涉及劳动者切身利益的劳动报酬、工作时间、休息休假、劳动安全卫生、保险福利、职工培训、劳动纪律以及劳动定额管理等规章制度或者重大事项时,应当经职工代表大会或者全体职工讨论,提出方案和意见,与工会或者职工代表平等协商确定。在规章制度实施过程中,工会或者职工认为用人单位的规章制度不适当的,有权向用人单位提出,通过协商做出修改完善。直接涉及劳动者切身利益的规章制度应当公示,或者告知劳动者。”企业的规章制度就是企业内部的“法律”。规章制度内容广泛,包括了用人单位经营管理的各个方面。

通过这一条规定,可以看到制定规章制度的法理、程序、原则等一些不可忽视的环节。

一、依法建立和完善劳动规章制度

用人单位的规章制度是用人单位制定的组织劳动过程和进行劳动管理的规则和制度的总和，也称为内部劳动规则，是企业内部的“法律”。规章制度内容广泛，包括了用人单位经营管理的各个方面。根据1997年11月劳动部颁发的《劳动部关于对新开办用人单位实行劳动规章制度备案制度的通知》，规章制度主要包括劳动合同管理、工资管理、社会保险福利待遇、工时休假、职工奖惩，以及其他劳动管理规定。用人单位制定规章制度，要严格执行国家法律、法规的规定，保障劳动者的劳动权利，督促劳动者履行劳动义务。制定规章制度应当体现权利与义务一致、奖励与惩罚结合，不得违反法律、法规的规定。否则，就会受到法律的制裁。本法第七十九条规定：“用人单位制定的直接涉及劳动者切身利益的规章制度违反法律、法规规定的，由劳动行政部门责令改正，给予警告；给劳动者造成损害的，用人单位应当承担赔偿责任。”

二、规章制度和重大事项的决定程序

规章制度的制定程序关键是要保证制定出来的规章制度内容具有民主性和科学性。规章制度的大多数内容与职工的权利密切相关，让广大职工参与规章制度的制定，可以有效地杜绝用人单位独断专行，防止用人单位利用规章制度侵犯劳动者的合法权益。

（1）关于规章制度制定程序引起的争议。职工参与企业民主管理，是企业管理制度的一项重要内容。

（2）平等协商的内容：直接涉及劳动者切身利益的劳动报酬、工作时间、休息休假、劳动安全卫生、保险福利、职工培训、劳动纪律以及劳动定额管理等规章制度或者重大事项。规章制度如工作时间、休息休假、劳动安全卫生、劳动纪律以及劳动定额管理等规章制度，重大事项如劳动报酬、保险福利、职工培训等。

（3）具体制定程序：根据本条的规定，制定规章制度或者决定重大事项，应当经职工代表大会或者全体职工讨论，提出方案和意见，与工会或者职工代表平等协商确定。所以，这个程序分为两个步骤：一是经职工代表大会或者全体职工讨论，提出方案和意见；二是与工会或者职工代表平等协商确定。一般来说，企业建立了工会的，与企业工会协商确定；没有建立工会的，与职工代表协商确定。这种程序，可以说是“先民主，后集中”。

三、规章制度的异议程序

用人单位的规章制度既要符合法律、法规的规定，也要合理，符合社会道德。实践中有些用人单位的规章制度不违法，但不合理、不适当。如有的企业规章制度规定一顿饭只能几分钟吃完；一天只能上几次厕所，一次只能几分钟等。这些虽然不违法法律、法规的规定，但不合理。也应当有纠正机制。因此，本条规定在规章制度实施过程中，工会或者职工认为用人单位的规章制度不适当的，有权向用人单位提出，通过协商做出修改完善。

四、规章制度的告知程序

规章制度是劳动合同的一部分，要让劳动者遵守执行，首先应当让劳动者知道。因此，本条规定，直接涉及劳动者切身利益的规章制度应当公示，或者告知劳动者。关于告知的方式有很多种，实践中，有的用人单位是在企业的告示栏张贴告示；有的用人单位是把规章制度作为劳动合同的附件发给劳动者；有的用人单位是向每个劳动者发放员工手册。无论哪种方式，只要让劳动者知道就可以。

总而言之，企业制定规章制度要做到合法、合情、合理，并且符合法律程序。

◎怎么进行行为规范管理

行为规范是企业员工共同遵守的行为准则。主要包括岗位规范、形象规范、语言规范、社交规范、会议规范、安全卫生规范、礼仪规范等。

俗话说，“榜样的力量是无穷的”。管理者只有自己模范执行了公司制度，员工才会跟着执行。如果管理者自己都不遵循，就别指望员工有效执行。所以，人力资源部门必须模范遵守公司制度，正确引导和时时监督员工遵守公司制定的行为规范。

一、岗位规范

（1）遵守上班时间，因故迟到和请假，必须事先通知，来不及的时候必须用电话联络。

（2）工作要做到有计划、有步骤、迅速踏实地进行。

（3）工作新布署应立即行动。

（4）工作中不扯闲话。

（5）工作中不要随便离开自己的岗位。

（6）离开自己的座位时要整理桌子、椅子半位，以示主人未远离。

（7）长时间离开岗位时，可能会有电话或客人，事先应拜托给上司或同事。椅子全部推入，以示主人外出。

（8）不打私人电话，不从事与本职工作无关的私人事务。

（9）在办公场所要保持安静，不要在走廊内大声喧哗。

（10）下班时，文件、文具、用纸等要整理好，要收拾桌子、椅子归位，关好门窗，检查处理火和电等安全事宜。

（11）如果需要加班，事先要得到通知或准许。

（12）下班时，与同事打完招呼后再回家。

二、形象规范

（1）统一着装、整洁、得体。

（2）仪容自然、大方、端庄。

（3）举止文雅、礼貌、精神。

具体见“◎怎么进行礼仪形象管理”。

三、语言规范

1. 会话要求

（1）语音清晰、语气诚恳、语速适中、语调平和、语意明确，言简意赅。

（2）要求讲普通话。

（3）与他人交谈，要专心致志，面带微笑，不能心不在焉，反应冷漠。

（4）不要随意打断别人的话。

（5）用谦虚的态度倾听。

（6）适时地搭话，确认和领会对方谈话内容、目的。

（7）尽量少用生僻的专业术语，以免影响与他人的交流效果。

（8）重要事件要具体确定。

2. 自我介绍

（1）自我介绍要说出公司名称、工作岗位和自己的姓名。

（2）公司外的人可递送名片。

（3）据情况介绍自己的简历。

3. 文明用语

（1）严禁说脏话、忌语。

（2）使用“您好”“谢谢”“不客气”“再见”“不远送”“您走好”等文明用语。

四、社交规范

1. 接待来访

（1）接待来访热情周到，做到来有迎声，去有送声，有问必答，百问不厌。

（2）迎送来访，主动问好或话别，设置有专门接待地点的，接待来宾至少要迎三步、送三步。

（3）来访办理的事情不论是否对口，不能说“不知道”“不清楚”，要认真倾听，热心引导，快速衔接，并为来访者提供准确的联系人、联系电话和地址，或引导到要去的部门。

2. 访问他人

（1）要事先预约，一般用电话预约。

（2）遵守访问时间，预约时间5分钟前到。

（3）如果因故迟到，提前用电话与对方联络，并致谦。

（4）访问领导，进入办公室要敲门，得到允许方可入内。

（5）用电话访问，铃声响 3 次未接，过一段时间再打。

3. 使用电话

（1）接电话时，要先说“您好”。

（2）使用电话应简洁明了。

（3）不要用电话聊天。

（4）使用他人办公室的电话要征得同意。

4. 交换名片

（1）名片代表客人，用双手递接名片。

（2）生僻字的姓名在看名片时要予以确定。

（3）拿名片的手不要放在腰以下。

（4）不要忘记简单的寒暄。

（5）多个读音的姓或者名，接过名片后要确定姓名正确的读法。

五、会议规范

（1）事先阅读会议通知。

（2）按会议通知要求，在会议开始前 5 分钟进场。

（3）事先阅读会议材料或做好准备，针对会议议题汇报工作或发表自己的意见。

（4）开会期间关掉手机或调至震动；不会客，不从事与会议无关的活动，如剪指甲、交头接耳等。

（5）遵从主持人的指示。

（6）必须得到主持人的许可后，才可发言。

（7）发言简洁明了，条理清晰。

（8）认真听别人的发言并记录。

（9）不得随意打断他人的发言。

（10）不要随意辩解，不要发牢骚。

（11）会议完后向上司报告，按要求传达。

（12）保存会议资料。

（13）公司内部会议，按秩序就座，依次发言。发言时，先讲“××汇报”，结束时说:“××汇报完毕”。

（14）保持会场肃静。

六、上网活动规范

（1）工作时间不得在网上进行与工作无关的活动。

（2）不得利用互联网危害国家安全，泄露国家机密，不得侵犯国家的、社会的、集体的利益和公民的合法权益，不得从事违法犯罪活动。

（3）不得利用互联网制作、复制、查阅违反宪法和法律、行政规定的以及不健康的信息。

（4）不得从事下列危害计算机网络安全的活动。

①对计算机信息网络功能进行删除、修改或者增加。

②对计算机信息网络中储存、处理或者传输的数据和应用程序进行删除、修改或者增加。

③制作、传播计算机病毒等破坏程序。

七、人际关系处理规范

（1）上下关系。尊重上级，不搞个人崇拜，从人格上对待下级，营造相互信赖的工作气氛。

（2）同事关系。不根据自己的理解对待同事，关心、栽培荣辱与共的同事，营造“同欢乐，共追求”的氛围。

（3）尊重他人。肯定、赞扬他人的长处和业绩，对他人的短处和不足，进行忠告、鼓励，营造明快和睦的气氛。

（4）相互合作。在意见和主张不一致时，应理解相互的立场，寻找能共同合作的方案。

（5）禁止拉帮结派。不允许在工作岗位上以地缘、血缘、学员组成派员。

八、安全规范

（1）在所有工作岗位上都要营造安全的环境。

（2）工作时既要注意自身安全，又要保护同伴的安全。

（3）提高安全知识，培养具备发生事故和意外时的紧急管理能力。

（4）爱护公司公物，注重所用设备、设施的定期维修保养，节约用水、用电。

（5）应急电话，伤病急救拨打 120；火警拨打 119；匪警拨打 110。

九、卫生规范

（1）员工有维护良好卫生环境和制止他人不文明行为的义务。

（2）办公室内不得吸烟。

（3）养成良好的卫生习惯，不随地吐痰，不乱丢纸屑、杂物，不流动吸烟。

（4）如在公共场所发现纸屑、杂物等，随时捡起放入垃圾桶，保护公司的清洁。

（5）定期清理办公场所和个人卫生。将本人工作场所所有物品区分为有必要与没有必要的，有必要的物品依规定定置管理，没有必要的清除掉。

◎怎么进行礼仪形象管理

礼仪是在人际交往中，以一定的、约定俗成的程序、方式来表现的律己、敬人的过程，涉及穿着、交往、沟通、情商等内容。礼仪规范的对象是个人行为，它适用于人与人之间，团体与团体之间的交往。

一、礼仪的原则

1. 敬人的原则

尊敬他人，是人际交往获得成功的重要保证，也是礼仪的核心。敬人的原则，就是要求在运用礼仪时，务必将对交往对象的恭敬与重视放在首位，切勿伤害对方的自尊心。

2. 自律的原则

自律，就是要克己，慎重；就是要在运用礼仪时，积极主动，自觉自愿，表里如一，自我对照，自我反省，自我要求，自我检点，自我约束，不允许妄自菲薄，自轻自贱；也不能人前人后不一样，生人熟人面前不相同。

3. 适度的原则

运用礼仪，与做其他事情一样，讲究具体问题具体分析，而且应当牢记过犹不及。所谓适度，就是要求在运用礼仪时，既要掌握普遍规律，又要针对具体情况，认真得体，掌握分寸，不能做得过了头，也不能做得不到位。

4. 真诚的原则

应用礼仪，必须诚心诚意，待人以诚。这样去做，待人友好与敬意才易于为他人所接受。不允许在运用礼仪时逢场作戏，言行不一，口是心非，投机取巧，作假骗人，这也是真诚原则的含义。

人力资源部要重视礼仪规范，定期开展礼仪培训工作。只有坚持不懈地倡导个人礼仪，扎扎实实地开展礼仪培训，公司形象才会彻底改观和大幅提升。

二、形象规范

1. 着装统一、整洁、得体

①服装正规、整洁、完好、协调、无污渍，扣子齐全，不漏扣、错扣。

②在左胸前佩戴好统一编号的员工证。

③上班时必须穿工作服。

④衬衣下摆束入裤腰和裙腰内，袖口扣好，内衣不外露。

⑤着西装时，打好领带，扣好领扣。上衣袋少装东西，裤袋不装东西，并做到不挽袖口和裤脚。

⑥鞋袜保持干净、卫生，鞋面洁净，在工作场所不打赤脚，不穿拖鞋，不穿短裤。

2. 仪容自然、大方、端庄

①头发梳理整齐，不染彩色头发，不戴夸张的饰物。

②男员工修饰得当，发长不覆额、侧不掩耳、后不触领，嘴上不留胡须。

③女员工淡妆上岗，修饰文雅，且与年龄、身份相符。工作时间不能当众化妆。

④颜面和手臂保持清洁，不留长指甲，不染彩色指甲。

⑤保持口腔清洁，工作前忌食葱、蒜等具有刺激性气味的食品。

3. 举止文雅、礼貌、精神

①精神饱满，注意力集中；无疲劳状、忧郁状和不满状。

②保持微笑，目光平和，不左顾右盼、心不在焉。

③坐姿良好。上身自然挺直，两肩平衡放松，后背与椅背保持一定间隙，不用手托腮。

④不翘二郎腿、不抖动腿，椅子过低时，女员工双膝并拢侧向一边。

⑤避免在他人面前打哈欠、伸懒腰、打喷嚏、抠鼻孔、挖耳朵等。实在难以控制时，应侧面回避。

⑥不能在他人面前双手抱胸，尽量减少不必要的手势动作。

⑦站姿端正。抬头、挺胸、收腹、双手下垂置于大腿外侧或双手交叠自然下垂；双脚并拢，脚跟相靠，脚尖微开。

⑧走路步伐有力，步幅适当，节奏适宜。

三、交往礼仪

（1）对朋友的态度要永远谦恭，要常常微笑着同别人交谈、交往。

（2）对周围的人要时时保持友好相处的关系，寻找机会多为别人做些什么。

（3）当别人给你介绍朋友时，你应集中精力去记住人家的名字。在以后的交往中，你一见面就能叫出他的名字，人家就会觉得这个人很热情、很有心。

（4）要学会容忍，克服任性，要尽力理解别人，遇事要设身处地为别人着想。做到这一点就能让朋友感到亲切、可信、安全。

四、电话礼仪

1. 接电话礼仪

（1）“铃声不过三”原则。在电话铃声响起后，如果立即拿起，会让对方觉得唐突；但若在响铃超过三声以后再接听，是缺乏效率的表现，势必给来电者留下公司管理不善的第一印象，同时也会让对方不耐烦，变得焦急。如果因为客观原因，如电话机不在身边，或一时走不开，不能及时接听，就应该在拿起话筒后先向对方表示自己的歉意并做出适当的解释，如“很抱歉，让你久等了”等。老朋友之间尽管没有必要做出郑重其事的道歉，但向对方解释一下延误的原因也是必要的。

（2）规范的问候语。在工作场合，接听电话时，首先应问候，然后自报家门。对外接待应报出单位名称，若接内线电话应报出部门名称。比如：“您好！×××公司。”或“您好，人力资源部办公室，我是×××。”自报家门是让对方知道有没有打错电话，万一打错电话就可以少费口舌。

（3）要找的人不在或不能接听电话时的处理。这里，特别要注意的是，在询问对方姓名前，先告知他要找的人不在。

（4）学会记录并引用对方的名字。在办公室工作的人员，应该有意识地训练自己的听辨能力。假如对方是老顾客，经常打电话来，一开口就能听出他或她的声音，那么可以用合适的称谓问好：“您好，××经理。”这样一来，会给对方留下特别受到重视的感觉，增强对方对你的好感。

（5）接到错误的电话也应该礼貌应对。接到错打的电话，人们很容易忽略了礼貌问题，甚至很粗鲁，这是因为人们认为错打的电话与自己没有关系。但事实上，并非错打的电话都必定与自己没有关系，有时，对方也恰恰是与自己有重要关系的人。因此，接听电话时，最好每一个电话都讲究礼貌，保持良好的接听态度。

（6）应在对方挂电话后再挂电话。当对方向你说“再见”时，别忘了你也应该说“再见”，并等对方挂了以后再挂电话，最好不要一听到对方说“再见”就马上挂电话，尤其不能在对方一讲完话，还没来得及说“再见”就把电话挂了。

（7）挂电话时应小心轻放，别让对方听到很响的搁机声。

2. 打电话礼仪

（1）确定合适的时间。当需要打电话时，首先应确定此刻打电话给对方是否合适，也就是说，要考虑此刻对方是否方便听电话。应该选择对方方便的时间打电话，尽量避开在对方忙碌或是休息的时间打电话。

（2）开头很重要。无论是正式的电话业务，还是一般交往中的不太正式的通话，自报家门都是必需的，这是对对方的尊重，即使是你熟悉的人，也应该主动报出自己的姓名，因为接电话方往往不容易通过声音准确无误地确定打电话人的身份。另外，自报家门还包含着另外一层礼仪内涵，那就是，直接将你的身份告诉对方，那么，对方就有是否与你通话的选择权，或者说，有拒绝受话的自由。而且在打电话之前，确定打内线或打外线是很重要的。

（3）通话尽量简单扼要。在做完自我介绍以后，应该简明扼要说明通话的目的，尽快结束交谈。因为，随意占用对方的电话线路和工作时间是不为对方考虑的失礼行为。

◎怎么进行企业机密管理

1. 保密的含义

"保密"是一种社会行为，是人或社会组织在意识到关系自己切身利益的事项如果被他人知悉或对社会公开，可能会对自己造成某种损害，因而，对该事项所实施的一种保护行为。简言之，"保密"是指人们为了维护利益，人为地控制某些信息，使之不被扩散的行为。

2. 保密协议

在我国，法律允许劳动关系当事人之间通过合同约定有关保守商业秘密的权利和义务。《中华人民共和国劳动法》第二十二条规定："劳动合同当事人可以在劳动合同中约定保守用人单位商业秘密的有关事项。"

员工与用人单位之间的保密约定，既可以以保密条款的形式写入劳动合同，也可以单独订立一份保密协议。两种形式的效力是相同的。

保密条款或保密协议中双方当事人的权利和义务由双方当事人自行协商而定。

保密条款或保密协议中应写明保密的范围、期限、员工应履行的保密义务及员工违反保密约定时应承担的责任。

保密的期限一般与劳动合同期相同，如长于劳动合同期，则长于合同期的保密期限一般通过竞业限制条款来约束。

3. 商业秘密规范

（1）员工有履行保守公司商业秘密的义务。

（2）不与家人及工作无关的人谈论公司商业秘密。

（3）使用资料、文件，必须爱惜，保证整洁，严禁涂改，注意安全和保密。

（4）不得擅自复印、抄录、转借公司资料、文件。如确属工作需要摘录和复制，凡属保密级文件，需经公司领导批准。

◎怎么进行员工出勤管理

出勤管理是员工管理的首要方面，事关员工考勤管理和工资结算，影响到现场人员调配和生产进度，涉及人员状态把握和能否正常运转。只有随时把握员工的出勤状态并进行动态调整，才能确保日常工作顺利进行，才能使各部门有良好的配合，达到效率最大化。出勤管理的主要内容是作息管理、请假管理和出差管理。

一、作息管理

时间管理是指管理员工是否按时上下班、是否按要求加班等，其核心为管理员工是否按时到岗，主要表现为缺勤管理。一般来说，员工缺勤有迟到、早退、请假、旷工、离职等几种情形。

员工出勤的时间管理可以根据考勤进行出勤率统计分析，从个人、月份、淡旺季、假期等多个角度分析其规律。

二、请假制度

1. 假期种类

事假、病假、婚假、产假、丧假、工伤假、法定节日、周休息日。

2. 请假制度

（1）员工请事假、病假、婚假、产假、丧假、工伤假应提前1天，由本人提出书面申请；假期2天以上5天以下应提前3天请假；6天以上应提前10

天请假。续假必须得到经理批准，并及时补请假单，请假超过 15 天的，续假期不得超过 5 天。

若遇特殊情况应先口头请假，经获准后可予事后主动补办请假手续，否则以旷工处；未办手续而擅离岗位，或假期届满仍未销假、续假者，均以旷工论处。

（2）请假时应办理好工作交接，不得因请假延误工作。

（3）假期满后应准时到岗复工，上班时间请假或销假必须在第一时间打卡记录，并到办公室办理销假手续，办公室人员不在时，可暂由部门经理办理，并在办公室人员在岗时上交销假手续，否则以旷工处。

（4）假期计算。

①假期连续在 5 天或 5 天以下的，其间的公休日或法定假日均不计算在内。

②假期连续在 5 天以上的，其间公休日或法定假日均计算在内。

③请假以半小时为最小单位，0~35 分钟为半小时，35~65 分钟为 1 小时，65~95 分钟为 1.5 小时,95~125 分钟为 2 小时，单次请假超过 2 小时以半天计。

（5）公司职员请假，均须记录请假人联络方式，以备紧急联络、维持正常工作秩序。

（6）请假审批流程。

①员工填写公司制定的《请假申请单》，并按规定程序审批。

②办公室、财务部、业务部：假期 1 天以下的由部门经理审批；超过 1 天由部门经理审批后报总经理审批。

生产部、技术部、检验部、仓库：假期由厂长审批。

部门经理的休假一律由总经理审批。

假期以有最终审批权领导批准的时间为准。

③员工直接上级依据总经理批准的《请假申请单》安排好请假员工的工作交接。

④请假期满应按时复工，逾期未归的按旷工处理。

各部门应及时将超假未归员工名单上报人力资源部。

（7）旷工。

①员工有以下情况之一为旷工：

——未请假或请假未被批准，即不到岗的。

——无正当理由拒不接受领导分配工作或擅自离开工作岗位者。

——其他经公司认定，决定给予旷工处理的行为。

②旷工 1 日扣除当日工资的 4 倍。

③员工连续旷工 3 天或 1 年内累计旷工 5 天以上者，公司可以解除与其的劳动合同关系，并不支付工资。

3. 事假

（1）员工因家庭有重要事情确需本人亲自处理的可以书面提出请假申请。

（2）员工全年请事假时间一般不得超过 15 天。

（3）员工请事假按 200% 扣发实际请假天数日工资，事假超过 1 天（不含 1 天），取消当月满勤奖，超过 3 天（含 3 天）以上者扣除当月奖金的 50%，超过 5 天（含 5 天）以上者则扣除当月奖金，当月无奖金。

（4）员工一年内累计请事假在 15 天以上视为不能胜任岗位工作，不予保留原职务和岗位。

4. 病假

（1）员工因病（含非因工负伤，下同）无法正常工作需要治疗时应事先书面提出请假申请。突发疾病的应在上班时间前 1 小时向直接上级请假。

（2）员工在工作时间需要看病时须征得部门领导的同意后填写《请假申请单》方可离开岗位。

（3）凡请病假 1 天以上的员工应在上班后 2 天内持县区级及其以上医院的建休证明、病历、医疗药品发票之一，补办完善病假请假手续，未按上款规定补充完善病假请假手续的均以事假处理。

（4）员工全年病假累计不得超过 60 天，并按参加工作未满 2 年 100%、未满 5 年 80%，未满 10 年按 30%，满 10 年以上 10% 扣发工资，当月病假超过 2 天，取消满勤奖，奖金按请假天数扣发。

（5）员工病假连续 30 天以上或年累计 60 天以上视为不能胜任岗位工作，公司不给予保留原岗位。

（6）员工的医疗期满不能从事原工作，也不能从事由公司另行安排的工作的，依国家有关规定解除劳动合同。

（7）员工医疗期未满，合同期满的合同期顺延至医疗期满时终止。

5. 婚假

（1）婚假（包括再婚）为 3 天。

（2）婚假包括休息日、法定假日在内。

（3）婚假应当在领取结婚证书后 3 个月内一次性休完应休假期，逾期为自动弃权。

（4）员工请婚假应出示结婚证书。婚假期间（不含补假期）基本工资、满勤奖、岗位补贴不扣除。

（5）新员工入职前已经领取结婚证书的不在本公司享受婚假待遇。

6. 产假

（1）产假 98 天；难产的，增加产假 15 天（需提供结婚证、准生证及有关医院的证明等）。

（2）女职工产假期间只发放基本工资。

（3）已婚女员工符合国家计划生育政策，在计划生育指标内怀孕 3 个月及以上的，凭医院相关证明，每月给予一次（4 小时以内）进行定期孕期检查时间；8 个月及以上的，每月给予两次（每次 4 小时以内）进行定期孕期检查时间（两次不能合并使用），孕期检查假按出勤对待，工资照发，没有医院相关证明的按事假处理。员工申请孕期检查假，应事先经部门经理批准、总经理审核同意。

（4）违反计划生育规定生育的不享受公司规定的产假、孕期检查假、哺乳假期间的工资和福利待遇等。

7. 工伤及职业病

（1）在工作岗位若发生工伤事故，有关人员须立即向直接上级报告，发生大事故时可以超级上报，并由公司指定医院对受伤员工进行诊治。用人部门须在事故发生的 24 小时内将事故发生情况以书面形式向办公室报告。

上下途中发生的交通事故应有交警部门的交通事故责任认定书。

（2）员工经社会保险行政部门确认为工伤或者患职业病需要暂停工作接受工伤医疗的，在停工留薪期内，原工资福利待遇不变，由公司按月支付。

其他待遇依《工伤保险条例》规定。

8. 丧假

（1）员工的直系祖父母、父母、兄弟、姐妹、配偶、子女去世的，可享受3天的丧假。

（2）外祖父母及配偶父母去世，员工可申请获得2天有薪假期。职工在外地的亲属死亡时需要职工本人去外地料理丧事的，由办公室根据路程远近，另给予1至3天的路程假。

（3）职工亲属以职工户口登记和职工的档案的记载为准。

（4）职工请丧假期间（不含路程假期）基本工资、满勤奖、岗位工资等不扣除。

（5）丧假应在亲属死亡后7天内休假。

9. 周休息日

公司员工每周休息2日。

10. 法定节日

按国家法定规定，并结合公司经营生产情况安排假期。

三、出差管理

（1）员工出差前应填写《出差申请表》，主管经理签字后方可办理借款手续。出差期限由主管经理视情况需要，事前予以核定。

（2）出差途中除因病、遇意外灾害或工作实际需要经请示主管经理批准延时外，不得因私事或借故延长出差时间。

（3）出差回来后要及时报销出差费用。

◎怎么进行物品和文件管理

一、物品管理

（1）办公用品的日常管理由综合管理部专门人员负责定期购买。

（2）每月10日之前，个人将所需要的办公用品填写在公司《购物申请单》上，由管理部专门负责人提交主管经理，审批同意后，由专门负责人将办公用品购回，根据实际需要有计划地发放。

（3）若急需某类办公用品，也应先填写《购物申请单》后，交由专门负责人，经主管经理审批同意后，方可购置。

（4）新进人员到职时由综合管理部门统一配发各种办公物品。

二、文件管理

（1）办公文件必须妥善保管，使用后马上归还到指定场所。

（2）办公文件不得带回家，需要带走时必须得到许可。

（3）文件不能自己随意处理，或者遗忘在桌上、书柜中。

（4）重要的记录、证据等文件必须保存到规定的期限。

（5）处理完的文件，根据公司指定的文件号随时归档。

◎怎么进行员工生活管理

一、食堂就餐管理

员工就餐时，须遵守下列规定：

（1）爱护公物。食堂的一切设备、食具有登记、有账目，不贪小便宜，对放置在公共场所内的任何物件（公家或个人），不得随便搬动或拿作它用。对无故损坏各类设备、食具者，要照价赔偿。

（2）员工就餐时要自觉排队。

（3）因工作需要不能按时就餐和有临时客餐，要事前预约和通知。

（4）员工在就餐后不要将剩饭倒在桌子上的盘子上，也不要倒进水池里，而是倒入专用剩饭桶里；洗刷完毕，要把水笼头拧紧。

（5）为了保证饭的卫生，不要用手乱摸。

二、集体宿舍管理

加强集体宿舍管理，营造良好的生活环境，保障员工的生活安全，是人力资源部的职责，集体宿舍管理办法如下。

①凡公司员工和聘用工，由公司统一安排宿舍。

②凡符合条件的员工，一律由本人提出书面申请，如实反映现家庭地址及有关情况、所在部门签署意见，经房管部门核实后统一安排。

③集体宿舍管理人员应熟悉住宿人员情况，负责日常管理，定期对集体宿舍的安全用电、卫生状况、住宿情况进行检查，发现问题及时纠正处理。

④集体宿舍管理人员在履行职责时，有权进入室内，住宿员工不得阻扰或刁难。

⑤管理人员应经常检查公共设施、配套物品等，属正常损坏的，应及时联系维修，为住宿员工创造良好的生活环境。

⑥住宿员工必须服从统一安排，统一调整，个人不得擅自搬迁居室。

⑦住宿员工禁止留宿外来人员，严禁男女混居。

⑧住宿员工应爱护公物，不得私自更换居室门锁、私加挂锁，室内所配备物品不得挪作他用或擅自转让，更不得任意损坏。

⑨住宿员工应爱护公共设施，不得擅自乱拉乱接电线，不得使用100W以上的灯泡，严禁在室内使用电炉、电暖器、煤油炉、液化气炉等大负荷、易燃物品。

三、员工卫生管理

（1）人力资源部要带头遵循和监督员工执行下列公司卫生规范:

（2）员工须每天清洁个人工作区内的卫生，确保地面、桌面及设备的整洁。

（3）员工须自觉保持公共区域的卫生，发现不清洁的情况，应及时清理。

（4）员工在公司内接待来访客人，事后需立即清理会客区。

（5）工作区域内严禁吸烟。

正确使用公司内的水、电、空调等设施，最后离开办公室的员工应关闭空调、电灯和一切公司内应该关闭的设施。

（6）爱护办公区域的花木。

◎怎么设计员工表单

一、设计原则

（1）设以致用。

（2）结合实际。

（3）尽量简洁。

（4）明确审批权限。

二、日常行政管理主要表单

1. 出差申请表

出差申请表范本见表 9-2。

表 9-2 ×××公司出差申请表

部门名称　　　　　　　填表日期　年　月　日

姓名		随同人员	
交通工具		预支差旅费	
出差时间	自　年　月　日起至　年　月　日止，共　日		
出差路线			
出差经办事项简述			
出差期间联络方式			
出差期工作代理安排			
部门意见			
主管领导意见			

申请人：　　　　　　　　审核人：

说明：

1. 此表用于对外地出差申报，由本人填写；

2. 员工由部门经理审批；部门经理由主管领导审批。

2. 奖惩申报表

奖惩申报表见表 9-3。

表 9-3　× × × 公司奖惩申报表

部门		员工编号	
姓名		职务	
申请日期			
奖惩原因			
部门主管审定			
人力资源部审定			
总经理意见			

3. 会议室使用申请表

会议室使用申请表见表 9-4。

表 9-4　× × × 公司会议室使用申请表

日期	时间	会议名称	主持人	地点	人数	备注
申请单位			管理单位			
填表人			管理人			
主管意见			办公室主任意见			

4. 办公用品领用申请表

办公用品领用申请表见表 9-5。

表 9–5　×××公司办公用品领用申请表

部门：

品名	申领数量	实发数量	用途	签名	日期

◎怎么进行人事档案管理

人事档案管理是 HR 的基础工作。人事档案为员工薪资调整、绩效考核、招聘录用、员工升降、背景调查、JD 编写修改等工作提供了原始依据；人事档案管理更是规避人事风险而需要不断完善的工作。

一、人事档案的形式和内容

1. 电子档

内容包括员工基本情况表（包括姓名、性别、部门、职位、岗位、出生年月、年龄、民族、籍贯、政治面貌、身份证号码、学历、专业、学位、家庭住址、联系电话、紧急联系人姓名和地址及单位与联系电话、入职时间、五险一金购买情况、劳动合同起始时间、劳动合同终止时间、工作年限等）、培训履历表（入职培训、在职培训）、各次考试成绩表、各次奖惩情况表、各月薪资等。以上电子档均按部门进行分类长期保存。

2. 纸质档

内容包括员工入职登记表、各证件（身份证、毕业证、学位证、资格证、驾驶证等）复印件、入职体检合格表、原司离职证明、担保人相关资料、劳动合同书及附件、奖惩通告、培训签到表、培训考试卷、不购买住房公积金申明、试用（实习）总结、转正申请总结、内审员证书、转调岗通知、员工每月工资、工作总结、离职通知书等。

（1）员工个人信息表（入职前及入职后的变更）。包括姓名、生日、民族、婚否、血型、联系方式（含紧急联络电话）、教育经历、工作经历及证明人和联系方式、项目经历（仅针对开发及技术服务人员）、家庭情况（父母及配偶、子女姓名、生日、联系方式）、资格证书、个人职业发展期望；由员工本人签字确认提供的信息属实（如不属实，公司可解除劳动合同）。

（2）员工入职审批材料。包括入职申请及审批单（含薪酬福利等，新员工签字确认）、试用期岗位职责及目标计划和培训计划（新员工签字确认）、面试测评量表及面试官评价意见、新员工提供的以前工作成果文档（如需要）、离职证明（如有）。

（3）员工转正审批材料。包括个人申请及试用期总结、试用期业绩完成情况、引导人及部门的转正评估意见、转正后薪酬福利（新员工需签字确认）。

（4）员工调岗、调薪、奖惩记录。审批后均由员工签字确认。

（5）员工培训记录。尤其是公司规章制度、岗位职责及要求、岗位激励机制（薪酬、考核、晋升、淘汰、奖惩、能力评估等），培训后均要有员工本人签字认可。

（6）劳动合同及保密协议。

（7）其他。包括员工入职后取得的资格证书等的备案（纸质原件+电子版）。

二、人事档案管理制度和措施

1. 制定管理制度

企业有相对较为完善的人事档案管理制度，对目的意义、职责、定义、管理流程、处罚等均做了较为具体而详细的规定。

2. 专人管理

HR 部门设专人进行人事档案的管理，并及时更新，对违反管理制度的给予提醒、警告甚至处罚，适当时对制度进行修改和完善。

3. 具体措施

保管人事档案的柜子要由专人负责，任何人借阅员工人事档案，均需层层审批，且只能在专人监看下查阅，不能拍照、抄写、复印等，更不能带出档案室，否则按严重违反公司管理制度处理；人事档案保存期限为员工离职后 2 年，如经提醒本人后仍不前来书面说明将档案转到具体机构的将按审批程序予以销毁；任何人不得泄露任何员工的人事档案，否则按严重违反公司管理规定处理。

4. 几点建议

公司人事档案管理制度的制定需要参考档案法、劳动合同法等法律法规，适当结合公司发展阶段的实际，并结合单位性质给予管理，并在管理过程中总结经验教训及时加以完善，做到“内外检查有据”。

三、人事档案管理内容和操作流程

1. 人事档案管理基本要点

（1）保密管理。人事档案为公司机密，公司由人力资源部设专人负责管理，无关人员不得查阅。

（2）动态管理。随着员工在公司的变动情况和个人情况变更，如结婚生育、岗位调动、薪酬调整、个人联系方式变更。只要员工的信息有变更，员工档案就应该实时更新，否则就失去员工档案的意义，没法给公司工作提供价值。

2. 人事档案管理主要规定

（1）保卫制度。设立专人管理档案柜钥匙和维护档案柜清洁等，档案柜保持清洁和干燥卫生，有相应的防火防潮措施，档案柜不准放无关物品。

（2）归档制度。所有员工人事档案要及时归档，新员工入职后就要新建档案袋，档案袋上贴上员工姓名、入职时间、工号等，员工档案要分部门和时间管理，以便在需要时快速查找。公司设立人事档案管理清单，里面注明档案袋的统计数量、人员清单、使用登记等。

（3）审阅制度。公司领导或者相关人员如因工作需要查阅人事档案，需在借阅表格上填写审阅人、审阅理由、到期归还时间等，再由审阅人员的领导签字并由人事档案部门审核批准，人事档案管理部门对申请报告进行审核，若手续齐全，可以给予审阅并借出人事档案。在归还时间快到时，管理人员要检查人事档案是否已经完整归还，是否有损坏等情况。

（4）出具证明材料。公司、部门、个人需要由人事档案出具证明材料时，如工资证明、婚育证明等，使用人要出具证明材料的理由，如用于贷款、买房、报销费用等，人事部门结合档案材料出具证明材料，证明材料还需人事部门检查是否合适，再给予盖章、使用。

（5）检查制度。公司定期对人事档案进行检查，检查文件是否及时更新、是否完备。如果遇上公司突发事故，还需对员工档案进行抽查，检查是否有损坏和遗失。

（6）销毁制度。如果档案袋满足销毁要求，需在销毁登记表上注明销毁原因、销毁时间、审核人签名。

3. 人事档案做相应管理表格

有人事档案清单、借出登记表、销毁登记表、检查登记表、人事档案负责人交接清单等。

4. 人事管理风险性评估

（1）暂无风险。公司属外资企业，而且成立刚一年多，在公司没有任何指示情况下，HR部门健全了员工人事档案管理，目前只供部分领导查阅某些员工基本情况（如学历、工作经历）之用，还未出现因员工离职而提出将其人事档案转出的情况。

（2）相应措施。在人事档案管理过程中，要做到“三关”：一是把好档案专人管理关，对其胜任、性格等把好关，并时时了解其思想状况；二是把好保存关，公司提供了较好的档案柜及档案保管室；三是把好制度关，公司规定凡是违反人事档案管理制度造成一定损失或影响，将按严重违反公司管理规定处理。做到以上“三关”当然还不够，需要HR部门领导时时检查、跟踪并予以及时处理。

（3）居安思危。虽然公司有相对比较完备的管理制度，而且目前也没有出现任何可预见的风险，但随着公司不断发展和员工人数的不断增加，不同要求的员工将会对人事档案的管理提出更多的要求，例如：

①保证人事档案的完整。如果员工考取公务员或被事业、国企、机关单位录用，将对其人事档案提出及时转出要求，如果保管不善将引起纠纷甚至诉讼，所以对档案专管人员及档案室提出了较高要求。

②及时补充员工资料。如部分员工经过自学考试获得的有关证照没有及时予以进行催交。

③日常管理不能松懈。如部分领导未经过审批便私自调取某人的人事档案。

人事档案就是员工所作所为的“痕迹”，如果“不全、不细”，就失去了档案的作用，所以，管理要“严谨、严肃”。

参考文献

［1］杨剑，金果．人力资源经理培训标准教程［M］．北京：中国纺织出版社，2005.

［2］彭剑锋．现代管理制度·程序·方法范例全集［M］．北京：中国人民大学出版社，1995.

［3］杨剑．目标导向的绩效考评［M］．北京：中国纺织出版社，2002.

［4］杨剑．人力资源的量化管理［M］．北京：中国纺织出版社，2002.

［5］杨剑．激励导向的薪酬设计［M］．北京：中国纺织出版社，2002.

［6］拉奇尔．人力资源管理经济分析［M］．台北：五南图书出版有限公司，2001.

［7］黄津浮．现代企业组织与人力资源管理［M］．北京：人民日报出版社，2002.

［8］吕学静．现代人事管理学［M］．北京：北京经济学院出版社，1996.

［9］劳动和社会保障部中国就业培训技术指导中心．企业人力资源人员［M］．北京：中国劳动社会保障出版社，2002.

［10］甘华鸣．人力资源组织和人事［M］．北京：中国国际广播出版社，1997.

［11］张顺．成功招聘［M］．深圳：海天出版社，2002.

［12］韦恩．卡肖．活的资源—人力资源管理［M］．北京：煤炭工业出版社，2002.

［13］陈黎明．经理人必备企业培训［M］．北京：煤炭工业出版社，2001.

［14］聂新梅，孙健．人力资源主管高效工作手册［M］．北京：机械工业出版社，2008.

［15］孙宗虎．人力资源管理高位工作手册［M］．北京：人民邮电出版社，2010.

［16］贾华．人力资源专员高效工作手册［M］．北京：人民邮电出版社，2014.